Grafrath
Amper
Kottgeisering
Naturschutz-
gebiet
Amper-
moos
Gilching
Neugilching
A96
n. München
Eching
Inning
Stegen
S-Bahn Herrsching–München
Wesslinger
See
Wein-
garten
Wörthsee
Buch
Jaudesberg
617
Hechendorf
Breitbrunn
Ellwang
Pilsensee
Rausch
Herrsching
Ammersee
Wartaweil
Andechs
Seewiesen
Naturschutzgebiet
Ammermoos
Aidenried
Mitterfischen
Vorderfischen
Alte Ammer
Ammer
Ammerseebahn
Pähl
Erdfunk-
stelle
n. Weilheim i. OB

Carmen Rohrbach

Mein Ammersee

CARMEN ROHRBACH

Mein Ammersee

Kraftquelle und Naturparadies

Mit 54 farbigen Fotos, neun Schwarz-Weiß-Illustrationen
und einer Karte

MALIK

Mehr über unsere Autorinnen, Autoren und Bücher:
www.malik.de

Wenn Ihnen dieses Buch gefallen hat, schreiben Sie uns unter Nennung des Titels »Mein Ammersee« an empfehlungen@piper.de, und wir empfehlen Ihnen gerne vergleichbare Bücher.

Unser Versprechen für mehr Nachhaltigkeit
Klimaneutrales Produkt
FSC®-zertifiziertes Papier
Hergestellt in Deutschland

FSC
www.fsc.org
MIX
Papier aus verantwortungsvollen Quellen
FSC® C014496

ISBN 978-3-89029-549-7

Bildteilfotos: Carmen Rohrbach
Illustrationen: Welle, Fahrrad, Schmetterling, Blatt: designed by freepik; Dorf: designed by D3Images/freepik; Gans: Flaticon.com; Schneeflocke: designed by GarryKillian/freepik; Vogel: designed by Creativepack/freepik; Segelboot: designed by Macrovector/freepik
Karte: Marlise Kunkel, München
Satz: psb, Berlin
Gesetzt aus der Arno Pro
Litho: Lorenz & Zeller, Inning am Ammersee
Druck und Bindung: GGP Media GmbH, Pößneck
Printed in Germany

Mein Basislager liegt am Ammersee, hier tanke ich Energie, um immer wieder zu neuen Ufern aufzubrechen.

Inhalt

Vorwort: Wie der Ammersee zu meiner Heimat wurde

Eingebettet in das von Gletschern geschaffene Alpenvorland, ruht der Ammersee. Im Winter ist er manchmal von Eis bedeckt, im Frühling kommen die Zugvögel, einige bleiben und brüten. Im Sommer leuchtet er in immer neuen blau-grünen Farben oder schlägt heftige Wellen, und im Herbst hüllt er sich in geheimnisvolle Nebelschleier. Westlich von ihm zieht sich die hügelige Landschaft hinüber zum Lech, der in den Lechtaler Alpen entspringt und in die Donau mündet.

Als Einheimische kann ich mich nicht bezeichnen, denn ich bin hier nicht geboren. Auch habe ich mir die Gegend am Ammersee nicht bewusst als meine neue Heimat ausgesucht. War es also Zufall oder Fügung? Aus der Rückschau gesehen hätte ich es nicht besser treffen können.

Nachdem ich in jungen Jahren bei einem Fluchtversuch aus der DDR gefasst worden war, saß ich zwei Jahre lang im Gefängnis. Als ich von der Bundesrepublik freigekauft und direkt aus der Haftanstalt mit einem Bus ins Auffanglager Gießen gefahren wurde, fragte man mich dort: »In welchem Bundesland möchten Sie zukünftig leben?«

Ich war verblüfft, wie kann man etwas wählen, was man nicht kennt? Deshalb antwortete ich: »Das kann ich doch so nicht entscheiden. Zunächst einmal muss ich mir Westdeutschland anschauen, um mir einen Eindruck zu verschaffen.«

»Das geht nicht«, behauptete der Beamte, »wir müssen jetzt registrieren, wo Sie zukünftig Ihren Wohnsitz haben.«

Das gefiel mir ganz und gar nicht, denn nach der verlorenen Zeit in Haft hatte ich geglaubt, mir die Freiheit verdient zu haben. Aber ich musste schnell eine Wahl treffen, und so folgte ich einer Eingebung und sagte: »Ich entscheide mich für das Bundesland, in dem sich das Institut von Konrad Lorenz befindet.«

In der DDR war der Verhaltensforscher und Nobelpreisträger nicht anerkannt, seine Schriften durften nicht verbreitet werden, dennoch hatte ich während meines Biologiestudiums von dem sogenannten Gänsevater Kenntnis erhalten und bewunderte seine Arbeit. Das Institut mit Namen »Seewiesen« befand und befindet sich noch immer fast genau in der Mitte zwischen Starnberger See und Ammersee. So kam ich in diese Region und blieb. Inzwischen habe ich mein Basislager, wie ich gerne meinen Wohnsitz bezeichne, am Westufer des Ammersees aufgeschlagen.

Den See, die Landschaft und die Orte entlang seiner Ufer habe ich in all den Jahren von verschiedenen Seiten kennengelernt, und ich empfinde den Ammersee als ein Juwel mit Verführungskraft, dem ich mich immer wieder voller Begeisterung widme. Zu allen Jahreszeiten erkunde ich ihn und versuche, seinen Naturgeheimnissen auf die Spur zu kommen. Vor der imposanten Kulisse der Zugspitze ist der Ammersee ein landschaftliches Kleinod mit kultureller Vielfalt, reich an natürlicher Schönheit und ursprünglicher Natur, ein Lebensraum, der mir zu einer vertrauten und geliebten Heimat geworden ist.

Vor etwa 15 000 Jahren am Ende der letzten Eiszeit entstanden, ist der Ammersee der drittgrößte See Bayerns. Seine Maße erscheinen allerdings auf den ersten Blick gar nicht so beeindruckend. Er ist nur sechs Kilometer breit, 16 Kilometer lang und bedeckt eine Fläche von 46 Quadratkilometern. Dafür ist er recht tief, maximal 83 Meter.

Komme ich von meinen Touren auf entfernten Kontinenten und aus fremden Ländern zurück, durchdringt, ja überflutet mich ein heimatliches Gefühl. Ich genieße es, in Bayern zu Hause zu sein. Die Gegend ist mir zur Heimat geworden, obwohl ich erst als junge Erwachsene meine Füße auf dieses schöne Land setzen durfte.

Der Ammersee vor allem hat es mir angetan. Mit seinen Wellen, dem Wind, den Wolken, die sich in ihm spiegeln. Das klare Wasser, oft blank wie durchsichtiges Glas, dann wieder stürmisch mit Schaumkronen, wie ein Meer. Im Sommer sonnig und südländisch, selbst an grauen Tagen schön.

Goldene Sonnenuntergänge berühren mich tief, einsame Uferpfade gehe ich träumend entlang, und mit meinen Skiern folge ich Loipen im Schnee. Im Frühling lausche ich den Rohrsängern im Schilf. Überhaupt, die Vogelwelt am Ammersee, sie ist so reichhaltig und begeistert mich immer wieder von Neuem. Ich werde nicht müde, ihr nachzuforschen.

Da sind die verschiedenen Enten, Rallen, Schwäne, Taucher, Säger und Möwen, die die freie Wasserfläche bevölkern. Die Uferläufer, die auf Kiesflächen brüten. Der See bietet mit seinen kleinen Buchten, dem schützenden Schilfgürtel und beidseits der Ufer den Mooren, Auen, Streuwiesen, Eichen-Buchen-Wäldern und den Moränenhügeln einer artenreichen Pflanzen- und Tierwelt geeignete Lebensräume. Deshalb wurde das Ammersee-Gebiet schon im Jahr 1976 in die Ramsar-Schutzverordnung der »international bedeutsamen Feuchtgebiete« aufgenommen. Mir als Vogelliebhaberin schlägt das Herz höher, weil ich weiß, dass hier bereits 302 verschiedene Arten beobachtet worden sind, darunter so seltene wie Blaukehlchen, Brachvogel, Schlagschwirl, Beutel- und Bartmeise. Die größte Vielfalt herrscht dabei nicht zur Brutzeit, sondern im Winter, denn der Ammersee ist ein überlebenswichtiger Rastplatz für interkontinentale Langstreckenflieger. Reiherenten aus Sibirien, Steinwälzer aus den Tundren Skandinaviens, alle tanken hier Energie für den Weiterflug. Und manchmal verirrt sich sogar ein exotisches Exemplar in die Region, wie der Heilige Ibis, der es sich mal im November einige Tage lang am Dampfersteg von Dießen gut gehen ließ.

Obgleich der Natur, der Pflanzen- und Tierwelt meine Liebe gehört, interessieren mich auch die kulturellen Ereignisse rund um den See sowie die von seinen Bewohnern geschaffenen Einrichtungen, die Traditionen und historischen Gegebenheiten. Mein Wohnort Schondorf schmückt sich mit gleich drei Kirchen. Weithin sichtbar auf der Anhöhe thront die St.-Anna-Kirche mit ihrem formschönen Zwiebelturm, inmitten der Ortschaft steht die Pfarrkirche Heilig Kreuz und in unmittelbarer Nähe des Ufers die Kirche St. Jakob, die ihre halbrunde Apsis der Seepromenade zukehrt. Geweiht im Jahr 1149 ist sie einer der besterhaltenen romanischen Sakralbauten im Alpenvorland. Auffallend ist die Höhe der Kirche. Ursprünglich gab es einen Raum zwischen Gewölbe und Dachstuhl. Hier konnten, so die Annahme, Dorfbewohner bei Gefahr Zuflucht finden, aber auch Pilger auf ihrem 2700 Kilometer langen Weg nach Santiago de Compostela übernachten, denn Schondorf war und ist wieder eine Etappe auf dem Jakobsweg.

Bei einem Besuch der kleinen, stillen Kirche nimmt man auch heute noch die Harmonie des Raums wahr und erfährt Kraft und Geborgenheit. Nächtigen aber können die Pilger nicht mehr in der St.-Jakobs-Kirche. Sie und auch die vielen Feriengäste finden eine reiche Auswahl an Übernachtungsmöglichkeiten in den zahlreichen Gasthäusern, Pensionen und Ferienwohnungen Schondorfs, wie auch in den anderen Ortschaften am See.

»Mein Ammersee« heißt dieses Buch, ist also aus meinem persönlichen Blickwinkel geschrieben und gespeist aus meinen Erlebnissen und meinen Vorlieben für bestimmte Themen. Deshalb gehört der Natur die Priorität, also nimmt die Pflanzen- und Tierwelt einen großen Raum ein, an zweiter Stelle steht mein Interesse für Geschichte. Ich finde es einfach wichtig und spannend zu wissen, wie es früher hier war. Eher vernachlässigt habe ich die touristischen Sehenswürdigkeiten, denn darüber kann man sich in vielen anderen bereits erschienenen Büchern und in den Tourismusbüros informieren. Sie beschreibe ich nur, wenn ich sie mit einem persönlichen Erlebnis verbinden kann.

Die reizvolle Landschaft lockt zahlreiche Menschen an, das war auch zu früheren Zeiten schon so. Daher verknüpfen sich mit dem Ammersee-Gebiet die Namen berühmter Persönlichkeiten. Viele Künstler zog es hierher, manche blieben nur kurz, wie der Maler Wilhelm Leibl, andere ließen sich Villen am Seeufer bauen, wie Heinz und Walter Rose, Herbert Rolf Schlegel, Eduard Selzam, Max Raffler und Paul Paede. Auch Musiker wie Hans Pfitzner und Carl Orff, Wolfgang Wagner, der Enkel von Richard Wagner, und die Schriftstellerin Luise Rinser ließen sich hier nieder, sogar Bertolt Brecht hatte ein Haus am See, das er aber nach kurzer Zeit bereits wieder verlassen musste und dem er nachtrauerte, indem er schrieb: »Sieben Wochen meines Lebens war ich reich.« Diesen bedeutenden Menschen habe ich in meinem Buch nur wenig Platz eingeräumt, denn das würde den Rahmen sprengen. Über sie kann der interessierte Leser in zahlreichen anderen Büchern mehr erfahren.

Mit meinen Beschreibungen und Erlebnissen hoffe ich, Sie neugierig zu machen. Sie sollen Ihnen Anregungen und Ideen für eigene Entdeckungstouren und Ausflüge mit auf den Weg geben. Beginnen möchte ich mit einer Radtour rund um den See, die der Einstimmung und Orientierung dient. Details zu den Ortschaften und Naturgebieten folgen in den späteren Kapiteln. Lassen Sie sich mitnehmen und vielleicht sogar verzaubern von einer Entdeckungsreise in die Heimat.

Mit dem Rad einmal rund um den See

Ich bin startklar. Die Reifen habe ich noch einmal aufgepumpt, Luftpumpe und Flickzeug sicherheitshalber eingepackt. Notizheft, Fernglas, Fotoapparat, Wasser und Wegzehrung, natürlich auch etwas Geld sind gut verstaut.

Als ich die roten Packtaschen am Gepäckträger befestige, überfällt mich schlagartig die Erinnerung an mein Donau-Abenteuer, als ich von der Quelle des Flusses im Schwarzwald bis zu seiner Mündung ins Schwarze Meer geradelt bin. Was war das doch für ein fantastisches Erlebnis! Dennoch habe ich seitdem keine ausgedehnte Radtour mehr unternommen, denn das Unterwegssein mit Fahrrad ist mir normalerweise zu schnell. Lieber nehme ich Schritt für Schritt die Umgebung wahr, achte auf Kleinigkeiten, die sich unter meinem Blick als etwas Bedeutsames erweisen.

Doch um den Ammersee zu umrunden, schwinge ich mich gern auf meinen Drahtesel, denn nur so bekomme ich einen Gesamteindruck von der Landschaft, den Orten und der Natur. Dafür ist die Geschwindigkeit eines Fahrrads gerade richtig. Die Strecke von etwa 50 Kilometern will ich an einem

Tag schaffen. Der Gesamtumfang des Sees wird zwar mit nur 43 Kilometern angegeben, doch der Fahrradweg weicht hin und wieder in Bögen und Schlangenlinien vom Uferrand ab, weshalb ein paar Kilometer hinzukommen werden. Und wie ich mich kenne, werde ich wahrscheinlich noch den einen oder anderen Abstecher machen.

Ich wundere mich, dass ich tatsächlich ein wenig aufgeregt bin. Obwohl ich viele Abschnitte am See kenne und oft an ihm entlangwandere, bin ich doch noch nie ganz um ihn herumgefahren oder -gegangen. Erwartungsvoll starte ich an meiner Haustür in Schondorf. Den Kilometeranzeiger am Fahrrad habe ich neu programmiert, dort prangt jetzt die Zahl Null.

Meine Wohnung liegt zwar nur etwa 400 Meter Luftlinie vom Seeufer entfernt, doch leider muss ich, um dorthin zu gelangen, ein Stück auf der verkehrsreichen Ortsstraße radeln und dann in die lange Bahnhofstraße einbiegen, die Richtung See führt. Es geht steil bergab, an der Buchhandlung Timbooktu und einem kleinen Platz vorbei. Dieser trägt den Namen des Malers Wilhelm Leibl (1844–1900), der zwei Jahre in Schondorf lebte und sich in Therese, die Tochter des Seewirts, verliebte, die von ihm einen Sohn bekam, der allerdings kaum ein Jahr alt wurde. Die Resl, wie ihr Vorname abgekürzt wurde, heiratete einen anderen, die Eltern hatten den besitzlosen Künstler abgelehnt. Dabei war Wilhelm Leibl einer der bedeutendsten Maler des Realismus. Seine Bilder sind wirklichkeitsnahe Darstellungen des bäuerlichen Lebens, ihnen haftet nichts romantisch Verklärendes an. Seine Porträts berühren mich durch ihre Detailtreue und haben einen tiefgründigen, symbolisch wirkenden Ausdruck. Kaum ein anderer Maler seiner Zeit hat es verstanden, Personen so abzubilden wie der Menschendarsteller Leibl. In den Gesichtern der Dargestellten scheinen sich deren Gedanken widerzuspiegeln.

In Schondorf entstanden einige seiner bekanntesten Werke. »Das ungleiche Paar« zeigt seine Geliebte neben einem verrunzelten Alten. Zunächst hatte ich angenommen, dies sei ihr Stiefvater, da er seinen Arm besitzergreifend um das Mädchen legt und den Mund zu einem breiten Grinsen verzieht, als wolle er dem Maler signalisieren: »Die kriegst du nicht!« Wie ich bei Nachforschungen festgestellt habe, soll es sich bei dem Alten jedoch um den Fischer und Witwer Leonhard Böck handeln.

Ein anderes berühmtes Bild Leibls ist »Der Jäger«, ein Porträt, das Anton Freiherr von Perfall zeigt, mit dem der Maler befreundet war und dessen Familie noch heute das Schloss über dem nordwestlichen Hochufer bei Greifenberg gehört. Über die Familie Perfall werde ich später noch berichten.

Den Wilhelm-Leibl-Platz hat die Gemeinde mit einem Brunnen und Sitzbänken verschönert. Die Wirtin des gegenüberliegenden Cafés Panini begrüßt hier, im einzigen Biozertifizierten Restaurant Schondorfs und der näheren Umgebung, im Sommer ihre Gäste an mit Sonnenschirmen beschatteten Tischen.

Nun biege ich scharf links ab und nehme eine stille, von hohen Bäumen überwölbte Straße, bis ich schließlich das Seerestaurant und Café Forster mit Strandbad und Umkleidekabinen erreiche. Hier gehe ich morgens regelmäßig schwimmen.

Heute halte ich nur kurz an, um einen ersten Blick über den See zu werfen. Leichter Nebel schwebt über dem milchig wirkenden Wasser, und in dunstiger Ferne ragt eine weiße, noch immer mit Schnee bestäubte Alpenkette in den blassblauen Himmel. Da erschallt der Ruf eines Kuckucks. Er ist also schon da! Und beweist, dass der Frühling allmählich in den Sommer übergeht.

Dann radle ich auf einem mit Kies bedeckten Weg entlang der Seepromenade, wo zwei prächtige Tulpenbäume ihre stattlichen Kronen in den Himmel strecken, die jetzt im Mai über und über mit weißen Blüten geschmückt sind. Die aus Nordamerika stammenden Bäume gehören zu den Magnoliengewächsen. Ihre glockenförmigen Blüten verströmen einen verführerischen Duft. Ich atme ihn tief ein und fühle mich seelisch gestärkt für meine Radtour, die ich auf der Seestraße fortsetze.

Linker Hand liegt am Seeufer der jetzt noch verwaiste Steg, wo im Sommer die Dampfschiffe anlegen und wieder abfahren. Rechter Hand folgt die Gaststätte Seepost mit Terrasse und einem Biergarten unter Kastanien. Hier hatte der Maler Wilhelm Leibl die Wirtstochter Resl kennengelernt.

Villen und Landhäuser des vorletzten Jahrhunderts säumen die Straße. An einem Haus weist eine Inschrift darauf hin, dass Wilhelm Leibl darin von 1875 bis 1877 wohnte. Es ist aber nicht mehr die ursprüngliche Kate, in der der Maler zwei karge, winzige Zimmer gemietet hatte. Das alte Haus ist längst abgerissen und durch ein neues ersetzt worden.

Der Ort erstreckt sich noch gut einen Kilometer weiter am See entlang, der aber nur ab und zu durch die Bäume hindurchglitzert. Die Reihe schmucker Bauten mit Türmchen und Erkern wird ab und zu unterbrochen von weniger geglückter zeitgenössischer Architektur. Sogar bunkerähnlich anmutende Häuser mit Fenstern wie Schießscharten stören das Gesamtbild. Aber das ist sicherlich Geschmackssache.

Bald geht die Seestraße in einen verkehrsfreien, radlerfreundlichen, kiesigen Erdweg über, der auch von Spaziergängern frequentiert wird. Beidseits beugen sich Baumkronen über den Pfad. Rotkehlchen, Amsel, Singdrossel, Fitis und Zilpzalp zwitschern, was ihre Kehlen hergeben, und auch der Kuckuck lässt sich wieder ab und zu hören. Ich lasse das Strandbad Schondorf hinter mir und folge noch ein paar Kilometer dem von Bäumen beschatteten Pfad, der bei Utting wieder in eine asphaltierte Straße mündet. Vorbei an Campingplatz, Segelschulen, Bootsverleih, Tennisplätzen und der Gaststätte Alte Villa, auch sie ausgestattet mit einem gemütlichen Biergarten, gelange ich zum Uttinger Strandbad, das einen zehn Meter hohen Sprungturm zu bieten hat. Mit Blick auf den See radle ich von hier zur Anlegestelle der Dampfschiffe, die die einzelnen Ortschaften rings um den See miteinander verbinden. Utting selbst zieht sich rechts den Hang hinauf. Vom Radweg aus bekommt man keinen Eindruck vom Ort. Dafür kann man herrschaftliche Villen entlang des Ufers bewundern.

Nachdem ich die Häuser hinter mir gelassen habe, radle ich auf einer schmalen, asphaltierten Fahrstraße, die nach dem österreichischen Maler Eduard Thöny (1866–1950) benannt ist. Bekannt geworden ist dieser als Karikaturist für die Satirezeitschrift *Simplicissimus*. In Holzhausen erwarb er ein Seegrundstück, wo er bis zu seinem Lebensende wohnte.

Ein aufwendig gestalteter Wegweiser zeigt die Entfernungen zu den in alle Richtungen am See verstreut liegenden Ortschaften, zudem verweist eine daneben angebrachte Tafel mit Karte auf den Ammer-Amper-Radweg. Er ist 202 Kilometer lang, beginnt an der Ammerquelle in den Alpen und reicht bis zur Mündung der Amper, die bei Moosburg in die Isar strömt. Das könnte ein neues Ziel für mich sein, denke ich, doch zunächst will ich mich vollkommen auf meine Seeumrundung konzentrieren.

Links der Straße reihen sich ansehnlich restaurierte Fischerkaten mit neu installiertem Fachwerk aneinander, rechter Hand erstreckt sich eine Streuobstwiese. Im Schatten der

Apfelbäume weiden wollige braune Schafe. Der Naturschutzbund hat hier eine seiner Infotafeln aufgestellt. Ich halte extra an und erfahre, dass es in Deutschland über 2700 Apfelsorten gibt und weltweit sogar etwa 20 000. Was, so viele?, schießt es mir durch den Kopf. Kaum zu glauben! In den Supermärkten ist die Auswahl mit jeweils fünf bis sechs Sorten in der Regel allerdings sehr beschränkt. Auf Bauernmärkten findet man meist immerhin noch etwa 30 Sorten. Dabei hat jede ihr eigenes Aroma.

Wenig später stoppe ich erneut, diesmal bei der Selzamwiese, sie grenzt an die rechte Straßenseite. Auch hier eine Tafel. Sie erklärt, wie wertvoll Wiesen sind, die nicht gedüngt und nur zwei Mal im Jahr gemäht werden. Ein entscheidender Unterschied zu den Wirtschaftswiesen, die man mindestens fünfmal mäht und die deswegen kräftig gedüngt werden. Dort wächst dann nur noch Löwenzahn. Die Selzamwiese hingegen erstrahlt in buntem Blumenschmuck. Beim Vorbeiradeln leuchtet mir blau der Wiesensalbei entgegen, dazwischen Glockenblumen, Knöterich und der Wiesenbocksbart mit seinen handtellergroßen Blüten, gelb wie kleine Sonnen. Wiesen wie diese boten früher in unserer Kulturlandschaft Lebensgemeinschaften aus unterschiedlichsten Pflanzen und Insekten, jeweils angepasst an den Boden und das Mikroklima, einen Lebensraum. Leider sind sie inzwischen fast alle verschwunden.

An Utting schließt sich nun der Ortsteil Holzhausen an, der aus Villen, Gärten und Waldgehölzen besteht. Die Straße führt mich am Künstlerhaus Gasteiger vorbei. Das Ensemble, das ganz dem Jugendstil geweiht ist, besteht aus Wohnhaus, Blumenterrasse und einem zauberhaften, vom Kittenbach durchflossenen Landschaftsgarten. Mathias Gasteiger (1871–1934) war Bildhauer. Am Tor begrüßen den Eintretenden seine

Skulpturen, die auch den Park schmücken. Seine Frau Anna Sophie (1877–1954) war Malerin. Beider Werke sind im Wohnhaus ausgestellt, ebenso die Originalmöbel und Fotos aus der damaligen Zeit. Während der Park frei zugänglich ist, öffnet das Wohnhaus mit dem Museum nur an Sonntagen oder nach vorheriger Anmeldung seine Pforten.

Die Schienen der Ammerseebahn nähern sich anschließend rechts der Straße und folgen ihr einige Kilometer. Meine Route mündet in einen Waldweg, auf beiden Seiten hohe Bäume, die Stämme von Efeu ummantelt. Ich habe das »Seeholz« erreicht, das vom Fahrradweg und dem Schienenstrang durchquert wird. Da nur einmal jede Stunde je ein Zug hin und zurück fährt, stört die Bahnlinie kaum. Es gibt im Alpenvorland nur noch wenige Wälder wie das Seeholz, wo Eichen wachsen, die 300 Jahre und älter sind. Es ist nur ein kleines Wäldchen, misst kaum 70 Hektar, und die Fahrradstrecke ist nur ungefähr drei Kilometer lang, dennoch soll es der größte noch existierende Eichenwald in unserer Region sein. Neben den knorrigen Eichen stehen da auch Buchen, Eschen und Erlen. Früher trieben Bauern ihre Schweine zur Eichelmast in den Wald, deshalb blieb er in seinem ursprünglichen Zustand erhalten, heute ist er ein Naturschutzgebiet.

Nachdem ich das Seeholz hinter mir gelassen habe, kommt nun neben den Schienen auch noch die verkehrsreiche Landstraße, die von Schondorf nach Dießen führt, nah an den Radweg heran. So ist es das erste Mal während meiner Tour, dass ich nicht Vogelgezwitscher höre, sondern Verkehrslärm. Doch nicht lange, dann entfernt sich die Straße wieder zum Höhenzug hinauf, und am Radweg herrscht erneut Stille.

15 Kilometer von meinem Zuhause entfernt, erreiche ich St. Alban, ein Kloster mit Wallfahrtskirche, Wirtschaftsgebäuden und Kinderheim, das von Benediktinernonnen

betrieben wird. Die Kirche ist dem heiligen Alban, einem Märtyrer, geweiht, der 406 zur Zeit der Römerherrschaft in Mainz enthauptet wurde. An der Kirchenmauer steht in einer Nische eine Skulptur, die den Heiligen mit seinem abgeschlagenen Kopf unterm Arm darstellt. Die ursprünglich gotische Kirche wurde in der ersten Hälfte des 18. Jahrhunderts im Barockstil erneuert. Jedoch reicht ihre Grundsteinlegung weit zurück. Um das Jahr 1000 soll die heilige Kunissa den Kirchenbau initiiert haben. Leider weiß man nicht viel über diese Frau. Möglicherweise entstammt sie einer Adelsfamilie vom Bodensee und wurde mit einem Grafen der Dießen-Andechser verheiratet. Auch das Kanonissenstift von Dießen soll sie gegründet haben. Im Bayerischen Nationalmuseum wird eine Tonplatte aufbewahrt, auf der das Todesdatum von Kunissa vermerkt ist, der 6. März 1020.

Von St. Alban bis Dießen sind es nur wenige Kilometer auf einem Kiesweg, der beidseits von Birken gesäumt ist. Und schon erblicke ich wieder den See, am Ufer hohe Bäume. Auf der freien Fläche, wo sonst der Töpfermarkt stattfindet, schwirren laut zwitschernd Mehlschwalben hin und her. Am Kiosk in den Seeanlagen gönne ich mir eine erste Rast und bestelle einen Cappuccino. Von meinem Platz aus habe ich einen freien Blick über den See. Die klare Luft erlaubt es, bis zur Herrschinger Bucht hinüberzusehen und zum Kloster Andechs auf dem Hochufer. Das blaugrüne Wasser ist in Bewegung. Sonnenflecken tanzen auf den Wellen. Kein einziges Segelboot kreuzt auf dem leicht gekräuselten See, dafür beleben Möwen, Enten, Schwäne und Blessrallen das Wasser.

Nach der Kaffeepause geht es auf dem Radweg durch die Uferanlagen. Am südwestlichen Ortsende von Dießen führt ein hölzerner Steg mitten durchs Schilf zu einem Beobachtungsturm. Es gibt keine bessere Stelle, um das Naturschutzgebiet der Ammermündung zu überblicken, ohne die Vögel zu stören. Selbst Blaukehlchen und Bartmeisen konnte ich von hier aus schon beobachten.

Diesmal aber fahre ich weiter. Der Radweg führt dicht entlang der verkehrsreichen Landstraße Dießen–Pähl–Weilheim, die als »Birkenallee« bekannt und wegen zahlreicher Unfälle gefürchtet ist. Nach wenigen Hundert Metern kann ich die Schnellstraße überqueren und in die Straße nach Raisting einbiegen. Einen extra Radweg gibt es hier nicht, doch die Raistinger Straße ist wenig befahren. Rechts verlaufen wieder die Schienen der Ammerseebahn, und links erstreckt sich das Feuchtgebiet »Ammersee Südende«. Aus dem Grün der Gräser leuchten blau die Schwertlilien. Es ist die Sibirische Iris. Greifvögel kreisen am Himmel und lassen sich von der Thermik immer höher tragen. Eine Brücke überquert den Fluss Rott, der kräftig rauschend dem Ammersee entgegeneilt. Früher speiste die Rott die Ammer, um dann mit ihr gemeinsam in den See zu fließen. Inzwischen ist der Ammerzufluss einige Hundert Meter verlegt worden, und es gibt an dieser Stelle nur noch ein Restgewässer, die sogenannte Alte Ammer.

Links der Fahrstraße halte ich an einer Kapelle und entdecke im Vorraum eine historische Inschrift: »In den Jahren 1918–1925 wurde der Lauf der Ammer von Weilheim bis zum See begradigt. Kulturbauamt, Straßen- und Flussbauamt planten das große Werk. Land, Stadt und Kreis gewährten mit weitsichtigem Blick erhebliche Mittel. Grundeigentümer und Gemeinden haben in Treu zusammen das mühsame Werk durchgeführt. Möge es dem Vaterlande zum Heil geraten und künftige Geschlechter zur Nachahmung ermuntern. Nimm es, treuer Gott, in deinen Schutz.«

Während ich den Text betrachte, zwitschert ein Rotkehlchen in den Büschen neben der Kapelle. So war das also damals: Die Menschen dachten, sie vollbrächten eine gute Tat, und vernichteten doch unwiederbringlichen, kostbaren Lebensraum. Für sie handelte es sich um wertloses Sumpfgebiet. Wir Nachfahren mühen uns heute, die letzten Reste des einstigen Ammermooses zu schützen und zu erhalten für eine Tier- und Pflanzenwelt, die nur in Feuchtgebieten leben kann.

Als ich Raisting erreiche, zeigt mein Kilometerzähler die Zahl 20. Bei der Kirche St. Remigius in der Ortsmitte halte ich an. Meine bevorzugten Freunde, die Dohlen, umkreisen den Kirchturm. Erfreut stelle ich fest, dass sich die Kirchentür öffnen lässt. Ich trete ein, halte inne und nehme die Stille des Kirchenraums in mich auf. Remigius ist ein Heiliger des frühen Christentums. Dass diese Dorfkirche und auch ihr Vorgängerbau nach Remigius (437–533) benannt ist, deutet darauf hin, dass sich die christliche Religion in dieser Gegend bereits zu einem sehr frühen Zeitpunkt verbreitet hatte. Der Heilige entstammte einer gallo-römischen Adelsfamilie, also einer Verbindung von Kelten und Römern. Im Fränkischen Reich war er ein angesehener Bischof. Berühmtheit erlangte er, da er den Merowingerkönig Chlodwig I. getauft hat. Remigius ist einer der wenigen Heiligen, die nicht als Märtyrer sterben mussten.

Während ich in Richtung Erdfunkstelle durch den Ort radle, entdecke ich allenthalben brütende Störche auf den Dächern. Sie haben dieses Jahr früh begonnen. Ein Storchenpaar nistet auf einem von blühender Klematis ummantelten Baum. Der Anblick rührt mich, als die Storchenküken neugierig über den Nestrand lugen.

Nach insgesamt 22 Kilometern erreiche ich die Antennen, die den weltweiten Funkkontakt über Satelliten ermöglichen. Es ist beeindruckend: Gigantische metallisch schimmernde Schüsseln – ich zähle 18 – erheben sich vor der Kulisse der

Alpenkette. Nahe der Anlage steht die neben den Riesenspiegeln winzig wirkende Kirche St. Johann am Feldrand. Was für ein Kontrast: modernste Spitzentechnologie in dieser urbayerischen, traditionellen Gegend.

Weiter geht es auf einem Radweg südlich der Grenze des Ramsar-Schutzgebietes durch den uralten Verlandungsbereich des Sees. Nach der eiszeitlichen Gletscherschmelze dehnte sich der See weit nach Süden aus. Doch allmählich bildete sich fester Boden, indem die Ammer bei jedem Hochwasser von den Ufern und aus den Bergen abgetragenes Material mitbrachte. Die Wiesen rechts und links des Radweges wirken trocken, erinnern nicht mehr an ein ehemaliges Feuchtgebiet. Bauern haben es mit Gräben entwässert, um es landwirtschaftlich zu nutzen.

Bei der Brücke über die »Neue Ammer« erreiche ich wieder die »Birkenallee«. Der Fahrradweg verläuft auf der linken Seite, und ich warte eine ganze Weile, bis eine Lücke im flutenden Verkehr entsteht und ich die Straße überqueren kann.

Als ich Vorderfischen am Ostufer erreiche, zeigt mein Zähler 30 Kilometer. Der Ort geht fast lückenlos in Mitterfischen über. Die Anhöhe ist mit der Kirche St. Pankratius geschmückt. So wie St. Remigius in Raisting ist auch sie einem Heiligen des frühen Christentums geweiht. Pankraz, wie er in Bayern genannt wird, wurde um 290 in Kleinasien, im Gebiet der heutigen Türkei, geboren. Schon mit zehn Jahren verlor er beide Eltern. Sein Onkel nahm ihn mit nach Italien, wo sie sich in der Nähe von Rom niederließen. Der Onkel starb bald, und der Junge fand Zuflucht bei einer christlichen Gemeinde. Es war die Zeit der Christenverfolgung durch den römischen Kaiser Diokletian. Pankratius war erst 14 Jahre alt, als er verhaftet wurde. Wegen seines jugendlichen Alters wollte man ihn verschonen, wenn er seinem Glauben abschwor. Doch der Junge blieb standhaft. Im Jahr 304 wurde er enthauptet. Inzwischen gehört er zu den Eisheiligen. Wird die Vegetation durch kalte Nächte im Mai geschädigt, gibt man die Schuld Pankratius und noch vier weiteren Heiligen.

Der Radweg von Fischen verläuft parallel zur Hauptstraße. Immer in Ufernähe gelange ich nach Aidenried. Hier bin ich gezwungen, ein Stück auf der verkehrsreichen Straße zu fahren. Ich atme auf, als es bei Wartaweil wieder einen sicheren Radweg gibt. Wartaweil ist ein Ortsteil von Herrsching und zugleich der Name einer Begegnungsstätte, in der man Natur und den Umgang mit ihr erleben kann. Nach nunmehr 40 Kilometern erreiche ich Herrsching und habe einige Mühe, einen Radweg zu finden. Derjenige am See endet nach wenigen Hundert Metern.

Die Landstraße, die Richtung Breitbrunn führt, ist stark befahren. Deshalb biege ich nach kurzer Zeit rechts ab, auf einen Fußweg nach Rausch. Das ist ein Weiler aus wenigen Häusern, an denen ich schnell vorbeigefahren bin. Nun folgt ein jäher Anstieg, der steilste auf der gesamten Strecke. Auf einem geteerten Weg gelange ich nach Ellwang, hier gibt es noch weniger Gebäude als in Rausch. Von dort geht es durch einen Wald nach Breitbrunn. In der Nähe erhebt sich der 617 Meter hohe Jaudesberg, der mich zu einem Abstecher verführt. Es lohnt sich. Von oben kann ich weit über den See blicken, bis zur gegenüberliegenden Seite, wo sich mein Endziel und Heimatort Schondorf ans Ufer schmiegt.

Rasant geht es nun hinab nach Buch, doch statt dem Radweg weiter nach Stegen zu folgen, das im Westen von Inning am See liegt, mache ich einen Abstecher in das Zentrum des Ortes, wo die Pfarrkirche St. Johannes Baptist mit der ungewohnten doppelten Zwiebelhaube auffällt. Ein stattliches mehrstöckiges Haus, gleich neben der Kirche, zieht ebenfalls die Aufmerksamkeit auf sich. An der Fassade, oben am Giebel, prangt ein Fresko. Es zeigt Ritter zu Pferd mit hochgereckten Lanzen. Im Jahr 1021 soll Kaiser Heinrich II. (973–1024) mit 60 000 Mann auf seinem Marsch nach Italien in Inning übernachtet haben. Sogar das genaue Datum ist vermerkt: der 15. November. Heinrich II. entstammt dem Adelsgeschlecht der Ottonen, und bevor er Kaiser des Heiligen Römischen Reiches wurde, hatte er bereits zahlreiche Herrschaftstitel inne: Herzog von Bayern, König des Ostfrankenreiches und schließlich König von Italien.

Der Kaiser und seine engsten Gefolgsleute werden feste Quartiere im Ort bekommen haben, die übrige Mannschaft musste wahrscheinlich im Freien nächtigen, vermute ich. Heute hat Inning 4700 Einwohner, damals waren es sicherlich weniger, da wird nicht genug Platz für alle in den Häusern gewesen sein. Erstaunlich, dass ein Kaiser diesen unbedeutenden Fleck zur Übernachtung gewählt hat. Möglich allerdings, dass Inning zu der Zeit gar nicht so bedeutungslos war, denn seit den Römern führte eine Handelsstraße hier entlang und später dann die Salzstraße von München nach Landsberg am Lech. Inning diente bis zum Ende des 19. Jahrhunderts als Stapelplatz, also als Zwischenlager und Umschlagsort für Salz und vielerlei Waren. Seit mindestens 4000 Jahren ist die Gegend besiedelt, wie archäologische Ausgrabungen von über 40 Hügelgräbern aus der Bronzezeit in einem Waldstück oberhalb von Stegen beweisen. Auch aus der Hallstattzeit (800–450 v. Chr.), als die Menschen bereits Eisenwerkzeug verwendeten, gibt es Fundstücke in und um Inning. Erstmals urkundlich erwähnt wurde der Ort 912 vom Eichstätter Bischof Odalfried. In der Urkunde wird Inning allerdings »Uninga« genannt, das bedeutet so viel wie »bei den Leuten des Uno«. Also gab es damals, zu Zeiten des Bischofs, einen lokalen Herrscher namens Uno. Danach geriet Inning unter wechselnde Besitzer, von den Dießen-Andechsern über die Haltenberger bis zu den Greifenbergern.

Nun biege ich nach links in die Landsberger Straße, und nach einer angenehmen Fahrt bergab erreiche ich wieder den See bei Stegen. Dieser Ortsteil von Inning scheint mir so gut wie nur aus Restaurants und Biergärten zu bestehen – und vielleicht noch ein paar Villen. Mit Gästen war ich schon oft hier. In einem der Wirtshäuser mit Freunden sitzen, genussvoll etwas essen und trinken, den Blick von Norden nach Süden schweifen lassen, über den ganzen herrlichen See, mit der Alpenkette am Horizont, was gibt es Schöneres?

Wenige Hundert Meter hinter Stegen fahre ich über eine Brücke, unter der die Amper aus dem See herausfließt. Das Wasser im See hat sich hier einen Weg gebahnt, gewissermaßen den Stöpsel gezogen. Der Bereich des Flusses ist kaum einsehbar, denn er wird von zwei Verkehrswegen zerschnitten und überdacht, der Autobahn und der Landstraße, die dicht nebeneinander verlaufen und einen breiten Streifen Natur beanspruchen. Schilf, Büsche und Morast hindern mich daran, nah an den Fluss zu gelangen. Anschließend, nachdem die Amper die Windach aufgenommen hat, beginnt das Landschaftsschutzgebiet Ampermoos.

Nun sind es nur noch etwa drei Kilometer bis Schondorf auf einem Erdweg durch ein als »Weingarten« bezeichnetes Waldstück, immer am Seeufer entlang. Es heißt, während der Römerzeit sei es so warm gewesen, dass hier statt Bäumen Weinreben gewachsen wären.

Wieder an den Ausgangspunkt zurückgekehrt, blicke ich auf meinen Kilometerzähler: 55 steht da. Auf Radkarten werden für die Umrundung 46,8 Kilometer angegeben. Da bin ich wohl einige Schleifen und Umwege gefahren. Auch die anvisierte Zeit von dreieinhalb Stunden habe ich fast um das Doppelte überschritten, schließlich brauchte ich Zeit zum Fotografieren und Erkunden. Die Strecke am Westufer gefiel mir besser als die andere Hälfte. Sie ist ruhiger, der Radweg verläuft meist fern von Fahrstraßen und fast immer in Seenähe. Er bietet viel Natur und berührt Orte nur an deren äußerstem Rand. Wer nicht so naturbegeistert ist, der fühlt sich vielleicht am Ostufer wohler, wo er mehr Einkehrmöglichkeiten, Unterhaltung, Kontakte und Abwechslung in den sich aneinanderreihenden Ortschaften findet.

Orte am See

Am Ammersee finden sich viele schöne und interessante Ortschaften. Wie ich bereits zu Beginn geschrieben habe, ist mein Blickwinkel ein subjektiver, und ich widme mich vorrangig denjenigen, die mir besonders am Herzen liegen, über die ich Außergewöhnliches berichten kann oder die ich mit einem speziellen Erlebnis verbinde. Aus diesem Grund möchte ich diesen Abschnitt auch mit Schondorf beginnen. Natürlich habe ich zu meinem Wohnort das innigste Verhältnis und kenne mich hier am besten aus.

Schondorf
Station auf dem Jakobsweg

Sie ist schon von Weitem sichtbar. Wie ein Leuchtturm thront sie in scheinbarer Einsamkeit über dem Ort: die St.-Anna-Kirche. Ihre harmonische Zwiebelkuppel reckt sie hoch empor in den Himmel – und heißt mich willkommen. So empfinde ich es jedes Mal, wenn ich von einer langen Reise aus fernen Ländern oder von einer Vortragstour zurückkehre, und ein warmes Gefühl des Ankommens, von Heimat durchströmt mich. Sie ist immer die Erste, die mich mit ihrem Anblick erfreut und mir zeigt, dass ich wieder daheim bin. Ich habe nicht immer hier gelebt, meine Wurzeln liegen weit entfernt, und doch war ich noch jung genug, als mich das Schicksal in die Ammersee-Region führte, dass ich mein Herz für diesen Landstrich öffnen konnte.

1499 erbaut und zunächst dem heiligen Martin geweiht, erlebte St. Anna im Laufe der Jahrhunderte vielfältige Veränderungen. Es wurde an- und umgebaut, je nach den Bedürfnissen der Gläubigen und den herrschenden Baustilen. Im 18. Jahrhundert erhielt die Kirche ihre jetzige barocke Form. Der ursprünglich gotische Spitzturm wurde durch eine Zwiebelhaube ersetzt. Elemente der Gotik sind noch im umlaufenden Rundbogenfries am oberen Bereich der Außenmauer erkennbar. Auch innen erfuhr die Kirche immer wieder Erneuerungen; die letzte große Restauration erfolgte 1950. Dabei wurden auch Fresken an der Decke freigelegt, die Geschichten und Legenden aus dem Leben des heiligen Martin zeigen.

So innig meine Beziehung zu St. Anna ist, es gibt eine zweite Kirche, die mein Herz noch tiefer berührt: St. Jakob am See. Ihre Außenmauern sind – und waren wohl auch immer – unverputzt. So kann man die sorgfältig behauenen und stattlichen Quader aus Tuffgestein sehen, aus denen die fast zwei Meter dicken Mauern bestehen, und die für die damalige Zeit außerordentliche Präzision der Steinbearbeitung bewundern.

Ein Gefolgsmann der Grafen von Dießen-Andechs mit Namen Konrad ließ die Kirche, die im Jahr 1149 geweiht wurde, erbauen. Mich beeindruckt, dass damals in einem einfachen Fischerdorf ein so bemerkenswertes Bauwerk errichtet wurde. Es mag vom Zeitpunkt der Grundsteinlegung aus gesehen ältere Kirchen geben, doch im Gegensatz zu den meisten, die barockisiert wurden, ist bei der Jakobskirche der ursprünglich romanische Stil weitgehend erhalten geblieben. Nur ein zum See hin ausgerichteter Chor, also eine halbbögige Apsis, ist an das rechteckige Langhaus hinzugefügt worden, und ein barocker Dachreiter, der etwas fremd und künstlich wirkt, wurde 1750 aufgesetzt.

Schon beim ersten Blick fielen mir die steilen Proportionen der Kirche auf. Sie ist ungleich höher, als es bei ihrer geringen Grundfläche üblich wäre. Diese Besonderheit erklärt sich dadurch, dass zwischen dem Gewölbe des Innenraums und dem Dachstuhl ein zusätzlicher Raum eingezogen worden ist, der durch Fensterschlitze erhellt wird, die wie Schießscharten aussehen. Das legt den Schluss nahe, dass die Bevölkerung hier bei kriegerischen Auseinandersetzungen Schutz fand, vor allem während der häufigen Fehden zwischen Staufern und Welfen im Mittelalter und während des Dreißigjährigen Krieges, der auch in der Region gewütet hat: 1633 zogen schwedische Söldner plündernd und mordend den Ammersee entlang, weniger als die Hälfte der Bevölkerung überlebte die Massaker und die eingeschleppte Pest. Da waren Zufluchtsorte manchmal lebensrettend. In der Westfassade von St. Jakob ist eine zugemauerte ehemalige Öffnung in vier Meter Höhe erkennbar. Bei Gefahr konnte man mit einer Leiter hinaufklettern und diese Aufstiegshilfe danach einziehen.

Eine andere Deutung für die Funktion des geheimnisvollen Raums könnte sein, dass er Pilgern auf dem Jakobsweg nach Santiago de Compostela als Unterkunft diente. Wobei die eine Nutzung die andere ja nicht ausschließt. Das Übernachten der Pilger in Kirchen war im Mittelalter üblich, und schließlich trägt die Kirche den Namen des Pilgervaters. Der heilige Jakobus der Ältere war einer der zwölf Apostel Jesu Christi und liegt angeblich an der Nordwestküste Spaniens im fernen Galicien begraben.

Auf der Südseite führt eine Steintreppe zur Eingangstür hinauf. Die Stufen sind ausgetreten, man sieht ihnen die vergangenen Jahrhunderte an. Schon oft bin ich hier hinaufgestiegen, und ich erinnere mich deutlich an das erste Mal. Es war der Eintritt in die Stille. Ich sah einen schlichten Raum, auch hier die Wände unverputzt. Vielleicht waren sie früher zum Teil bemalt, denn an der nördlichen Wand ist das Fragment eines Gemäldes freigelegt. Die Farben sind direkt auf die Steine aufgetragen worden und zeigen Maria mit dem Jesuskind auf dem Arm. Der wuchtige Altar aus dem 17. Jahrhundert zieht den Blick auf sich: in der Mitte der heilige Jakob, flankiert vom heiligen Paulus und der heiligen Katharina. Doch die mit Gold verzierten Figuren passen nach meinem Empfinden nicht wirklich in die ansonsten so gut wie schmucklose Kirche.

Es ist der Raum selbst, der mich durch seine Einfachheit gefangen nimmt. Seine dicken Mauern vermitteln Geborgenheit. In der Stille komme ich zur Ruhe, finde zu mir selbst zurück, und zugleich fühle ich mich durchdrungen von etwas Namenlosem. Von einem unbestimmbar Höheren, Größeren, Allumfassenden in Besitz genommen. So wie in dieser kleinen Jakobskirche in Schondorf erging es mir auch in den spanischen Dorfkirchen, als ich in den 1980er-Jahren auf dem *camino* nach Santiago pilgerte. Auch dort gibt es noch heute eine Vielzahl romanischer Kirchen. Damals lernte ich, welch ungeheure und belebende Kraft von diesen Sakralbauten ausgeht, die so einfach und schlicht sind, in denen nur der Raum selbst wirkt. Ich erfuhr, dass Frieden, Einkehr, Trost und

Besinnung dem Menschen geschenkt werden, der sich darauf einlässt. In der weiten Landschaft der sonnendurchfluteten Meseta hatte ich oft das Gefühl, meine Seele würde davonfliegen. Beim Eintritt in die dunklen, stillen romanischen Kirchenräume kam meine Seele wieder zu mir zurück, und der Geist der Kirche verband sich mit mir. Dabei bin ich ohne Konfession, ohne Glauben und religiöse Unterweisung aufgewachsen, und dennoch durfte ich diese Erfahrung machen. Aus diesem Grund ist die Schondorfer Jakobskirche für mich zu Recht eine wichtige Station auf dem Münchner Pilgerweg, einem der heute wieder zahlreichen neu initiierten Pfade Richtung Spanien, zum Jakobsgrab. Er führt etwa 290 Kilometer von Sankt Jakob am Anger in München über Schondorf zum Bodensee und dann noch viele Kilometer weiter bis zu seinem Endziel Santiago de Compostela. Am 24. Mai 2003 wurde dieser Abschnitt eingeweiht, die Eröffnung feierte man auch in Schondorf. Damals wohnte ich noch nicht im Ort, aber der damalige Bürgermeister, Gerd Hoffmann, kannte mein Buch über den Jakobsweg und hatte mich dazu eingeladen.

Vielleicht müsste Schondorf eigentlich »Schön-Dorf« heißen. Denn die Vermutung, dass der Ort, wie es früher oft üblich war, nach einem Hofbesitzer, Gefolgsmann oder Lehnsherrn benannt wurde, der Scon oder Scono hieß, scheint sich nicht zu bewahrheiten. Für diese Annahme sind bisher keine Belege gefunden worden. Wahrscheinlicher ist wohl, dass der Ortsname auf das althochdeutsche Wort *sconi* für »schön« zurückgeht. Ist Schondorf also ein schöner Ort? Für heutige Bewohner gewiss, ob er das auch in früheren Zeiten war, die oft beschwerlich und hart gewesen sind, ist fraglich.

Ursprünglich bestand Schondorf bis zu ihrem Zusammenschluss am 1. Januar 1970 aus zwei Gemeinden: Ober- und

Unterschondorf, deren Einwohner sich in der Vergangenheit nicht grün waren. Die wohlhabenden Bauern aus Oberschondorf sahen auf die armen Fischersleute aus dem Unterdorf herab. Es heißt, dass die Kinder der beiden Ortschaften jeweils einen eigenen Schlittenberg hatten und es ja nicht wagen durften, bei den anderen mitzurodeln.

In alten Aufzeichnungen fand der Name »Unterschondorf« noch keine Verwendung, die Siedlung wurde »Fischerei« genannt, die Einheimischen sagten nur »am See«. Das Leben dort war hart. Der Fischfang ernährte die Menschen nur notdürftig, und so versuchten sie, mit dem Verkauf von Rosenkränzen und Tonwaren ihre Situation zu verbessern, beides brachte jedoch nicht viel ein. Dennoch mussten jährlich Renken, Zander und Hechte als Steuer an die Hofküche der Herzöge abgegeben werden.

Die Katen der Fischer standen, mit Schilf gedeckt, dicht nebeneinander am Ufer. Diese Bebauung ist inzwischen verschwunden. Im 19. Jahrhundert wurden die alten Holzhäuser durch Stein- oder Ziegelbauten ersetzt. Schondorf wurde immer beliebter als Ausflugsziel und Landsitz der Stadtbevölkerung aus Augsburg und München. Diese ließ sich Villen im Landhausstil bauen, bevorzugt natürlich mit Blick auf den See. Oberschondorf ist demzufolge der historisch ältere Siedlungsteil. Bei den einzeln stehenden Bauernhäusern, unter deren Dach zugleich Wohn- und Wirtschaftsteil vereint waren und mit einer Scheune in der Mitte, handelte es sich um sogenannte Mittertennhäuser. Einige der bäuerlichen Anwesen mit attraktiven hölzernen Scheunentoren sind noch erhalten, doch Landwirtschaft betreibende Höfe gibt es, außer zur Pferdezucht, so gut wie nicht mehr.

Wo früher die beiden Ortsteile durch den Mühlaubach und eine sumpfige Senke getrennt waren, verläuft heute die Durchgangsstraße von Greifenberg nach Dießen. Nach der Trockenlegung wurden an der neuen Straße das Rathaus, eine Bäckerei, Gaststätten und andere nützliche Einkaufs- und Versorgungseinrichtungen gebaut. Doch eigentlich trennt die Straße die beiden Dörfer noch immer, zwar nicht mehr durch Wasser und Sumpf, dafür durch den unangenehm flutenden Verkehr. Ich wundere mich immer wieder von Neuem, wohin all diese Fahrzeuge unterwegs sind. Der Ortsverkehr wäre harmlos, doch im Durchgangsverkehr schlängeln sich zahlreiche Autos und Lastwagen mit Lärm und Abgasen durch Schondorf. Und jedes Jahr werden es mehr, wie durch regelmäßige Zählungen festgestellt wurde. Vor 20 Jahren waren es täglich 13 000 Fahrzeuge. Im Jahr 2020 rollten an einem Tag 16 300, in Spitzenzeiten sogar 17 500 durch den Ort.

Das Wappen der zusammengeführten Gemeinde basiert auf demjenigen der landadeligen Familien, die Schondorf für die Herrscher verwaltet haben. Auf rotem Grund zeigt es den silberfarbenen Kopf eines Einhorns mit goldener Krone und einem blauen Saphirring, der über das Horn gestreift ist. Der blaue Stein gilt von alters her als Symbol der Treue und verweist auf die einstige Bindung des Wappenträgers an seine Lehnsherren, die damaligen Grafen von Dießen-Andechs. So wie der blaue Saphir haben auch Wappentiere Symbolcharakter. Meist signalisieren die Tiere Kraft, Stärke und Macht, deshalb wurden oft Löwen, Bären und Adler gewählt. Wieso also ein Fantasiewesen wie das Einhorn? Nun, im Mythos verkörpert das Fabeltier Schnelligkeit und Mut, aber auch Schönheit und Unschuld. Auf Gemälden wird das Einhorn oft mit einem holden Mägdelein dargestellt, denn, so hieß es, nur eine Jungfrau sei so rein, dass sie sich dem Einhorn nähern dürfe.

Einer der ersten Träger des frühen Einhorn-Wappens war Konrad, der die Jakobskirche gestiftet hat. Wie es bei Angehörigen niederen Adels damals Brauch war, trugen sie als Beinamen den Ort ihrer Herkunft, in diesem Fall also Schondorf. Noch bis Mitte des 15. Jahrhunderts sind Angehörige des Schondorfer Adels festzustellen. Die letzte derart unterzeichnete Urkunde stammt von 1453.

Unter Schatten spendenden Bäumen folge ich an einem schönen Sommertag einem Pfad entlang des Seeufers Richtung Süden. Zunächst säumen Landhäuser und Villen den Weg, dann scheine ich mit der Natur allein zu sein. Stille und angenehme Kühle umfangen mich, bis ich Schondorfs öffentlichen Badesteg mit Liegewiese am rechtsseitigen Hang erreiche. Aber nicht das Badevergnügen lockt mich hierher, sondern eine etwa 2000 Jahre alte römische Ausgrabungsstätte. Wahrscheinlich geht diese auf einen hohen Beamten der römischen Provinz Raetia zurück, der vielleicht in Augsburg residierte und sich am Ammersee eine Sommerresidenz oder einen Alterssitz bauen ließ.

Bereits um 15 v. Chr. eroberten Drusus, Kaiser Augustus' Stiefsohn, und seine Legionen das Voralpengebiet und richteten Verwaltungsdistrikte ein. So auch in Augsburg, das bald zur Hauptstadt der römischen Provinz wurde und sich damals *Augusta Vindelicorum* nannte (der Name bezog sich auf den keltischen Stamm der Vindeliker). Das Land wurde mit einem Netz gut ausgebauter Verkehrs- und Handelswege überzogen, von denen die Via Claudia Augusta die bekannteste und bedeutendste ist. Sie führte am Lech entlang und über die Alpen, von Augsburg bis an die Adria. Heute ist die alte Römerstraße, auf der einst Legionen marschierten, ein beliebter Wanderweg.

Von der Villa des Römers fehlt in Schondorf jede Spur, nur die Therme, wie Badehäuser bei den Römern bezeichnet wurden, hat man gefunden. Auch vom Badehaus ist oberirdisch nichts erhalten geblieben. Das erinnert mich an den geflügelten Ausdruck: »Wie Sie sehen, sehen Sie nichts!« Da die Ammersee-Gegend reich an archäologischen Schätzen ist, die sich naturgemäß verborgen im Boden befinden, habe ich diesen Spruch bei Besichtigungen schon öfters gehört. In den nachfolgenden Jahrhunderten dienten die Zeugnisse römischer Besiedlung der ansässigen Bevölkerung häufig als Steinbrüche zum Bau eigener Häuser, daher haben sich auch hier nur die unterirdischen Heizungsanlagen und das Fundament erhalten. Vielleicht stammen sogar die Steinquader der Jakobskirche von den römischen Bauwerken. So würde sich auch die außerordentlich genaue und sorgfältige Bearbeitung der Steine erklären, die für das frühe Mittelalter ungewöhnlich ist.

Der Schondorfer Künstler Andreas Kloker hat dem unbekannten Römer und seinem Anwesen ein anschauliches und künstlerisch ansprechendes Denkmal in Form einer Stele gesetzt.

Die Ausgrabungsstätte selbst wurde mit Erdreich wieder aufgefüllt und mit Rasen bedeckt, weil das Bodendenkmal so am besten geschützt sei, wie das Landratsamt für Denkmalpflege verfügt hat. Allein die Umrisse sind mit Kies auf der Wiese nachgebildet. Die Linien aus Steinen zeigen mir, es war ein symmetrischer Bau, etwa 40 Meter lang in Nord-Süd-Ausrichtung, mit zwei Flügeln und einem Säulengang mit Ausblick zum See, den die Römer *Amber lacus* nannten. Eine ausgeklügelte Technik mit einer Warmluft-Bodenheizung ermöglichte Schwitzbäder, es gab Becken mit kaltem und warmem Wasser. Es erfüllt mich mit Freude, mir vorzustellen, wie die Menschen damals lebten und wie sie diesen Ort wohl empfanden.

Das Wohnhaus selbst, die *Villa Rustica,* wie diese römischen Anwesen allgemein genannt werden, muss sich in der Nähe des Badehauses befunden haben, so nimmt man logischerweise an. Wahrscheinlich stand es oberhalb am Hang.

Die Initiative, diese römische Therme auszugraben und der Allgemeinheit zugänglich zu machen, ging von Dr. Heinrich Blendinger aus. Er war Geschichtslehrer am Schondorfer Landheim. Gemeinsam mit seinen Schülern und mit Genehmigung des Amtes für Denkmalschutz hat er 1924 die Grundmauern ausgegraben. Obwohl alles Kostbare und sogar das Baumaterial in früheren Jahrhunderten entwendet worden war, konnten die begeisterten Schüler unter Anleitung ihres Lehrers dennoch einige Fundstücke bergen. Nicht nur Tonscherben und bemalte Mauerstücke, auch einen Delfin aus Bronze brachten sie ans Tageslicht. Die Tierfigur ist das wertvollste Fundstück. Der Künstler muss Delfine mit eigenen Augen gesehen haben, denn das Schmuckstück ist außerordentlich lebensecht gestaltet.

Dass Geschichtslehrer Blendinger die Schüler in die Grabungen einbezogen hatte, entspricht noch heute dem Geist des von Julius Lohmann 1905 gegründeten Landheims. Gestartet hatte er mit 13 Schülern und vier Lehrern. »Gelernt wird nicht nur in Klassenzimmern!«, so ein Zitat des Reformpädagogen. Ihm ging es darum, die Schüler zur Eigenverantwortung zu erziehen, sie mit »Kopf, Herz und Hand« auszubilden. Für die damalige Zeit waren dies sehr fortschrittliche und moderne Erziehungsmethoden, die bis heute beibehalten wurden. Im Landheim können Kinder und Jugendliche handwerkliche Fähigkeiten, wie Töpfern und Schreinern, in schuleigenen Werkstätten erwerben. Sie können Theater spielen, im Chor singen, und auch dem Sport wird viel Raum gelassen. Das Angebot reicht von Segeln über Rudern, Klettern und

Tennis bis hin zu Wanderungen in den Alpen. Dabei haben die Schüler freie Wahl zwischen praktischer, musisch-künstlerischer, sportlicher und wissenschaftlich-technischer Ausrichtung.

Da ich mit Lehrern und Ausbildern des Landheims befreundet bin, habe ich einen gewissen Einblick, wie Unterricht und Ausbildung ablaufen. Der Campus ist jedem zugänglich. Ein geöffneter Torbogen führt auf das Gelände mit Park und altem Baumbestand, dazwischen stehen einzelne Häuser verstreut. Alles ist einfach und zweckmäßig gestaltet. Seine einzigartige Lage am See, umgeben von Wald, ist der wahre Reichtum des Schondorfer Landheims. Mein Interesse hat diese Einrichtung erregt, weil ich gern so eine Schule besucht hätte, wo man seinen Fähigkeiten entsprechend ausgebildet und umfassend auf die Anforderungen der Zukunft vorbereitet wird, wo man nicht allein Fakten lernt, sondern auch Zusammenhänge begreift. Was kann man sich mehr für seine Ausbildung wünschen?

St. Ottilien
Dem Himmel nah und doch mitten in der Welt

Als ich das Kloster St. Ottilien zum ersten Mal sah, saß ich gerade im Zug. Ich war frisch an den Ammersee gezogen und unterwegs in mein neues Domizil. Vom Fenster aus betrachtete ich einen beidseits von Bäumen gesäumten Weg. Die Allee hielt schnurgerade auf einen Gebäudekomplex zu. Weithin sichtbar ragte inmitten des Anwesens ein Turm auf, der mich durch seine massige Erscheinung beeindruckte und der – ungewöhnlich in Oberbayern – oben nicht mit einer Zwiebelhaube geschmückt war. Später erfuhr ich, dass die mit Kupferblech beschlagene aufragende Kirchturmspitze 30 Meter misst und der Turm insgesamt beeindruckende 75 Meter hoch ist. Obwohl im gotischen Stil, stammt er nicht, wie man meinen könnte, aus dem Mittelalter, sondern wurde, wie auch der gesamte Klosterkomplex, Ende des 19. Jahrhunderts erbaut.

Der Zug erreichte das Kloster und bremste plötzlich. Verwundert registrierte ich, dass er tatsächlich an einem Bahnhof hielt, der den Namen St. Ottilien trug. Na, so etwas, dachte ich, ein Kloster mit Haltestelle, das hatte ich zuvor noch nie erlebt. Und dann stürmten auch noch zahlreiche Kinder und Jugendliche den Zug. Wo kamen die auf einmal her? Weit und breit keine Siedlung, kein Dorf, nicht einmal ein Gebäude, außer dem Bahnwärterhäuschen und dem Kloster selbst, das in Blickweite des Bahnhofs lag. Den jugendlichen Ansturm erklärte ich mir mit der Überlegung, dass im Kloster wahrscheinlich keine Mönche mehr lebten und die Anlage zu einer Jugendherberge umgestaltet worden war.

Mit beiden Annahmen lag ich falsch. Im Gegensatz zu zahlreichen anderen Klöstern, die nur noch eine Handvoll Nonnen oder Mönche beherbergen oder die ganz geschlossen worden sind, wird die Erzabtei St. Ottilien von einer äußerst aktiven Ordensgemeinschaft lebendig gehalten. Nach der Ordensregel des heiligen Benedikt sorgen hier über hundert Benediktiner weitgehend selbst für ihren Lebensunterhalt.

Doch das alles und noch viel mehr sollte ich erst später erfahren. Vorerst erblickte ich St. Ottilien jedes Mal, wenn ich einen Anlass hatte, mit dem Zug nach München zu fahren, und freute mich über den Anblick, wenn ich von dort zurückkehrte: Nur noch eine Station, dann würde ich zu Hause am Ammersee sein. Je nach Wetterlage und Tageslicht schimmerten der Turm und das Klostergebäude in warmen rotbraunen Tönen, dann wieder dunkel und unnahbar, manchmal auch vergoldet von der Abendsonne. Im Winter, wenn das Kloster umgeben war von schneeweißer Landschaft, wirkte es einsam und zugleich mächtig, einer Trutzburg ähnlich. Im Frühling, Sommer und Herbst war das Bahnwärterhäuschen mit seinem kleinen Garten, ja der gesamte Bahnsteig mit Blumen geschmückt, in einer solchen Fülle und Farbenpracht, dass ich immer wieder von Neuem überrascht war.

Meine Neugier wuchs. Der Anblick vom Zugfenster genügte mir bald nicht mehr. Ich wollte wissen, was es mit diesem Kloster auf sich hatte, das einsam in einer idyllischen Landschaft lag, umgeben von sanft gewellten Hügeln, wo sich Wiesen, Felder und Wälder ausbreiteten. Zwar hatte ich inzwischen erfahren, dass es entgegen meiner ersten Annahme ein echtes Kloster war, in dem noch Mönche leben. Doch was verbarg sich wirklich hinter den Klostermauern?

Was liegt näher, als von Schondorf diese eine Station nach St. Ottilien mit der Regio-Bahn zu fahren, dort auszusteigen und die wenigen Schritte bis zum Kloster zu gehen? Doch ich will meinen Besuch zu etwas Besonderem machen und mich langsam annähern. Also schwinge ich mich in Schondorf auf mein Fahrrad.

Auf Hauptstraßen sind es wenige Kilometer, kaum mehr als acht, höchstens zehn. Ich allerdings wähle Nebenstraßen, Feld- und Wanderwege, da kommen einige zusätzliche Kilometer zusammen, und ich nehme mir Zeit, viel Zeit. Unterwegs gibt es so manches zu entdecken. Mir wird, so wie ich es gern mag, der Weg zum Ziel.

Hügelauf und hügelab geht es an Feldern und Wiesen entlang, hinunter in das Windachtal. Eine Weile folge ich dem mäandrierenden Flüsschen, das sich eine feucht-dunkle Wildnis geschaffen hat. Bald tauche ich aus dem bewaldeten, tief eingeschnittenen Tal wieder auf, und als ich eine Anhöhe erreiche, künden Häuser den nahen Ort Greifenberg an. Der Name geht zurück auf die Greifen von Greifenberg, die diesen Landstrich im Norden des Ammersees von den damals mächtigen Grafen von Dießen-Andechs als Lehen erhalten hatten. Als der letzte Greif von Greifenberg im 14. Jahrhundert im Krieg gegen die Türken sein Leben verlor, fiel das Gebiet an die Wittelsbacher Herzöge, die inzwischen, nachdem das Geschlecht der Dießen-Andechser bereits 1248 erloschen war, an der Macht waren.

Über den Häusern von Greifenberg mit ihren meist roten Dächern und hoch über dem Windachtal liegt das Schloss Greifenberg. Der Steilhang, auf dem es thront, ist der Rest eines Moränenwalls, den der Ammerseegletscher während der Eiszeit dort aufgeschüttet hat. Von der vierflügeligen Schlossanlage kann man bis zum Ammersee blicken, dessen nördliches Ende weniger als zwei Kilometer Luftlinie entfernt ist. Der Komplex ist gut erhalten, kann jedoch nicht besichtigt werden, da er sich in Privatbesitz befindet. Seit über 500 Jahren wird das Schloss durchgängig von den Angehörigen des Adelsgeschlechts der Perfaller bewohnt. Die bislang letzte Burgherrin war Manuela von Perfall. Neben ihrer Tätigkeit als Buchautorin war sie am Ammersee als passionierte Hundeliebhaberin bekannt und hat jährlich ein gut besuchtes Hundefestival im Schlosspark organisiert, das in der Ammersee-Gegend Kultstatus erlangte. Sie wohnte in einem umgebauten Pferdestall neben dem Schloss, den sie mit Kunstsinn geschmackvoll eingerichtet hatte. Mich beeindruckten besonders die großformatigen Gemälde ihres Mannes. Völlig unerwartet starb sie im Jahr 2018 im Alter von nur 66 Jahren.

Dass Manuela von Perfall einem der ältesten altbayerischen Adelsgeschlechter angehörte, ließ sie mich bei unseren Begegnungen nicht spüren, im Gegenteil, sie gab sich offen und natürlich und ganz und gar nicht konventionell. Ich erlebte sie als eine lebenslustige Frau, interessiert an Kunst und Kultur. Nachdem ich sie mehrmals getroffen und besser kennengelernt hatte, überraschte sie mich mit Anekdoten aus ihrer Jugend. In Schondorf hatte sie zunächst das Landheim besucht, musste es jedoch wegen unangepassten Verhaltens verlassen. Sie lachte: »Ich war so was von aufsässig. Es waren meine wilden Jahre, unsere Flower-Power-Zeit. Ich lebte damals in einer Kommune in einem alten Bauernhaus. Wir hatten auch eine Band, Siloah hieß sie, da sehen Sie schon, wie wir drauf waren, haben sogar eine Langspielplatte aufgenommen. Ich konnte kein Instrument spielen, außer Klavier natürlich, darauf hatte meine standesbewusste Familie Wert gelegt. Doch das nutzte mir in der Band rein gar nichts, also bekam ich das Schlagzeug und die Congas zugeteilt, Rhythmusgefühl hatte ich ja.«

Das adlige Fräulein hat dann noch so einiges ausprobiert in seiner Jugend. Manuela wollte erst einmal unabhängig und frei sein, ging nach Italien, begann eine Lehre als Goldschmiedin, die sie wieder abbrach, studierte Sozialpädagogik und Psychologie und hat manches mehr versucht, bis sie 1988 ins Schloss ihrer Familie zurückkehrte.

Unterhalb des Burgbergs radle ich weiter Richtung Neugreifenberg, ein wenig attraktiver Vorort, den ich schnell durchquere und hinter mir lasse. Statt nun bequem auf der Landstraße nach Pflaumdorf zu fahren, entscheide ich mich für einen Pfad, der durch ein Wäldchen führt, das vom Fischbach durchflossen wird. Der Weg endet unvermittelt im Gestrüpp, und obwohl es ein nur wenige Hektar großer Waldfleck ist, wird es mir schwer herauszufinden, denn mit Fahrrad ist es mühsam, sich durchs Unterholz zu schlagen.

Endlich wieder freie Sicht: Vor mir liegt das Pflaumdorfer Moos, das sich zwischen den Orten Windach und Pflaumdorf erstreckt. In Bayern ist mit dem Begriff »Moos« ein Moorgebiet gemeint. Das Pflaumdorfer Moos wurde inzwischen zwar durch Gräben massiv entwässert, aber noch immer sind die Wiesen, durch die der Fischbach plätschert, feucht.

Eine gute Strecke schiebe ich das Rad entlang eines dicht bewachsenen Grabens. Die zarten Rispenblüten des Echten Mädesüß leuchten rahmweiß an den über einen Meter hohen Stauden. Der Name bezieht sich nicht etwa auf ein »süßes Mädel«, sondern wahrscheinlich auf den altertümlichen Begriff »Mede« für Grasland, also den bevorzugten Standort der Pflanze. Da man früher das aromatische Mädesüß auch zum Würzen von Wein, vor allem von Met, Honigwein, benützt hat, könnte der Name aber auch daher rühren.

Die nickenden Blüten des Bachnelkenwurzes und das dunkelrote Sumpfblutauge, beides Pflanzen, die Feuchtigkeit lieben, wachsen zwischen der rotvioletten Ähre des Blutweiderichs. Dort, wo am Grabenrand noch Raum ist, hat sich der Storchschnabel ausgebreitet. Mir gefällt es, die Blumen zu betrachten und mir Gedanken über die Bedeutung und Herkunft ihrer Namen zu machen.

Endlich finde ich eine fahrbare Piste, auf der ich nun zügig vorankomme, quere noch einmal ein Waldstück, dann schimmern durch Stämme, Äste und Zweige die Mauern des Klosters St. Ottilien hindurch, überragt von dem fast 80 Meter hohen Kirchturm. Auf einem Wiesenhang vor dem Kloster grasen Rinder, eine robuste braune Rasse. Sie sind Eigentum des Klosters. Gemäß der benediktinischen Ordensregel »ora et labora« ist das Kloster eine weitgehend autarke Wirtschaftsgemeinschaft. Neben Rinder-, Schweine- und Hühnerzucht, Milch- und Käseherstellung sowie einer Gärtnerei mit imposantem Glashaus wird auf einer 200 Hektar großen Landfläche Ackerbau betrieben. Zudem gibt es verschiedene Handwerksbetriebe – Schlosserei, Schreinerei, Schneiderei –, eine Gaststätte, einen eigenen Verlag mit Druckerei und das Rhabanus-Maurus-Gymnasium, in dem etwa 700 Schüler unterrichtet werden. Die Schule gehört zu den besten Gymnasien in Bayern. So erklärt sich auch der Andrang der Kinder, die sich bei meiner ersten Zugfahrt zum Ammersee nach Schulschluss am Bahnhof tummelten.

Mein Fahrrad habe ich am Eingang bei der Klostermauer abgeschlossen, sodass ich mich unbeschwert der Erkundung der weiträumigen Anlage widmen kann. Auf einer Tafel ist die Anordnung der einzelnen Gebäude grafisch dargestellt. Ich staune über die Größe des Klosterkomplexes, der dermaßen weiträumig ist, dass man fast von einem Klosterdorf sprechen könnte. Im Zentrum liegt die Abteikirche Herz Jesu mit dem hoch aufragenden gotischen Turm. Im Süden und Osten erstreckt sich der Konventbau mit dem Klausurbereich, also die Privaträume der Mönche, der deshalb für Besucher nicht zugänglich ist. Dieses Herzstück der Anlage wirkt alt und ehrwürdig, fast wie ein Relikt aus dem Mittelalter, doch das täuscht. Kirche und Konvent entwarf der Münchner Architekt Hans Schurr. Gebaut wurde das Anwesen in nur zwei Jahren von 1897–1899. Immer wieder erstaunt es mich, wie zügig es in früheren Jahren mitunter gelang, Bauwerke fertigzustellen, verglichen mit Bauvorhaben in heutiger Zeit.

Auf dem Klostergelände befindet sich auch ein Museum. Dort bin ich mit Pater Theophil verabredet. Vorher habe ich jedoch noch Zeit, die Kapelle der heiligen Ottilie zu besuchen, die auf einem Hügel innerhalb der Klostermauern steht.

Die Heilige wurde 660 im Elsass auf dem Hohenberg geboren und war die älteste Tochter des Herzogs Attich und seiner Frau Bersinda. Da das Kind blind zur Welt kam, befahl der Vater, dass man es töten solle, um ihm ein leidvolles, in seinen Augen vielleicht auch nutzloses Leben zu ersparen. Doch die Mutter hatte Mitleid mit ihrer Tochter und übergab sie einer Magd, die das Neugeborene zu einem nahe gelegenen Kloster trug. Als das Mädchen zwölf Jahre alt war, kam der französische Wanderbischof Erhard, der zuvor in Regensburg gewirkt hatte, ins Elsass und segnete Ottilie. Da geschah ein Wunder, und das bislang blinde Kind konnte plötzlich sehen.

Später kehrte Ottilie auf den Hohenberg zurück und gründete dort ein Kloster, in dem sie bis zu ihrem Tod im Jahr 720 als Äbtissin wirkte. Die Kunde ihrer wundersamen Heilung verbreitete sich und weckte die Hoffnung zahlreicher Menschen auf Linderung ihrer Leiden. Ottilie wurde zur Schutzpatronin der Blinden, und es entstanden ihr geweihte Kirchen, Kapellen und Wallfahrtsorte. Auch auf dem heutigen Klostergelände, damals lag hier allerdings noch ein Weiler namens Emming, wurde eine Kapelle für die heilige Ottilie errichtet. Seit dem Jahr 1365 sind Wallfahrten urkundlich bestätigt. Das Gebiet gehörte zum Herrschaftsbereich der Grafen von Dießen-Andechs, bevor es den Grafen von Perfall zufiel. Im 16. Jahrhundert wurde hier ein schlossartiger Herrensitz eingerichtet.

Als das Kloster gebaut wurde, war das ländliche Schloss bereits seit Langem baufällig und wurde kurzerhand abgerissen, und der Name Emming machte der Bezeichnung St. Ottilien Platz. Die Ottilienkapelle allerdings gibt es noch. Sie steht an ihrer ursprünglichen Stelle, wenn auch leider, wie ich finde, nicht mehr in ihrer anfänglichen Gestalt. Im 17. Jahrhundert wurde das einstmals einfache Bauwerk vergrößert und erhielt eine barocke Form. Immerhin, diese zur Kirche umgestaltete Kapelle ist das Einzige, was vom alten Weiler noch geblieben ist.

Inzwischen ist es Zeit für meine Verabredung mit Pater Theophil. Er wartet auf mich am Eingang zum Museum. In seiner schwarzen Kutte wirkt der hagere, sehr große Mann auf mich etwas einschüchternd. Doch die herzliche Begrüßung und sein Lächeln nehmen mir die Befangenheit.

Bei meiner Anmeldung hatte ich ihn am Telefon gebeten, mir sowohl etwas über die Klostergründung als auch über die Missionstätigkeit zu erzählen.

»Beides gehört zusammen«, beginnt der Pater nun. »Bereits im Gründungsjahr 1887 wurden Missionsbrüder nach Afrika, später auch nach Korea und China geschickt. Die Missionsarbeit war natürlich ihre Hauptaufgabe, dennoch sammelten die Missionare auch Tierpräparate und völkerkundliche Objekte, die wir hier im Museum ausstellen.«

So wie er es gewohnt ist, will Pater Theophil mit seiner Führung fortfahren, doch ich möchte wissen, wie es überhaupt zur Klostergründung kam.

Gutmütig lächelnd über meinen Eifer entgegnet er: »St. Ottilien wurde von Pater Andreas Amrhein gegründet, wie ich bereits sagte, im Jahr 1887«, und schon schreitet der schwarz umhüllte Mann mit langen Schritten auf das Eingangstor zu und den Museumsgang entlang, wobei er ausführlich die Herkunft der einzelnen Objekte erklärt.

Mir hat seine Auskunft über das Kloster jedoch nicht genügt; ich will wissen, wer dieser Andreas Amrhein war. Also warte ich ein kurzes Atemholen seinerseits ab und platze mit meiner Frage hervor: »Wer war denn dieser Mann? Und wie muss ich mir solch eine Klostergründung überhaupt vorstellen?«

Ohne den geringsten Ärger über meine beharrlichen Zwischenfragen zu zeigen, antwortet mir der Geistliche mit seiner ruhigen, sonoren Stimme: »Geboren wurde Pater Andreas als Josef Georg Amrhein im Jahr 1844 in der Schweiz. Er war der Sohn eines Landwirts. Zunächst versuchte er sich als Künstler, reiste nach Florenz und Paris. Bald darauf erlebte er eine religiöse Erleuchtung, sie brachte ihn zum Studium der Theologie, und 1870 trat er ins Kloster Beuron ein.«

»Oh, das kenne ich! Dort war ich, als ich die Donau erkundet habe. Es liegt am Oberlauf in einer märchenhaft schönen Landschaft, bekränzt von den weiß leuchtenden Felsen der Schwäbischen Alb.«

Pater Theophil lächelt amüsiert. Er scheint mir meine enthusiastische und wohl etwas unhöfliche Unterbrechung nicht übel zu nehmen: »Im Kloster Beuron konnte Bruder Andreas seine Vorstellungen vom benediktinischen Leben und vor allem von der für ihn wichtigen Missionstätigkeit nicht so verwirklichen, wie er es sich erträumte. Beim Weiler Emming fand er den geeigneten Ort für sein Vorhaben.«

»Er hat also seine Ideen verwirklichen können?«

»Bereits im Gründungsjahr 1887 machten sich Brüder auf den Weg nach Afrika.«

»Und Pater Andreas? Missionierte er auch?«

»Seine Aufgabe war die geistige Unterstützung, die tatkräftige und die seelsorgerische Hilfe all die Jahre. Unser Bruder und Klostergründer starb 1927 und hat auf dem klostereigenen Friedhof seine Ruhestätte gefunden.«

Da ich mich vorerst mit weiteren Fragen zurückhalte, nickt mir der Pater freundlich zu und konzentriert sich nun auf die Erklärung der naturkundlichen und ethnologischen Exponate, die aus den Missionsgebieten stammen. Erstaunt lausche ich seinen fundierten Ausführungen. Weit ist der Bogen der Ausstellungsstücke gespannt, von afrikanischen Masken bis zu koreanischem Porzellan. Die Sammlung stammt zwar vorwiegend aus der Kolonialzeit, zeigt aber vor allem die tatkräftige Hilfe der Missionare gegenüber Menschen in schwierigen Lebenssituationen. Darüber hinaus veranschaulichen einige der völkerkundlichen Objekte Kulturen, die heute bereits der Vergangenheit angehören und so der Vergessenheit entrissen werden.

Unter der Leitung des Paters bekam das Museum, das sich vorher in einem düsteren, angestaubt wirkenden Raum befand, eine völlig neue Erscheinung. Nun gibt es viel Platz für all die Dinge, die zuvor im Magazin und in Kisten aufbewahrt worden waren. Pater Theophil führt mich durch mehrere helle Räume mit Glasvitrinen, in denen afrikanische Landschaften dargestellt und die präparierten Tiere in natürlicher Haltung gruppiert sind. Ich bin beeindruckt von der anschaulichen Gestaltung, ganz offensichtlich war da jemand sowohl mit biologischem Wissen als auch mit Kreativität, Einfühlungsvermögen und künstlerischer Neigung am Werk. Als ich mein Erstaunen äußere, sagt der Pater auf seine zurückhaltende und bescheidene Art: »Na ja, schließlich habe ich Biologie studiert.« Ich erfahre, dass er im Jahr 1984 ins Kloster eintrat und am Gymnasium neben Biologie noch weitere Fächer unterrichtet.

Diese Information ruft bei mir sofort eine neue Frage hervor: »Woher stammt der seltsame Name des Gymnasiums? Von Rhabanus Maurus habe ich noch nie gehört.«

»Unser Klostergründer, Pater Andreas Amrhein, nahm sofort eine ganze Schar Zöglinge in die Schule auf, so nannte man früher die Buben, die auf eine Laufbahn als Priester oder Missionar vorbereitet wurden«, erwidert Pater Theophil. »Aus dieser ersten Schuleinrichtung entwickelte sich nach und nach das heutige Gymnasium. Wer von uns Mönchen eine Lehrerausbildung besitzt, so wie ich, kann an unserer Schule unterrichten. Wir haben aber auch Lehrer von außerhalb. Die Konfession spielt weder bei den Lehrern noch bei den Schülern eine einschränkende Rolle. Seit 1973 unterrichten wir in gemischten Klassen, also Jungen und Mädchen gemeinsam, da waren wir unter den bayerischen Klosterschulen Vorreiter.«

»Heute werden hier keine Priester mehr ausgebildet?«

»Natürlich nicht. Der Lehrplan der bayerischen Gymnasien wurde schrittweise übernommen, mit dem Schwerpunkt auf einer humanistisch-neusprachlichen Ausbildung. Wer Priester werden will, beginnt später ein Theologiestudium.«

»Und woher kommt nun der eigenartige Name der Schule?«

»Schon damals, als Pater Andreas sie gründete, benannte er sie nach Rhabanus Maurus, dem Abt des Klosters Fulda. Dieser setzte sich dafür ein, die Bevölkerung zu unterrichten und zu bilden und das Wissen aus der Antike an die Gegenwart weiterzugeben. Er selbst war ein Universalgelehrter und am Hof von Karl dem Großen hoch angesehen.«

»Was? Karl der Große? Dann lebte dieser Maurus ja im 8. Jahrhundert?«

»Das stimmt!«, nickt Pater Theophil. »Um genau zu sein, von 780 bis 856.«

Diese Mitteilung lässt mich erst einmal verstummen. Dann sage ich: »In der Tat, Ihr Gymnasium hat wirklich eine weitreichende Tradition.« Bevor ich mich von Pater Theophil verabschiede, habe ich noch eine letzte Frage: »Wie kommt es, dass Ihr Kloster einen eigenen Bahnhof hat?«

»Ganz einfach!«, lacht er. »Als die Route für die Ammerseebahn konzipiert wurde, war der Streckenverlauf ursprünglich weitab von unserem Kloster vorgesehen. Wir stellten daraufhin dem Eisenbahnkomitee unser Land für den Schienenstrang unentgeltlich zur Verfügung. Sie mussten es also nicht ablösen wie das Bauernland ringsum. Dafür erbaten wir uns einen Haltepunkt am Kloster. Und so geschah es.«

»Und diese ungewöhnliche Blumenpracht am Bahnsteig fast das ganze Jahr über, wie erklärt sich die?«

»Oh, das ist unserer guten Seele, Frau Polke, zu verdanken. Wenn Sie Glück haben, wird sie Ihnen mehr erzählen. Sie ist allerdings sehr zurückhaltend.«

Am Bahnhof wartet eine Schülerschar auf den Zug, um heimzufahren. Als sie erfahren, dass ich ein Buch schreibe und gerne wissen möchte, wie es ihnen im Rhabanus-Maurus-Gymnasium gefällt, sind sie zunächst wortkarg, doch nach und nach tauen die Jugendlichen auf.

»Och, wie soll es sein? Schule halt!«

»Bin ich froh, dass für heute Schluss ist.«

»Unangemeldet mussten wir eine Kurzarbeit schreiben.«

»So doofe Aufgaben!«

Um mehr zu erfahren, versuche ich es mit einer direkten Frage: »Glaubt ihr, eure Schule unterscheidet sich von anderen?«

»Nee, Schule ist Schule!«, antwortet ein Junge.

»Ist es nicht etwas Besonderes, wenn der Unterricht in einem Kloster stattfindet und ihr auch von Mönchen unterrichtet werdet wie Pater Theophil?«

»Das schon«, bestätigt ein Schüler.

»Der ist in Ordnung!«, setzt ein anderer hinzu.

»Und was ist das Besondere?«, bohre ich nach.

»Eben, wie Sie sagten, dieses alte Gemäuer. Ein bisschen fühlt es sich an wie Hogwarts, also, Sie wissen schon, diese Zauberschule von Harry Potter.«

»Aber nicht, dass Sie glauben, wir würden auf Zauberbesen durch die Luft fliegen«, wirft ein Junge ein, und alle lachen.

Ein Mädchen, das bisher noch nichts gesagt hat, meldet sich zu Wort: »Manchmal ist es aber wirklich magisch. Das Kloster ist morgens oft in Nebel gehüllt, wenn wir ankommen. Und wenn die Sonne dann aufgeht und den Nebel vergoldet, das ist schon irgendwie zauberhaft.«

»Oh, unsere romantische Anne!«, lacht die Gruppe wieder.

Der Zug kommt. Erstaunlich leise rollt er heran. Die Türen öffnen sich, und die Schüler stürzen lachend und sich laut unterhaltend hinein. Und schon setzt sich der Zug wieder in Bewegung. Ich bleibe allein am Bahnsteig zurück. Doch als ich mich umschaue, bemerke ich eine weißhaarige Frau in blau geblümter Kittelschürze. Sie steht an der Eingangstür ihres Häuschens und schaut zu mir herüber. Schon wendet sie sich um. Ich überlege, wie war doch gleich der Name, den mir Pater Theophil genannt hatte? Richtig: Polke. Wie kann ich Frau Polke aufhalten? Ich muss irgendetwas sagen! Mir fällt nichts Besseres ein, als mich begeistert über ihre Blumen zu äußern, und ernte ein höfliches Nicken. Dieses Lob hat sie sicherlich schon oft gehört. Sie lächelt und will im Haus verschwinden.

Schnell rufe ich ihr hinterher: »Pater Theophil schickt mich!«

Das wirkt. Sie bleibt stehen und dreht sich wieder zu mir um. Nun muss ich etwas sagen, was halbwegs der Wahrheit entspricht, denn geschickt hat er mich ja keineswegs.

»Er sagte ... « Ich stocke, ratlos nach Worten suchend. »Er, also Pater Theophil«, taste ich mich weiter vor. »Er meinte, ich darf ... ich dürfte Sie etwas fragen«, bringe ich verlegen stotternd hervor.

Die kleine Frau blickt mich abwartend an.

»Es ist nämlich so, ich schreibe über St. Ottilien, und da wollte ich ... da würde ich mich gern mit Ihnen unterhalten.«

»Ach, da sprechen Sie doch lieber mit dem Pater«, weicht sie aus.

»Hab ich schon. Alles, was es über das Kloster und das Museum zu wissen gibt, hat er mir erzählt. Aber nun würde ich gern von Ihnen, liebe Frau Polke, etwas über den Bahnhof hier erfahren.«

»Da kommen Sie aber etwas zu spät. Den Bahnhof gibt es nämlich gar nicht mehr. Er wurde geschlossen, schon im Jahr 1994. Das weiß ich so genau, weil damals mein Mann ins Krankenhaus musste. Jetzt haben wir hier nur noch einen ›Haltepunkt‹.«

Ich freue mich, dass ich die zurückhaltende Frau zum Erzählen animieren konnte, und frage gleich weiter: »Aber als es den Bahnhof noch gab, haben Sie auch schon hier gelebt?«

»Ja, freilich. Damals war hier eine Schranke, die musste mit der Hand hinauf- und hinuntergekurbelt werden. Und ich habe Tickets verkauft und manchmal mit den Zugführern geplaudert, bevor sie weiterfuhren.«

Als ich noch überlege, was ich als Nächstes fragen will, sagt sie: »Kommen Sie doch ins Haus, da haben wir es gemütlicher.«

Und gemütlich ist es in ihrer kleinen Küche mit der Eckbank, dem Tisch mit der geblümten Decke und der Pendeluhr an der Wand. Auf dem Fensterbrett prangen auch hier üppige Blumen.

Elisabeth Polke, wie sie mit vollem Namen heißt, lebt seit über 60 Jahren in dem Häuschen, früher gemeinsam mit ihrem Mann, jetzt allein. Drei Kinder haben die beiden hier großgezogen. Ihre Heimat liegt im heutigen Tschechien, in einem Ort, der damals Hermannstadt genannt wurde. Von dort nach dem Krieg vertrieben, kamen sie über mehrere Zwischenstationen im Jahr 1958 nach St. Ottilien, wo Herr Polke eine Anstellung als Schrankenwärter bekam.

»Wir hatten es gut getroffen. Nach all dem Leid wurden wir belohnt, hatten es besser als andere, die nicht so viel Glück hatten. Die Mönche im Kloster schenkten uns eine neue Heimat.«

Lebhaft erzählt sie mir noch von ihrem 90. Geburtstag und der Aufregung, als sie von der Klostergemeinschaft geehrt wurde. Sie war zu einer Feier im Refektorium eingeladen worden, es gab ein Menü, und der Klosterkoch hatte extra für sie ihre Lieblingsnachspeise servieren lassen.

»Da saß ich dann neben dem Erzabt. Glauben Sie mir, ich wusste gar nicht, wie mir zumute war.«

Es ist Zeit aufzubrechen. »Dahlien sind meine Lieblingsblumen«, vertraut mir die sympathische Frau an, als ich mich verabschiede.

Dießen
Von Fischern, Töpfern und der heiligen Mechthild

Dießen, am südlichen Ende des Sees gelegen, ist mir von zahlreichen Besuchen vertraut. Der kleine Fischerort war überhaupt einer der ersten, die ich vor vielen Jahren kennenlernte. Damals wohnte ich noch nicht am Ammersee, sondern erforschte am Seewiesener Max-Planck-Institut das Verhalten von Mongolischen Wüstenrennmäusen. Für mich, die ich im Osten Deutschlands, in der DDR, aufgewachsen und erst wenige Wochen zuvor in Westdeutschland angekommen war, hatte alles den Charme des Neuen und Unbekannten.

Bei meinem ersten Aufenthalt in Dießen hatte ich ein unerwartetes Naturerlebnis, das sich mir unauslöschlich eingeprägt hat. Vielleicht fühle ich mich dem Ort deshalb noch heute besonders verbunden. An der Seepromenade, zwischen den sorgsam bepflanzten Blumenrabatten, dem gepflegten Rasen, beschattet von hohen Laubbäumen, hatte ich nicht mit interessanten Tierbegegnungen gerechnet. Ich stand nahe dem Steg, der weit in den See hineinreicht und an dem gerade ein Raddampfer anlegte, aus dem bunt und sommerlich gekleidete, lebhaft redende und lachende Menschen herausströmten. Da wurde ich von einem Schwarm Möwen abgelenkt. Die Vögel kamen plötzlich von überallher angeflattert. Sie hatten zuvor ruhig auf Pfosten und Schiffsmasten gehockt, deshalb hatte ich sie nicht beachtet. Mit gellendem Geschrei und rüttelndem Flug umschwärmten sie die Ausflügler, von denen einige Brotkrumen in die Luft und ins Wasser warfen.

Im weißen Geflatter erkannte ich die mir wohlbekannten Lachmöwen mit ihren schokoladenbraunen Köpfen, die sie nur zur Brutzeit tragen. Von der dunklen Maske bleibt später nur ein bräunlicher Ohrfleck zurück. Lachmöwen verdanken ihren Namen nicht etwa lustig klingenden Lautäußerungen, sondern sie heißen so, weil sie im Gegensatz zu zahlreichen anderen Möwenarten, die an Meeresküsten brüten, ihre Nester im Binnenland an seichten Gewässern bauen, die man auch als »Lachen« bezeichnet.

Erst als ich genauer hinsah, entdeckte ich noch zwei weitere Arten, die sich unter die Lachmöwen gemischt hatten und größer als diese waren. Eine davon war die Sturmmöwe. Sie erkannte ich sofort, hatte ich diese Art doch bei Exkursionen an der Ostseeküste während meines Greifswalder Biologiestudiums oft gesehen. Sturmmöwen sind ein recht genaues Abbild der großen und prächtigen Silbermöwen, nur eben kleiner und ohne den roten Fleck am Schnabel. Ihre Körpergröße liegt fast genau zwischen Silber- und Lachmöwe. Aber anders als Lachmöwen haben Sturmmöwen keine roten Beine, sondern grüngelbe und ihr Schnabel ist blassgelblich.

Die Faszination der Vogelbestimmung – so empfinde ich es jedenfalls – besteht unter anderem darin, dass man auf Details achtet. Der Blick schärft sich, und der Vogelkundige erkennt, oftmals schon bei flüchtigem Hinsehen, welcher Art der Vogel angehört. Eine besondere Herausforderung stellen Verwandtschaftsgruppen dar, deren Mitglieder sich sehr ähneln. Wer sich darin auskennt, beherrscht die Königsdisziplin.

Die dritte Möwenart am Dampfersteg war riesig, neben ihr wirkten die kleinen und zarten Lachmöwen wie Zwerge. Es könnte eine Silbermöwe sein, dachte ich. Größe und Gefiederfärbung passten. Doch der Lebensraum dieser Möwen sind eigentlich die Küsten. Dann entdeckte ich, dass die Beinfarbe nicht stimmte. Diese war nämlich quittengelb, während die Beine der Silbermöwen roséfarben sind. Damals wusste ich noch nicht, dass ich eine Mittelmeermöwe entdeckt hatte, von der sich damals erst wenige Exemplare nach Norden wagten. Inzwischen brüten sie sogar in Deutschland.

Was für ein Quatsch, könnte man denken – rote Beine oder gelbe, wen kümmert das? Für den Nicht-Vogelbegeisterten mögen solche Unterschiede lächerlich klingen. Sie sind jedoch keineswegs Unsinn, sondern wichtig. Sind es doch äußerliche Details, die wir auf den ersten Blick wahrnehmen können. Es gibt nämlich vieles, worin sich Arten unterscheiden, was sich aber nicht so leicht und schnell feststellen lässt, zum Beispiel das Verhalten, die Anatomie und der genetische Code. Indem wir die Arten nach äußeren Merkmalen klassifizieren, erhalten wir nicht nur eine gewisse Ordnung, sondern stellen fest, welche verwandtschaftlichen Zusammenhänge bestehen, wie Lebewesen sich verändern und welche neuen Arten entstanden sind. Denn die Arten sind nicht ein für alle Mal festgelegt, sondern sie variieren. Aus einer gut abgegrenzten entstehen eine oder mehrere neue Spezies. Ursprünglich gab es nur Silbermöwen, durch räumliche Trennung haben sich zwei neue, sehr ähnliche Arten entwickelt, die Mittelmeermöwen und die Steppenmöwen.

Inzwischen war die Menschenmenge, die den Dampfer verlassen hatte, verschwunden. Wahrscheinlich waren die Ausflügler in den Ort gegangen. Die Möwen hatten sich beruhigt und wieder auf Pfosten und Geländern Platz genommen. Ich freute mich, an diesem belebten Ort gleich drei Möwenarten beobachtet zu haben. Der Radschaufeldampfer hatte wieder Fahrt aufgenommen und gab die Aussicht frei über die weite Wasserfläche. Boote mit weißen Segeln punkteten den See. Mein Blick schweifte hinüber zum anderen Ufer, wo sich ein durch den eiszeitlichen Gletscher aufgeschütteter Höhenzug erstreckt. Gekrönt wird dieser Moränenhügel vom Kloster Andechs, in dessen Nähe sich das Max-Planck-Institut Seewiesen befindet, wo ich meine Forschungen betrieb.

Vom Dießener Ufersteg aus genoss ich den Blick und versuchte unwillkürlich, diesen einzigartigen Moment festzuhalten. Ich freute mich über das Licht, das auf dem Wasser tanzte und sich auf der gekräuselten Oberfläche ausbreitete, lauschte dem Schlag der anrollenden Wellen, die gegen den Holzsteg brandeten. Ich atmete den Geruch ein, der dem feuchten Kies entströmte. Die Natur war in Bewegung, doch für mich war es, als würde die Zeit für einen Augenblick stillstehen.

Wie schon so oft, habe ich auch heute den Zug benutzt, um Dießen einen Besuch abzustatten und durch den Ort bis hinauf zum Marienmünster zu wandern. Vier Stationen sind es von

Schondorf nach Dießen. Ich bin am historischen Bahnhof von 1901 ausgestiegen, dessen Lüftlmalerei – wie man die typische Fassadendekoration hier nennt – vom ländlichen Leben der Menschen inspiriert ist, und spaziere, wieder einmal, die Seepromenade entlang. Fröhlich lasse ich meinen Blick über das Wasser schweifen, erfreue mich am weißen Geflatter und dem lebhaften Gekreisch der Möwen und gehe schließlich durch den Tunnel, der unter den Gleisen der Ammerseebahn hindurchführt, in die Ortschaft hinein.

Dießen hat zwar nur gut 10 000 Einwohner, gilt aber dennoch als größter Ort am Westufer. 1231 erhielt es sogar das Stadtrecht. Jedoch, so wie ich mir eine Stadt vorstelle, wirkt Dießen nicht auf mich. Eher verträumt-ländlich mit seinen verwinkelten Gassen und den einstöckigen Häuschen. Unabhängig davon, wie groß eine Siedlung früher war, definierte die Bezeichnung *civitas* im Mittelalter einfach nur die rechtlich-steuerliche Situation. Einwohner einer *civitas,* also einer Stadt, unterstanden dem fürstlichen Herrscher. Im Falle Dießens waren das die Grafen von Dießen-Andechs. Die Stadtbevölkerung war frei von Fronarbeit, anders als Bauern und Leibeigene, die rechtlich der Willkür der Gutsherren ausgeliefert waren. Daher rührt auch der Spruch: »Stadtluft macht frei.«

Die günstigeren Lebensbedingungen lockten zahlreiche Handwerker und Kaufleute nach Dießen. Allerdings starb das Grafengeschlecht schon 1248 aus, da es keinen männlichen Nachfolger mehr hatte. Alle seine bisherigen Besitztümer – Wälder, Felder, Fischereigründe, aber auch die Einwohner Dießens und umliegender Orte – wurden dem Augustiner-Chorherrenstift unterstellt. Die Dießener Einwohner waren nun gezwungen, ihre Steuern, die empfindlich höher waren als zuvor, an das Kloster abzuliefern, zudem unterlagen sie nun auch dessen Gerichtsbarkeit.

Erst 1326 gab Ludwig der Bayer (1282–1347) aus dem Adelsgeschlecht der Wittelsbacher und spätere Kaiser des Heiligen Römischen Reiches Deutscher Nation den Bürgern ihre Freiheit zurück. Nicht ganz uneigennützig, denn die Steuereinnahmen flossen nun ihm zu. Doch für die Bürger trat damit eine Verbesserung ein, die Abgaben waren moderater und an ihren Verdienst angeglichen, und auch die Rechtsprechung war weniger willkürlich. Doch das gesamte Umland gehörte weiterhin dem Chorherrenstift. Demzufolge besaßen die Bewohner Dießens keinerlei landwirtschaftlich nutzbaren Boden, um Feldfrüchte anzubauen und Vieh weiden zu lassen. Ihre Existenz konnten sie einzig als Händler, Handwerker und Fischer sichern.

Das ist der Grund, warum sich so viele verschiedene Gewerbe ansiedelten, fast in jedem Haus war ein anderer Berufszweig vertreten. Inschriften und Lüftlmalereien künden von dieser alten Zeit. Sie machen für mich die Wanderung durch den Ort zu einer spannenden Rückschau. Auch die Straßennamen zeigen an, welche Handwerker hier früher tätig waren. Ich schlendere durch das Schneider- und das Färbergaßl, auch Gerber und Bierbrauer gab es einst. Nahe am See waren – und sind – die Ammersee-Fischer zu finden. Dieses Viertel trägt die Bezeichnung »Fischerei«. Die Mühlstraße weist darauf hin, dass Wasserkraft genutzt wurde, um Korn zu mahlen und Maschinen anzutreiben wie das Hammerwerk. Den etwa vier Kilometer langen Mühlbach gibt es noch. Er durchströmt den Ort und mündet in den Ammersee, allerdings gut und sicher eingemauert. Ein bisschen Freiheit wird ihm noch gegönnt, indem man einen kleinen Wasserfall angelegt hat, kaum zwei Meter hoch, der seitlich an der Mühlstraße zwischen Kino und Ingeborgbrücke plätschert. Übrigens, im Mittelalter hieß der Ort *diezzan*, was auf Althochdeutsch »Wasserfall« oder auch »schnell fließendes Wasser« bedeutete. Bis heute prägen Bäche, Weiher und Moore die Landschaft im Süden des Ammersees. Doch schon früh wurden Wasserläufe umgeleitet und nutzbar gemacht und trugen so zur wirtschaftlichen Entwicklung Dießens wesentlich bei. Die bedeutendste von all diesen Wasseradern ist noch immer der Tiefenbach, der den Mühlbach speist.

Nun gelange ich in eine breite Straße, die eine Anhöhe hinaufführt, denn auch das diesseitige Seeufer wird von einer Moräne begrenzt. Zunächst wird sie »Herrenstraße«, dann »Hofmark« genannt. Dieser Namenswechsel wird verständlich, wenn man die Geschichte betrachtet. Als Dießen 1326 Ludwig dem Bayern zufiel, wurde ein Teil der in dieser Straße lebenden Einwohner steuerlich und rechtlich dem Landesherrn zugerechnet, diesen Abschnitt nannte man fortan »Herrenstraße«. Es verblieben allerdings einige Anwesen im oberen Teil im Besitz des Klosters, gehörten also zu dessen Hofmark. So erklärt sich die Bezeichnung dieses Abschnitts. Das zeigt, wie lange Namen erhalten bleiben, wie weit sie in die Vergangenheit zurückverweisen und wie sie historische Zusammenhänge verdeutlichen.

Mir fällt am Eck, wo die Herrenstraße von der Prinz-Ludwig-Straße gekreuzt wird, ein ziegelrot verputztes, stattliches Haus auf. Im Gegensatz zu den meisten anderen Gebäuden ist es zweigeschossig. Die Fassadeninschrift zeigt mir, dass es sich um das 1704 erbaute Rathaus handelt. Hoch oben ist das für die Dießener Bürger geschichtsträchtige Jahr vermerkt: »1326 – durch Ludwigs Gnade sind die Bürger frei!«

Wenige Schritte weiter macht mich ein kunstvoll gestaltetes Schild in der Herrenstraße Nummer 7 auf die Zinnmanufaktur Wilhelm Schweizer aufmerksam. Vor ein paar Jahren hatte mich die Neugier in den Laden getrieben. Da ich mir nicht vorstellen konnte, dass es noch immer Zinngießereien gab, vermutete ich eine museale Ausstellung dieser alten Handwerkskunst. Doch ich wurde eines Besseren belehrt. Nachdem ich die Tür des ansehnlichen Jugendstilhauses geöffnet hatte und eingetreten war, stand ich in einem hellen Verkaufsraum und wurde von Jordi Arau begrüßt. Der gelernte Motorenbauer war mit Wilhelm Schweizers Tochter Annemarie verheiratet und führte die Familientradition fort.

»Zinnkrüge, Becher, kunstvoll verzierte Teller sind aus der Mode gekommen«, erklärte er mir.

»Aber was machen Sie stattdessen?« Ich fragte mich, welche Gegenstände in der heutigen Zeit des Plastiks noch aus Zinn gefertigt wurden.

»Oldtimer!«, antwortete Jordi Arau sofort. »Es gibt Liebhaber, die bestellen bei uns exquisite Sammlerstücke. Natürlich fertige ich auch andere Gegenstände aus Zinn, zum Beispiel für den Verkauf auf Weihnachtsmärkten und in Wallfahrtsorten.«

In seiner Werkstatt konnte ich miterleben, wie eine Figur entsteht. Zunächst wird das Zinn auf über 300 Grad Celsius erhitzt und verflüssigt. Für die Form werden Schiefersteine benutzt.

»Das Gravieren ist die eigentlich kreative Arbeit«, sagte Jordi Arau. »Früher hat man meist die gleichen erprobten Formen verwendet. Ich dagegen denke mir immer wieder neue Motive aus. Das macht mir am meisten Freude. Sehen Sie hier, ein Eselchen, das ist für eine Weihnachtskrippe bestimmt.«

Erstaunt betrachtete ich die filigrane Einritzung auf beiden Schieferplatten. Die Tiefe der Aushebungen muss genau berechnet werden, damit sich eine stimmige, nicht zu dicke und nicht zu dünne dreidimensionale Figur ergibt. Inzwischen war das Zinn geschmolzen. Vorsichtig wurde die Flüssigkeit mit einem speziellen Schöpflöffel durch ein Löchlein in die beiden zusammengeklappten Platten gefüllt. Wir mussten nicht allzu lange warten. Der Künstler meinte, das Zinn sei nun erkaltet, und klappte die Form auf. Heraus kam ein silberglänzendes Eselchen. Ich war beeindruckt, wie fein sich die Struktur von Mähne, Schwanz und Ohren abzeichnete, sogar die kleinen Hufe waren perfekt.

»Nun muss es nur noch angemalt werden.«

Mir gefiel es aber besser so, in seinem Silberglanz, und ich beschloss, das Eselchen zu kaufen. Was für ein schönes Andenken an meinen Besuch bei Jordi Arau, der mittlerweile leider verstorben ist.

Als ich damals die Werkstatt verließ, bemerkte ich erstaunt, dass sich nur ein paar Meter die Straße hinauf, bei der Nummer 17, eine zweite Zinngießerei befand.

Nanu, dachte ich, gleich zwei Manufakturen an einem Ort und noch dazu in derselben Straße – gehen die Geschäfte wirklich so gut? Über dem Laden stand Babette Schweizer – also der gleiche Familienname.

Durch eine Fensterscheibe betrachtete ich von der Straße aus die in einem Schaukasten aufgereihten Zinnfigürchen. Es waren Miniaturen, die einen Prozessionszug bildeten, daneben die häusliche Szene einer Familie, die am Tisch saß, und in der Reihe darunter Pferde, Kühe und anderes Getier. Alles winzig, kaum größer als mein kleiner Finger und bunt bemalt.

Gespannt öffnete ich die geschnitzte Holztür und betrat das Reich von Gunnar Schweizer, der mich freundlich begrüßte. Ich fühlte mich wie auf einer Reise in die Vergangenheit. Regale und Vitrinen reichten bis zur Decke und waren gefüllt mit Miniaturkunstwerken. Es fühlte sich für mich anheimelnd an und passte zu der alten Handwerkskunst. Allerdings verwirrten mich die übermäßig vielen Figuren. Ich wusste gar nicht, wo ich zuerst hinschauen sollte. Ein Brautpaar saß in einer Kutsche, vor die Pferde gespannt waren, mehrere Paare tanzten einen Reigen, daneben Figuren für die Weihnachtskrippe und historische Motive, die die damalige Welt spiegelten. Mein Blick fiel auf ein Puppenhaus, liebevoll eingerichtet mit Küche, Stube und Schlafzimmer, alle Möbel aus Zinn.

»Heute kauft so etwas kaum noch jemand«, unterbrach Gunnar Schweizer meine Betrachtung. »Unser Kunsthandwerk ist vom Aussterben bedroht.«

Ich war überrascht. Jordi Arau, der Zinngießer im Nachbargeschäft, hatte ganz anders gesprochen, optimistisch und verkaufsorientiert. Während ich nachdenklich schwieg, fuhr der alte Zinngießer fort: »Früher, ja, früher, da hatte ich zwei Schmelzöfen und mehrere Mitarbeiter. Jetzt reicht ein Ofen, und auch den betreibe ich nur noch ab und zu, als Hobby sozusagen. Einmal hatte ich noch einen schönen Auftrag, nämlich den Brustschild für den Erzengel Gabriel zu gießen. Er wurde für die Oberammergauer Passionsspiele gebraucht und sollte schön glänzen, als sei er aus Silber.«

Stolz schwang in seiner Stimme mit, als wir auf die Familientradition zu sprechen kamen: »Mein Vorfahr, Adam Schweizer, kaufte 1796 dieses Haus. Es steht auf Fundamenten aus dem 15. Jahrhundert. Er ließ es renovieren und gründete die Zinngießerei. Damals lief das Geschäft bestens, die Nachfrage war groß. Händler brachten die Zinngefäße und -figuren in Tragekörben zu den Wallfahrtsorten und Märkten. Das war ein schwunghafter Handel!«

»Warum heißt Ihr Geschäft ›Babette Schweizer‹?«, erkundigte ich mich.

»Ganz einfach! Zuerst hieß es nach dem Gründer ›Adam Schweizer‹. Der Name wechselte mit jedem Inhaber. Als mein

Großvater Anton starb, führte meine Großmutter das Geschäft weiter, so wurde es, wie damals üblich, nach ihr benannt: ›Babette Schweizer‹. Als mein Vater Bruno den Betrieb übernahm, ließ er den Namen bestehen. Leider starb mein Vater sehr früh an einem Herzinfarkt, schon 1958, damals übernahm ich die Gießerei.«

Gunnar Schweizers Tochter Karin führte mich anschließend in das gemütliche Zinn-Café im rückwärtigen Teil des Hauses, wo ich einen Cappuccino bestellte.

»Wie kommt es, dass es wenige Meter weiter unten an der Straße noch eine zweite Werkstatt gibt?«

»Ach, das ist eine lange Geschichte«, seufzte Karin. »Aber um es kurz zu machen: Mein Onkel Wilhelm, der Bruder meines Vaters, wollte sein eigenes Ding machen. So wurde 1972 das Familienunternehmen geteilt. Laut Vereinbarung sollte mein Onkel sich auf größere Zinnobjekte wie Becher, Krüge und solche Sachen spezialisieren und unser Betrieb weiterhin die Zinnfiguren herstellen. Aber wie es manchmal so kommt, Gefäße aus Zinn wollte kaum noch jemand, und so machte Wilhelm bald dasselbe wie wir auch. Und seit Jordi das Geschäft führt und die Idee mit den Oldtimern hatte, sogar recht erfolgreich. Um unsere Existenz zu sichern, haben wir das Café gegründet.«

Als ich nun erneut vor der Zinngießerei stehe, betrete ich kurzerhand das Café. Ich setze mich in den von Tageslicht durchfluteten und mit üppigen Pflanzen geschmückten Raum und gönne mir einen köstlichen hausgemachten Kuchen.

Karin Schweizer berichtet mir, dass ihr Vater die Firma aus gesundheitlichen Gründen nicht länger weiterführen konnte und sie nun die Geschäfte übernommen habe. Ich spüre ihr leidenschaftliches Engagement, als sie sagt, dass sie stolz darauf sei, einen wichtigen Teil der bayerischen Geschichte und Identität zu bewahren. »Wir besitzen noch die historischen Formen aus der Zeit, als unsere Zinngießerei gegründet wurde. Niemand außer uns kann heute noch diese authentischen Figuren herstellen.«

Gestärkt folge ich der Straße weiter hinauf, dorthin, wo majestätisch und weithin sichtbar die Klosterpfarrkirche Mariä Himmelfahrt thront. Von der anderen Seeseite sieht sie aus wie ein Schiff, das zu großer Fahrt aufbrechen will. Nach einem romanischen und später gotischen Vorgängerbau erhielt die Kirche im 18. Jahrhundert ein barockes Gewand und wurde zum Münster erhoben.

Mich verwirren die verschiedenen Kirchenbezeichnungen: Kathedrale, Dom, Münster, Basilika – was ist damit eigentlich gemeint? Die »Basilika« leitet sich vom altgriechischen Wort *basiliké* her und bezeichnet einen Bautyp. In der Antike war damit eine Königshalle, ein Gerichtsgebäude oder ein Versammlungsort gemeint. Ab der Spätantike, als sich das Christentum zu verbreiten begann, wurde ein mehrschiffiges Kirchengebäude so genannt. Die Bezeichnung »Dom« geht auf das lateinische Wort *domus* für »Haus« zurück, meint also das Haus Gottes. Auch die »Kathedrale« hat ihre Wurzeln im Lateinischen. *Cathedra* heißt »Stuhl«, gemeint ist in diesem Zusammenhang der Sitz des Bischofs. Oft werden »Dom« und »Kathedrale« synonym verwendet, wenn von einer Bischofskirche die Rede ist, also dem Amtssitz eines Bischofs oder Erzbischofs. Das Wort »Münster« wird vom lateinischen Ausdruck *monasterium* abgeleitet, was »Kloster« bedeutet. Ein Münster ist also die Pfarrkirche eines Klosters.

Eine Wandmalerei an einem Haus lässt mich innehalten. Die Szene zeigt, wie Mechthild, die Tochter des Grafen Berthold II. von Dießen-Andechs, dem Kloster übergeben wird.

Das geschah um das Jahr 1130. Mechthild war ein Kind von fünf Jahren. Auf dem Gemälde ist ein blondes Mädchen dargestellt, das schon etwas älter zu sein scheint. Sie kniet vor dem Abt, hinter ihr die Eltern mit ihrem Gefolge, den Rittern.

Ich male mir aus, wie dramatisch der Abschied von Eltern, Geschwistern, von allem Vertrauten für die Kleine gewesen sein muss. Damals wurde nicht auf die Belange von Kindern Rücksicht genommen, wie es in heutiger Zeit meist der Fall ist, wo man versucht, sie liebevoll auf das Leben vorzubereiten, und sie bei der Ausbildung ihrer Fähigkeiten und Anlagen berät und unterstützt, so wie ich es in meiner Familie erfahren durfte. Die Kinder der Adligen wurden nicht nach ihren Wünschen gefragt, diese spielten überhaupt keine Rolle. Damals konnte kaum jemand, welcher Gesellschaftsschicht er auch angehörte, sein Leben nach eigenen Vorstellungen gestalten. Ein Junge musste meist den Beruf des Vaters ergreifen, den Mädchen war bestimmt, als Erwachsene Kinder zu gebären und diese aufzuziehen, und der Nachwuchs der Adligen war dazu da, durch Heiratspolitik die Dynastie zu festigen und zu vergrößern. Mechthild, die mehrere Geschwister hatte, war die Rolle zugedacht, die Verbindung zwischen Kirche und Adel zu stärken. Ihr war ein Leben im Kloster bestimmt. Sie hatte keine Wahl. Aber wer weiß, vielleicht war sie sogar stolz, den Erwartungen der Eltern gerecht zu werden und die ihr übertragene Aufgabe gut zu erfüllen? Das wird für immer ein Geheimnis bleiben.

Mechthild wurde im Chorfrauenstift der Augustinerinnen erzogen, nahm mit 14 Jahren den Schleier und wurde Nonne im Dießener Kanonissenstift St. Stephan. Dort scheint sie sich recht wohlgefühlt zu haben, denn als junge Frau weigerte sie sich entschieden, den Auftrag von Papst Anastasius IV. zu erfüllen, der sie als Äbtissin in die Abtei Edelstetten bei Krumbach entsenden wollte. Von dort waren dem Papst unerlaubte Ausschweifungen zu Ohren gekommen. Die adligen Stiftsdamen führten angeblich kein gottgefälliges Leben. Mechthild sollte die Abtei reformieren und die Damen zur Ordnung rufen. Dieser Aufgabe fühlte sie sich nicht gewachsen. Doch aller Widerstand half nichts. Der Papst zwang sie, nach Edelstetten zu gehen. Mechthilds Furcht war berechtigt, die Stiftsdamen wehrten sich entschieden dagegen, ihre bisherigen Privilegien aufzugeben. Die schier unlösbare Aufgabe zermürbte Mechthild. Nach sechs Jahren Aufopferung war sie seelisch und körperlich so schwer krank, dass sie in ihr heimatliches Stift bei Dießen zurückkehren durfte, wo sie kurz darauf mit nur 35 Jahren starb.

Doch was machte sie zur Heiligen? Schon zu Lebzeiten soll sie die Gabe der Krankenheilung besessen haben. Kräuterkundig waren damals allerdings viele Menschen, vor allem unter den Nonnen, die Kräutergärten anlegten, Tees und Essenzen zubereiteten. Vielleicht genügte schon dieser Hinweis auf ihre Heilkunst, vielleicht gab aber auch ihre Abstammung vom damals mächtigsten Grafengeschlecht Bayerns den Ausschlag, warum sich nach ihrem Tod ein Mechthildiskult entwickelte. Kranke und Notleidende beteten zu Mechthild, und mancher soll sich danach von seinen Schmerzen befreit gefühlt haben, insbesondere von Kopfschmerz Geplagte. Auch bei starkem Gewitter rief man sie an und bat um ihren Beistand. So wurde Mechthild zur Schutzheiligen bei Gewitter und Krankheit. Ihre Gebeine wurden 1698 in einen Glasschrein gebettet, geschmückt und bekleidet mit einem kostbaren Gewand. Dort liegt sie noch heute in einer Seitenkapelle des Marienmünsters wie Schneewittchen, nur wird nie ein Prinz kommen, der sie wach küssen könnte.

Ich habe die Anhöhe erreicht. Mein Blick wird gleich gefangen von der stattlichen Fassade des Marienmünsters. Sie ist edel weiß-grau getönt und wird durch schmale, hohe Pilaster und Gesimse gegliedert. Über dem Eingangsportal ist in einem Medaillon eine Marienbüste aus schneeweißem Marmor eingelassen, als solle die Muttergottes den Eintretenden in *ihrer* Kirche willkommen heißen. Weiter oben erkenne ich ein Wappen und darüber eine Statue aus dunklem Metall, die den heiligen Augustinus, den Patron der Augustiner-Chorherren, darstellt.

Nach der wechselvollen Geschichte der früheren Kirchengebäude dauerte der Neubau fast 20 Jahre von 1720–1739. Ausgeführt von Johann Michael Fischer, der als der wichtigste Barockbaumeister seiner Zeit gilt, von dem ich aber zuvor noch nie gehört habe. Eine Vielzahl namhafter deutscher und venezianischer Bildhauer, Stuckateure und Maler gestalteten den prachtvollen Innenraum, von denen mir auch nur wenige bekannt sind, wie Johann Baptist Straub, François de Cuvilliés und die Gebrüder Feichtmayr.

Selten habe ich einen solchen Reichtum an Farben und Formen gesehen. Es kostet mich Geduld und Konzentration, die einzelnen Skulpturen, Deckenfresken, Gemälde, Pfeiler, Seitenaltäre und den Hochaltar zu betrachten. Um die Darstellungen deuten zu können, würde ich tiefgründige Kenntnisse benötigen. Ich weiß nicht, wo beginnen, und lasse meinen Blick umherschweifen, versuche, mir einen Gesamteindruck zu verschaffen. Ich erinnere mich, gehört zu haben, dass dieser Kirchenraum als geistliches Geschichtsbuch des Klosters Dießen und seiner adligen Stifterfamilie zu lesen sei.

Eines der Fresken zeigt die erste Klostergründung auf Dießener Boden. Sie geht auf Rathardus zurück, von dem nicht allzu viel bekannt ist. Er stammte aus vornehmer Familie, einer seiner Brüder war Bischof in Augsburg. Rathardus, etwa 815 geboren und um 900 gestorben, sein genaues Todesdatum ist unbekannt, entschied sich für ein einfaches Leben, das er Gott weihte. Überliefert ist, dass er äußerst bescheiden war und nicht gegenüber seinen Mitbrüdern erhöht werden wollte. Das Kloster entstand da, wo sich heute die Kirche St. Georgen befindet, wann genau, ist unbekannt. Leider wurde es bei den Ungarnstürmen bis auf die Grundmauern verwüstet. Die Eroberer, dem Reitervolk der Magyaren angehörend, versuchten ab 899, ihr Territorium durch stete Überfälle und Beutezüge nach Westen zu erweitern, bis sie 955 auf dem Lechfeld bei Augsburg endgültig vernichtend geschlagen wurden und sich in ihr Stammland, das heutige Ungarn, zurückzogen.

Das zweite Fresko zeigt die Neugründung des zerstörten Klosters durch die Grafen von Dießen-Andechs. Sie wurde 1132 durch Papst Innozenz II. bestätigt. Auf einem weiteren Gemälde ist abgebildet, wie die Grafentochter Mechthild ins Chorfrauenstift gebracht wird.

Es gibt noch so viel mehr zu sehen, doch das Übermaß, die Pracht des Barocks erschöpft mich. Ich erhole mich in der angrenzenden St.-Stephans-Kirche, die auch »Winterkirche« genannt wird. Das Gebäude war 1627 als Marstall des Klosters errichtet worden, diente ursprünglich also der Unterbringung der Pferde. Noch bis 1978 wurde es als Stall genutzt. Seinen ursprünglichen Zweck merkt man dem heutigen Kirchenraum jedoch nicht mehr an. Mit seinen unverputzten Ziegelwänden, den zwei Säulenreihen, den Bögen und dem Kreuzgewölbe, das ebenfalls, wie alles andere, mit Ziegeln gemauert ist, erinnert St. Stephan an romanische Bauwerke. Aus diesem Grund gefällt es mir wohl auch so gut. Denn von allen Baustilen spricht mich die Romanik am meisten an. Ein größerer

Kontrast zum Marienmünster mit seiner barocken Prachtentfaltung ist kaum vorstellbar.

Bevor ich das Gelände verlasse, schaue ich mich noch im Innenhof des Klosters um, wo heute weder Mönche noch Nonnen leben, sondern Patienten. Die Vinzentinerinnen, die sich vor allem der Krankenpflege verpflichtet fühlen und zuletzt das Kloster bewohnten, sind 2014 ins Augsburger Mutterhaus heimgekehrt. Der Artemed-Klinikverband erwarb den großen Komplex und richtete nach Renovierung und teilweisem Umbau eine psychosomatische Klinik ein für etwa 100 Patienten.

Bevor mich mein Weg vom Klosterberg wieder hinunter in die Stadt führt, mache ich am Kirchsteig 19 bei Familie Lösche halt, wo ich mich quasi im Epizentrum des Dießener Töpferhandwerks befinde. Nirgendwo kann man besser erfahren, welche Bedeutung Keramik von alters her hatte und wie wichtig sie wieder für die Marktgemeinde geworden ist. Bereits im Mittelalter gab es hier einige Hafner, wie die Töpfer früher genannt wurden. Denn das Umland lieferte geeigneten Ton, der zum Beispiel im Bachbett der Ammer bei Fischen angeschwemmt oder am Burgberg gefunden wurde, in der Nähe des heutigen Klosters, wo sich früher die erste Festung der Dießener Grafen befand, bevor sie nach Andechs umzogen. Kenntnisse und Fertigkeiten wurden innerhalb der Familien von den Eltern an die Kinder weitergegeben. Außerdem wanderten von auswärts Hafner nach Dießen zu.

Wo sich heute Haus, Werkstatt und Brennöfen der Familie Lösche befinden, gab es bereits vor 300 Jahren eine Töpferei. Dies fand der Werkstattgründer Ernst Lösche durch Zufall heraus, als er in seinem Garten einen Baum pflanzen wollte. Dabei entdeckte er eine alte Abfallgrube, die angefüllt war mit

Scherben misslungener Brände und zerbrochener Gefäße. Sie gaben Ernst Lösche Aufschluss über die historische Töpferei von Wilhelm Rauch, der hier um 1680 seinen Brennofen betrieben hatte. Dieser Fund begründete den Beginn lebenslanger Recherchen. Durch sie wurde Ernst Lösche zum anerkannten Keramikforscher, sein Sohn Wolfgang setzt diese Arbeit fort.

Im Familienmuseum bewundere ich Schätze der frühen Handwerkskunst. Bei den Produkten handelt es sich vor allem um einfache Gefäße für den Hausgebrauch. Meist hatten diese eine rotbraune Farbe, denn seit Jahrtausenden war es üblich, den Ton bei guter Belüftung herzustellen, durch sogenanntes oxidierendes Brennen, wie mir Wolfgang Lösche erklärt. Durch die Erforschung der Abfallgrube konnte sein Vater beweisen, dass man in Dießen bereits das reduzierende Brennen beherrschte, mit reichlich Brennmaterial und wenig Sauerstoff. So entstanden schwarze Tonwaren, die sehr edel wirkten. Ernst Lösche hat diese alte Technik wiederbelebt.

Neben den Gebrauchswaren wurden in Dießen auch wertvolle Fayence-Vasen hergestellt. Dabei wird das nach dem Brand bräunlich getönte Gefäß in eine Zinnoxid-Lösung getaucht. Der poröse Ton saugt sich mit der Farbe voll und wird daraufhin ein zweites Mal gebrannt, damit sich die Lösung gut mit dem Ton verbindet. Dabei entsteht eine reinweiße Glasur, in die man vor dem Brand die Malerei aufgebracht hat.

Diese teuren Gefäße waren vor allem im 17. Jahrhundert bei wohlhabenden Bürgern beliebt, denn sie imitierten echtes Porzellan, das in China schon seit mindestens 3000 Jahren gefertigt, dessen Rezeptur jedoch streng geheim gehalten wurde. Erst Johann Friedrich Böttger, einem Apothekergesellen aus Schleiz, der sich auf Alchemie verlegt hatte, gelang es 1708, das erste Porzellan in Europa zu fabrizieren. Er war vom sächsischen Kurfürsten August dem Starken zwölf Jahre lang gefangen gehalten worden. Allerdings unter für damalige Zeiten luxuriösen Bedingungen, denn er sollte bei Kräften und guter Laune bleiben, um Gold herbeizuzaubern – was ihm natürlich aus rein physikalischen Gesetzmäßigkeiten nicht gelingen konnte. Stattdessen knackte er das Geheimnis der Chinesen und fand heraus, welche drei Bestandteile für das feinste reinweiße, fast durchsichtige Porzellan benötigt werden: Kaolin, Feldspat und Quarz.

Bevor es das echte Porzellan jedoch gab, war die Fayence-Keramik, auch »plab und weiss geschirr« genannt, ein wichtiger Absatzmarkt in Dießen. In der Abfallgrube in seinem Garten entdeckte Lösche auch Scherben dieser weiß-blauen Handwerkskunst, was seine Forscherleidenschaft vollends entfachte.

Eines Tages sollte der inzwischen anerkannte Keramikforscher einen Fayence-Krug auf dessen Echtheit prüfen. Lösche kam nicht nur zu dem Schluss, dass dieser echt war, sondern alles deutete darauf hin, dass er wahrscheinlich um 1630 in der Werkstatt von Wilhelm Rauch entstanden war. So hatte sich ein Kreis geschlossen. Das kostbare Gefäß wurde vom Dießener Bürgermeister Herbert Kirsch für die Marktgemeinde auf einer Auktion ersteigert, womit das gute Stück an seinen Entstehungsort zurückgekehrt ist.

Die Keramikwerkstatt Lösche produziert heute neben zeitgemäßen Keramikgefäßen auch die für Dießen typischen Fayencen nach den historischen Vorbildern.

Angefüllt mit Informationen trete ich den Rückweg zum Bahnhof an. Wie viel doch so ein einziger kleiner Ort an Geschichten zu bieten hat, wundere ich mich, während ich den Straßen Richtung Seeufer folge. Jetzt will ich nur noch den Ammersee-Fischern einen Besuch abstatten, bevor ich mich auf den Heimweg mache. Da fällt mein Blick auf eine Lüftlmalerei, die mir beim Hinaufgehen nicht aufgefallen war. Das Gemälde zeigt die Dießener Bürger auf der Flucht während des Dreißigjährigen Krieges. Schwedische Söldner überfielen die Ortschaft drei Mal im Abstand von mehreren Jahren. Wer die tödliche Gefahr rechtzeitig erkannte und wegrennen konnte, rettete sich auf die Insel Erlaich, zwischen dem See und der einmündenden Ammer gelegen. Seit den Unglückstagen nennt man sie die »Schwedeninsel«.

Wenigen Dießenern ist heutzutage bekannt, was am 27. Mai 1632 geschah, als die schwedischen Söldner das erste Mal die Ortschaft überfielen. Sie plünderten und mordeten, zündeten die Häuser an, und als die Bewohner aus ihnen herausliefen, wurden sie erschossen oder ins Feuer getrieben. Diejenigen, die sich auf die Schilfinsel Erlaich retten konnten, es waren etwa 100 Menschen, mussten etwa drei Wochen lang auf sumpfig-schwankendem Boden zwischen Mückenschwärmen ausharren, bis das Söldnerheer wieder abgezogen war. Die Nahrung wurde knapp, man hatte in der Eile kaum etwas mitnehmen können. Mit Wurzeln, Kräutern, Holzäpfeln und wilden Birnen stillte man den schlimmsten Hunger.

Die Überlebenden waren kaum an Land zurückgekehrt und hatten die schlimmsten Schäden behoben, da kamen die Schweden im Jahr darauf, am 18. April 1633, zurück. Wieder flüchteten einige ins Schilf, andere in die Wälder. Zwei Jahre vor Ende der 30-jährigen Not wurde die Stadt 1646 noch einmal überfallen. Als die Heere abgezogen waren, ließen sie eine furchtbare Geißel zurück: die Pest. Ihr fiel fast die Hälfte der noch übrig gebliebenen Bevölkerung zum Opfer.

Das etwa 1,7 Hektar große Schilf- und Moorgebiet der Schwedeninsel ist heutzutage als Vogel- und Naturschutzgebiet für die Öffentlichkeit gesperrt. Früher hat das Erlaich Menschenleben vor dem Tod bewahrt, heute schützt es bedrohte Vogeleltern und ihre Brut.

Als ich mich bei den in Dießen ansässigen Fischern nach dem Vorsitzenden der Fischereigenossenschaft erkundige, erfahre ich, dass Dr. Bernhard Ernst in Utting wohnt. Dort verabreden wir uns ein paar Tage später am Seeufer, um über die Fischerei am Ammersee zu sprechen. Erstaunt erfahre ich, dass es heute noch 20 Familien gibt, die die Fischerei aktiv ausüben.

Der Biologe berichtet mir, dass die Fischer noch vor Sonnenaufgang auf den See hinausfahren, um den Fang einzuholen. Es braucht Erfahrung, die Netze richtig zu platzieren. Fische ziehen mit dem Nahrungsangebot, dem Wind und der Strömung im See umher. Auf welcher Tiefe die Schwebnetze ausgebracht werden, hängt vom Plankton ab, von dem sich die Fische ernähren. Im Mai halten sich die Renken zum Beispiel in zwei Metern Tiefe auf. Bis September sinkt die Fangtiefe auf etwa 20 Meter, und im Januar liegt sie dann sogar bei 30 Metern.

»Fischfang wurde am See von alters her betrieben, und noch immer finden Sie hier einige Fischerfamilien, die seit Generationen ansässig sind, mit Namen wie Schwarz, Marx und auch Ernst, wie meine Familie«, sagt der Vorsitzende der Fischereigenossenschaft und fährt fort: »Die ältesten bekannten Fischereirechte am See waren seit 1150 diejenigen der Dießener Chorherren. Freilich waren die Mönche nicht selbst beim Fischen, sondern haben ihre Rechte in Form von Lehen an Fischer übertragen. Das ist der Ursprung einiger Dießener Fischerfamilien. Sehr früh gab es am Ammersee aber auch schon ein sogenanntes Gemeinrecht zur Fischerei. Es wurde der Bevölkerung zum täglichen Broterwerb zugesprochen.

Dieses Gemeinrecht ist vergleichbar mit den heute noch bekannten Allmenderechten auf den Almen. Vermutlich auf Basis dieses Gemeinrechts waren nach dem Dreißigjährigen Krieg, wahrscheinlich aufgrund der gegebenen Not, mehrere Hundert Fischer auf dem See zugange. Für den Erhalt der Fischpopulationen waren das natürlich viel zu viele. Deshalb haben sich ausgangs des 17. Jahrhunderts hauptberuflich tätige Fischer formiert und beim bayerischen Kurfürsten um die Gründung einer Fischerzunft gebeten. Die Fischerei auf dem See sollte wieder in geordnete Bahnen gelenkt und den vielen ungelernten ›Stümpern‹ das Handwerk gelegt werden. Aus der Zunft wurde Ende des 19. Jahrhunderts die Fischereigenossenschaft, in deren Satzung und Handeln sich die Zunftordnung aber bis heute in vielen Punkten wiederfindet.«

»Liefert der See denn genug Fische, dass die Fischer und ihre Angehörigen überleben können?«, frage ich.

»Das Problem sind die Schwankungen im Fischerei-Ertrag. Es gibt Jahre, in denen man gut fängt und die Fischerei auch entsprechend einträglich ist. Es gibt aber auch Jahre, in denen die Erträge schwach sind und man keinesfalls ausschließlich davon leben kann. So ist das, wenn man so unmittelbar mit und von der Natur lebt. Daran hat sich über die Jahrhunderte nichts geändert. Deshalb haben sich die Fischer am Ammersee, aber auch an den anderen oberbayerischen Seen immer schon um ein Zusatzeinkommen bemüht. Früher war das primär die Landwirtschaft. Die Fischer haben aber auch dazuverdient, indem sie bei der Holztrift von Dießen nach Stegen mitgewirkt und die Pilger über den See zum heiligen Berg nach Andechs gerudert haben. Heute haben die Fischer ihr zweites Standbein meist in der Landwirtschaft, im Bootsbau und Bootsverleih oder im Fremdenverkehr.«

»Was für Fische fangen Sie denn so?«

»Unser Brotfisch ist die Renke, weil sie seit Generationen die Fischer am See ernährt. Der Renkenertrag macht früher wie heute zwischen 75 und 90 Prozent des gesamten Fischertrags am See aus.«

»Warum geht es der Renke so schlecht? Ich habe gehört, die Fischer fangen immer weniger«, hake ich nach.

»Derzeit geht es den Renken gar nicht so schlecht. Sie sind über die letzten Jahre wieder älter und größer geworden. Leider waren es gerade in diesem Jahr ein paar Renken zu wenig. Eine nachhaltige Fischerei fußt darauf, dass nur der Überschuss der Natur abgefischt wird. Wir vermeiden es deshalb, zu junge Renken zu fangen, damit wir uns nicht der eigenen Ressourcen berauben. Und von den älteren Renken hat es in diesem Jahr leider weniger gegeben. Zweifelsfrei treibt uns aber die Sorge, dass die Überschüsse der Natur durch die Einflüsse auf die Wasserqualität und vor allem durch die Auswirkungen des Klimawandels immer geringer werden. Weil die Renke zu den lachsartigen Fischen gehört und entsprechend eher kühles Wasser bevorzugt, tut sich diese Fischart mit jedem Grad, um das der See wärmer wird, schwer. Für die oberbayerische Renke sind die Zukunftsaussichten deswegen nicht gerade rosig. Hinzu kommt, dass uns seit vielen Jahren die Kormorane enorme Schäden zufügen, weil sie die Netze plündern und dabei Fang und Netze zerstören.«

Gerne würde ich mehr über diese Zusammenhänge erfahren, doch Dr. Ernst muss leider weiter und lädt mich stattdessen ein, die Genossenschaftsversammlung zu besuchen, auf der die aktuelle Lage der Ammersee-Fischerei besprochen wird. Doch dazu später …

Raisting
Mit dem Himmel in Kontakt

Als ich das erste Mal mit Freunden von München zum Wandern in die Alpen fuhr, kamen wir an Raisting vorbei. Dort, am Ammersee-Südufer, erwartete mich ein ungewöhnlicher Anblick; ich traute meinen Augen kaum. Was war das denn? In der Ebene ragten seltsame Gebilde in den Himmel. Wie in einem Science-Fiction-Film standen in der Wiese riesige Parabolspiegel, als würden sie die Ankunft von Aliens begrüßen. Im Sonnenlicht gleißten sie wie futuristische Elemente.

Meine Begleiter meinten auf meine erstaunte Frage trocken: »Das haben die Amerikaner gebaut. Damit spähen sie die Russen aus!«

»Nee, das glaube ich nicht«, widersprach ich. »Das würden sie doch niemals so auffällig machen. Die haben ganz andere Methoden!«

Meine Bergkameraden, die alle aus Bayern stammten, zuckten nur desinteressiert mit den Schultern. Ich dagegen, im Osten aufgewachsen, wodurch mir notgedrungen Methoden von Stasi-Leuten und Spionen bekannt waren, fand die Erklärung meiner Freunde unlogisch. Deshalb wollte ich mehr über diesen Ort wissen und das Geheimnis um die Antennen lüften.

Schnell fand ich heraus, dass es gar keines gab, sondern dass es sich um eine offiziell von deutschen Technikern und Ingenieuren betriebene Anlage handelte, um mit Satelliten im Weltraum Funkkontakt herzustellen. Im Jahr 1963 wurde sie von der Deutschen Bundespost in Auftrag gegeben. Doch Legenden sind nun einmal spannender als die Wirklichkeit und lassen sich nur schwer eliminieren, und so wurde ich immer wieder mit diesem Verdacht konfrontiert, dass *die*

Amerikaner hinter der Erdfunkstelle stecken würden. Und tatsächlich – ganz unbeteiligt waren sie nicht. Die amerikanische Firma Birdair lieferte die Hülle für die erste bei Raisting installierte Antenne.

Um diese riesige Parabolantenne mit einem Durchmesser von 25 Metern vor Wetterunbilden zu schützen, wurde sie mit einer fast 50 Meter messenden Tragluftkuppel, dem sogenannten Radom, umhüllt. Diese hat keine Streben oder andere stabilisierende Befestigungen, sondern muss, wie die Bezeichnung nahelegt, ständig mit Luft aufgeblasen werden, um ihre Form zu bewahren. Sie ist die einzige noch vorhandene und sogar funktionierende Antenne mit luftgestütztem Radom aus den Anfängen der Satellitenkommunikation und war damals eine technologische Neuheit. Dennoch verging vom Bauauftrag bis zur Installation nur ein Jahr. Erneut erstaunt es mich, wie schnell es anscheinend früher möglich war, ein Vorhaben zu verwirklichen, verglichen mit heutigen Bauprojekten. Nach der Versuchsphase fand 1965 bereits die erste reguläre Fernsehübertragung statt. Gewählt hatte man dafür die Vereidigung des amerikanischen Präsidenten Johnson anlässlich seiner Wiederwahl. Der Satellit, der damals die Signale zwischen den USA und Raisting übermittelte, hieß »Early Bird«, auf Deutsch »Früher Vogel« – wie passend, wenn man an den Vogelreichtum rund um Raisting denkt.

In den folgenden Jahren spielte Raisting eine entscheidende Vermittlerrolle bei wichtigen gesellschaftlichen und politischen Ereignissen. Da war zum einen die Mondlandung, die mithilfe der Bodenstation auf unseren Fernsehern zeitnah gesehen werden konnte. Die Zuschauer waren begeistert von dem historischen Ereignis, dem technologischen Fortschritt und der Leistung der Amerikaner – aber wer von uns wusste, dass die Übertragung auf unsere Fernseher mit einem kleinen

Dorf in Bayern zu tun hatte? Ebenso die Olympischen Spiele in München 1972, auch sie wurde von Raisting aus, inzwischen mittels der dritten großen Parabolantenne, übertragen und in alle Welt gesendet. Natürlich soll nicht verschwiegen werden, dass der schnelle Satellitenkontakt auch für das »Rote Telefon« zwischen den Regierungen während des Kalten Krieges genutzt wurde. Mit Ausspähen, wie von meinen Wanderfreunden behauptet, hatte das allerdings nichts zu tun.

»Was bedeutet eigentlich die Bezeichnung ›Radom‹?«, frage ich Hermann Martin, einen Diplom-Ingenieur, den ich bei einer seiner Führungen auf dem Gelände der Erdfunkstelle kennenlerne.

»Sie ist eine Zusammensetzung aus ›Radar‹ und ›Dom‹, in Anlehnung an die kuppelförmige Umhüllung.«

»Und weshalb benötigte man überhaupt diese Anlage? Es gab doch bereits das Unterseekabel nach Amerika?«, hake ich nach.

»Das Kabel am Meeresboden des Atlantiks wurde 1858 von Königin Viktoria und dem amerikanischen Präsidenten Buchanan in Betrieb genommen. Die telefonische Übertragung dauerte 16 Stunden, obwohl es sich nur um wenige Sätze handelte. Die Technik war eben noch nicht ausgereift. Zudem war das Kabel ständig durch unterseeische Erdbeben bedroht, es ist auch öfters gerissen. Der wirkliche Grund aber, warum wir das Radom brauchten, also den Funkkontakt mit Satelliten, ist folgender: Das Kabel hat nur eine schmalbandige Übertragung, damit kann Sprache transportiert werden, Bilder aber nicht. Das gelingt nur über Kommunikation mit Satelliten. Diese Technik war die Voraussetzung für unsere heutige digitale Vernetzung, die sich aber auch verändert hat und inzwischen eher mit Glasfaserkabeln erreicht wird.«

Die Anlage in Raisting ermöglichte nun den direkten Kontakt über den Atlantik. Mittels der um die Erde kreisenden Nachrichtensatelliten wurden in Raisting Signale von Fernsehsendern und den zwei anderen Erdfunkstellen, die es bereits in Großbritannien und Frankreich gab, empfangen und weitergeleitet. Außerdem konnte zum Beispiel in die USA störungsfreier telefoniert werden, weil wesentlich mehr Telefonkanäle vorhanden waren als zuvor.

»Warum aber wurde die Erdfunkstelle ausgerechnet am Ammersee errichtet?«, will ich wissen.

»Das hatte geophysikalische Gründe«, erklärt Hermann Martin. »Denn hier in Südbayern ist der Elevationswinkel, also der Winkel zwischen Horizont und Antennenrichtung, besonders günstig, um mit Satelliten Kontakt aufzunehmen. Zudem ist die Ebene am Ammersee-Südende im Westen und Osten von Hügelketten abgeschirmt und im Süden durch die Alpen. So werden Störsignale, also Funksignale verschiedenster Sender, von der Antenne ferngehalten.«

So fortschrittlich das Radom zu seiner Zeit war, die Technik entwickelte sich weiter. Bereits die zweite Antenne benötigte keine Lufthülle mehr. Die Kosten für eine ständig aufzublasende Kuppel konnten eingespart werden, erfahre ich von Ingenieur Martin.

Die Deutsche Bundespost stellte gleich mehrere neue Parabolspiegel neben das Radom, das nun nicht mehr gebraucht wurde. 1985 wurde der reguläre Funkverkehr über diese historische Antenne eingestellt. Der Abriss stand bevor.

Ist doch klar, was nicht mehr gebraucht wird, muss entsorgt werden! Wirklich? Nicht alle dachten so. Engagierte Mitarbeiter, manche waren von Beginn an dabei, wollten nicht zulassen, dass dieses einmalige technische Objekt für immer verschwindet. Die Ingenieure waren stolz, an dieser technischen Neuheit mitgearbeitet, sie durch ihren Einsatz überhaupt erst ermöglicht zu haben. Sie setzten alles daran, das Radom zu retten. Mein Gesprächspartner, Hermann Martin, gehört zu den Gründungsmitgliedern des Fördervereins mit heute 120 Mitgliedern.

»Als erste Parabolantenne Deutschlands konnte die Funkstelle mit Satelliten kommunizieren, deshalb ist sie historisch wertvoll«, betont er sein Anliegen und das des Fördervereins.

»Und wie ist es Ihnen und Ihren Mitstreitern gelungen, das Radom zu erhalten?«

»Es geschah in letzter Minute – der Abriss stand bevor, hatte quasi schon begonnen. Überall standen Container zur Entsorgung von Einzelteilen. Mitarbeiter, die um deren Wert wussten, holten sie wieder heraus, vor allem die Schaltpläne und Teile der Elektronik, und lagerten sie in Kellern und Scheunen ein.«

»Warum das?«

»Einfach, weil sie wussten, dass sonst keine Rekonstruktion mehr möglich wäre. Viele von uns hatten Jahrzehnte mit dieser innovativen Technik gearbeitet, ja, hatten sie entwickelt. Ihnen war klar, wie wertvoll das alles ist.«

»Was geschah dann?«

»Es herrschte Stillstand, 25 Jahre lang. Ab und zu wurde das Radom von Schulklassen und an Technik interessierten Besuchern besichtigt. Dann kamen Studenten der Technischen Hochschule auf die Idee, das Radom wieder in Betrieb zu nehmen.«

»Wieso das? Es gab doch nun schon lange die digitale Technik.«

»Stimmt, das Radom arbeitete noch analog. In den 1960er-Jahren steckte die digitale Technik in den Anfängen und war noch nicht für die Funkübertragung einsetzbar. Der Anlass, auf das Radom zurückzugreifen, war das Projekt ESMO – European Student Moon Orbiter –, initiiert und finanziert von der Europäischen Weltraumorganisation ESA. Ausgewählte Universitäten beteiligten sich daran. Studenten erhielten so die Chance, an real stattfindender Raumfahrt mitzuwirken. Das Münchner Studenten-Team war für das Bodensegment zuständig, also die Kommunikation einer Erdstation mit dem Weltall. Was lag da näher, als sich für das Radom als Erdfunkstelle zu entscheiden?«

»War das möglich? Nach 25 Jahren Stillstand?«

»Natürlich! Es dauerte jedoch, bis alles instand gesetzt, repariert und ausgetauscht worden war. Kondensatoren altern, sie wurden ersetzt. Das Schmieröl war mit Bakterien verunreinigt. 1200 Liter Öl mussten ausgetauscht werden, das war schwierig, weil die Stellen dafür in der Anlage schwer zugänglich sind.«

»War das nicht eine frustrierende Arbeit, es klingt unglaublich mühselig?«

»Im Gegenteil, niemals sonst hätten Studenten so viel lernen, sich so wertvolle praktische Fähigkeiten aneignen können.«

»Und haben sie es geschafft?«

»Ja, selbstverständlich! Die Antenne dreht sich wieder, richtet sich exakt nach den Satelliten aus, kann Signale empfangen und senden. Den cleveren Studenten ist es sogar gelungen, die analoge Technik an den Computer anzuschließen. Dabei haben sie die denkmalgeschützte Technik nicht verändert, nur bereits vorhandene Eingriffsmöglichkeiten genutzt. Nach jahrzehntelangem Stillstand konnten am 12. April 2011 mit dieser ersten, der ursprünglichen Anlage wieder Signale aus dem Weltraum empfangen werden.«

»Sie sagten eben, das Radom sei denkmalgeschützt? Wo es doch abgerissen werden sollte ...«

»Erst durch Bemühungen unseres Fördervereins wurde es 1999 in die Liste der schützenswerten Industriedenkmäler aufgenommen. 2009 erhielt diese weltweit letzte erhaltene Technik zudem das Prädikat herausragender nationaler Bedeutung.«

Doch gegen Naturgewalten kann auch der Denkmalschutz nichts ausrichten. Im Februar 2020 fegte der Sturm »Bianca« über Deutschland hinweg. Es wurden Windgeschwindigkeiten von 120 Kilometern in der Stunde gemessen. Es muss eine dieser gewaltigen Böen gewesen sein, die auf die Antenne traf und das Radom zerriss. Die erste Hülle der Firma Birdair hatte über 45 Jahre zahlreichen Orkanen widerstanden. Inzwischen aber war eine zweite, hergestellt von einer Firma aus Rosenheim, angebracht worden. Diese war noch keine zehn Jahre alt und hätte eigentlich noch weit stärkeren Stürmen standhalten sollen. Es stellte sich aber heraus, dass das Material nicht nur dünner, sondern auch nicht in alle Richtungen gleich belastbar war. Im Oktober 2021 wurde eine neue Hülle angebracht, deren Material nicht nur vertikalen, sondern auch diagonal wirkenden Kräften standhalten kann, so wie es bei der ersten Radomhülle der Fall war. Nun ist es endlich wieder möglich, das Radom von Raisting vor Ort zu bewundern.

Herrsching
Reise in die Vergangenheit

Blickt man von meinem Wohnort Schondorf morgens über den See, begrüßt einen die aufgehende Sonne. In Herrsching, dem mit etwa 10 000 Einwohnern größten Ort auf der Ostseite, hat man dagegen den Vorteil, abends den Sonnenuntergang genießen zu können. Viele Herrschinger und ihre Gäste tun dies am liebsten in den zahlreichen Restaurants, Biergärten und Eisdielen am Seeufer.

Ich bin nicht zum ersten Mal in Herrsching, gewiss nicht. Selbst als ich noch in München lebte, bin ich öfters mit Freunden zur angeblich längsten Seepromenade Deutschlands gefahren, ein Superlativ, mit dem sich der Fremdenverkehrsort werbewirksam schmückt. Ob er wirklich stimmt, haben wir nie erkundet, wir haben uns stets darauf konzentriert, nach einem freien Tisch auf der Terrasse vom Seehof Ausschau zu halten. Ausflügler aus München, so wie wir, waren es auch, die Herrsching groß und wohlhabend gemacht haben – sie, Touristen aus ganz Deutschland und sogar aus dem Ausland.

Der wirtschaftliche Aufschwung begann um 1903, als der Ort einen Bahnhof bekam und die Königlich Bayerischen Staatseisenbahnen die Schienen von der bayerischen Landeshauptstadt bis Herrsching verlegten. Ursprünglich war die Streckenführung anders geplant, nämlich nach Inning am Nordufer des Sees. Einflussreiche Bürger, unter ihnen der Maler Ludwig Scheuermann, stimmten jedoch für Herrsching als Zielort. Seit 1972 verbindet die S-Bahn die Stadt München mit Herrsching. Die Fremden brachten Geld mit und suchten einen gewissen Komfort. So entstanden nach und nach Hotels, Pensionen, Restaurants, Kaffeehäuser, Biergärten, Eisdielen, Bootsverleihe, Bade- und Spielplätze, Andenkenläden, Geschäfte mit Kunstgewerbe, Läden für Schmuck, Mode und vieles mehr. Herrsching wurde zum betriebsamsten Ort am Ammersee und ist es noch heute.

Am Fahrradweg Richtung Herrsching reiht sich Villa an Villa, und auch in der Ortschaft selbst erinnert so gut wie nichts an das einstmals arme Fischer- und Bauerndorf mit wenigen Hundert Einwohnern.

Damals war das Seeufer noch unbebaut, denn die Fischerkaten standen zum Schutz vor Hochwasser am Berghang. Die Überschwemmungsgefahr war in Herrsching gravierender als in anderen Orten am See. Zur Schneeschmelze und bei Starkregen trat er gerade hier weit über seine Ufer, zudem bescherte der Kienbach enorme Wassermengen.

Im Unterschied zu vielen anderen Ortschaften hat Herrsching kein eigentliches Zentrum, keine Ortsmitte, keinen Marktplatz, wahrscheinlich weil die Siedlung zu schnell gewachsen ist. Die Villen und Sommerhäuser der Zugereisten wurden an den Hang gebaut, wo noch Platz war. Herrsching ist eben keine allmählich entstandene Ortschaft, sondern war einem Bauboom ausgeliefert. Nun ja, ganz so schlimm, wie es klingt, ist es nicht, dafür hat schon der begrenzte Raum zwischen See und Berghang gesorgt.

Wer mich von meinen Freunden, Bekannten und Familienangehörigen besucht und nicht gerade an unberührter Natur interessiert ist, mit dem unternehme ich meist einen Ausflug nach Herrsching, denn dort werden die verschiedensten Ansprüche befriedigt. Beim Spaziergang durch die Seeanlagen erregt das Kurparkschlössl die Aufmerksamkeit fast aller meiner Gäste. Mit seinem Fachwerk, dem Turm, den verzierten Balkonen und Terrassen wirkt es ungewöhnlich. Für meinen Geschmack allerdings ist es zu künstlich, zu effektvoll inszeniert. Die neugierigen Fragen meiner Besucher konnte ich bisher nur unzureichend beantworten. Daher machte ich mich kundig und erfuhr, dass das Schlössl der Gemeinde gehört. Der ursprüngliche Besitzer war bereits erwähnter Ludwig Scheuermann (1859–1911), zu seiner Zeit ein bekannter und vor allem wohlhabender Landschaftsmaler. Seine Eltern waren Augsburger Kaufleute gewesen, er wurde in Südafrika geboren, studierte Malerei in München und Paris, besuchte Italien und Nordafrika, war damals also ein weit gereister und weltoffener Mann. 1888 erwarb er ein riesiges Areal in Herrsching, den heutigen Kurpark; inzwischen wäre das Grundstück kaum bezahlbar. In dem wild verwachsenen Terrain ließ er einen Park anlegen und nach eigenen Plänen seine Villa errichten. Es heißt, man habe das Schlösschen im Stil italienischer Adelspaläste gestaltet. Meiner Meinung nach kann man es keinem eigentlichen Stil zuordnen, es ist vielmehr der romantischen Fantasie seines Erbauers entsprungen. Nach dem Tod Scheuermanns verkaufte sein Sohn 1934 die Villa an die Gemeinde, die das Gebäude für Veranstaltungen zur Verfügung stellt. Selbst ein Trauzimmer für Hochzeiten gibt es, und der von Scheuermann angelegte Park wurde der Öffentlichkeit zugänglich gemacht.

Der eigentliche Grund, warum Herrsching in meinem Buch einen Platz findet, ist meine Verabredung mit einer Mitarbeiterin des Herrschinger Vereins für Archäologie und Geschichte. Das Treffen findet an einem sonnigen Nachmittag statt, und ich erhoffe mir, dabei mehr über die Ausgrabung einer frühchristlichen Kirche aus dem 7. Jahrhundert zu erfahren. Nicht allein die Fundamente des Kirchenbaus wurden gefunden, sondern auch Gräber aus dieser frühen Zeit. Das Besondere dabei ist: Diese Gräber wurden nie überbaut, sind deshalb weitgehend in dem Zustand wie vor rund 1400 Jahren, als die Toten hier beerdigt worden sind.

Wie aufregend! Es ist selten, dass wir durch derartige Funde so weit zurückreichende Einblicke in die Vergangenheit erhalten. Sooft ich schon in Herrsching war, hatte ich dennoch keine Ahnung, dass es diese bedeutende Ausgrabungsstätte gibt, die zudem frei zugänglich ist. Erst durch einen Bericht im Radio erfuhr ich zufällig davon.

Um mich einzustimmen, habe ich eine Stunde Extrazeit eingeplant. Während ich der aufwärtsführenden Bahnhofstraße folge, fallen mir Schilder mit dem Hinweis »Archäologischer Park« auf. Obwohl sie bei meinen früheren Spaziergängen durch Herrsching bereits da waren und groß genug sind, habe ich sie vorher nie bemerkt. Aber da war ich auch nicht allein, sondern plaudernd mit Freunden unterwegs.

Der Turm von St. Martin ragt aus dem Dächermeer heraus, und ich beschließe, zunächst zur Kirche emporzusteigen, in der Hoffnung, von oben einen Blick auf den See zu erhaschen. Unterhalb des Kirchbergs blinkt golden eine Madonna auf einer Säule mit dem Jesuskind im Arm. Der Goldglanz verdeckt die Bronze, aus der sie eigentlich besteht. Sie ist der Münchner Mariensäule der »Patrona Bavariae« nachgebildet und erinnert an den Sieg über Frankreich im Jahr 1872.

Eine lange Hochtreppe führt den vom Kienbach umflossenen Hang des steil abfallenden Moränenhügels hinauf. Als ich von oben in Richtung See blicke, ist leider nur ein Ausschnitt zu sehen.

Die Kirchentür ist abgeschlossen, so kann ich mir nur von außen einen Eindruck verschaffen. Genaue Daten, wann die St.-Martins-Kirche erbaut wurde, sind nicht bekannt. Es gibt allerdings eine Schenkungsurkunde aus dem Jahr 776, in der vermerkt ist, dass ein Ort namens *Horscaningum,* womit Herrsching gemeint ist, dem Kloster Schlehdorf übereignet wird. Es ist anzunehmen, dass es zu dieser Zeit bereits eine Martinskirche gab. Wie diese frühe Kirche ausgesehen hat, ist nicht mehr nachvollziehbar. Heute ist sie barock überformt, und den Kirchturm schmückt die übliche Zwiebelhaube.

Gerne hätte ich in der Kirche einen Blick auf eine Grabplatte geworfen, von der ich gelesen habe. Sie zeigt das Wappen eines »bergauf laufenden Hundes« und bedeckte früher die Grablege der Hundtsberger, eines frühen Adelsgeschlechts. Ihr Ritterlehen verwaltete diese Familie von 1514 bis 1642. Der Herrschaftssitz befand sich dort, wo heute die Gaststätte Zur Post ist. Junker Jörg, der letzte Hundtsberger, hat den Familienbesitz nicht erhalten können. Es heißt, er habe ihn verschleudert und aus dem Herrensitz ein Wirtshaus gemacht, dessen bester Kunde er selbst gewesen sei. Aber vielleicht ist dies auch nur üble Nachrede, wer weiß.

Ich schaue auf die Uhr. Oh, so spät schon! Fast hätte ich mich zu lange bei der Martinskirche aufgehalten. Nun muss ich mich sputen, um nicht zu spät zu meiner Verabredung zu kommen. Ich springe die steilen Stufen hinab, renne an der goldenen Madonna vorbei und im Eiltempo die Straßen entlang zum Friedhof, in dessen nördlichem Teil sich der »Archäologische Park« befindet. Auf dem Gelände muss ich nicht lange suchen. Zwischen halbhohen Hecken steht ein Steinbau bedeckt mit Reet. Er ist umgeben von Gräbern, die mit Tuffsteinen umrandet sind. An jedem Grab sind Schilder installiert, die angeben, wie alt der Verstorbene geworden ist und was ihm mit ins Grab gegeben wurde. Große Schautafeln neben der Kirche informieren über die Merowinger- und Römerzeit.

Ich bin froh, dass ich zuerst eingetroffen bin, so habe ich ein paar Minuten Zeit, mich umzusehen, mich mit der Situation vertraut zu machen und auf das Gespräch einzustimmen. Als die junge Frau eintrifft, wir uns begrüßt und kurz gegenseitig vorgestellt haben, frage ich als Erstes, wie man diese Fundstätte überhaupt entdeckt habe. »Gab es Hinweise in alten Schriften? Vielleicht Urkunden über die Einweihung der Kirche?«

»Nein, aus der Zeit der Merowinger gibt es kaum schriftliche Zeugnisse. Für mich als Archivarin wäre es wundervoll, wenn da möglichst viel erhalten geblieben wäre. Aber nein, es war ein Überraschungsfund. Der Herrschinger Friedhof sollte erweitert werden, da entdeckten Baggerarbeiter bearbeitete Tuffsteine.«

»Wie muss ich mir das vorstellen? Da wurde also mit dem Bagger Erde weggeschaufelt, und dabei stieß man auf Steine? Die hätten doch einfach beiseitegeräumt werden können, um weiterzuarbeiten«, wende ich ein.

»Genau so war es!«, bestätigt die Archivarin. »Es war jedoch Tuffgestein, das es an dieser Stelle nicht gibt. Jedoch – Sie haben recht. Manchmal werden wertvolle archäologische Zeugnisse nicht erkannt oder werden nicht gemeldet, weil das Bauvorhaben für die Firmen im Vordergrund steht. Da ist gewiss schon viel vernichtet worden. Heute ist das Gelände ein Bodendenkmal, da müssen alle Erdbewegungen dem Landesamt für Denkmalpflege gemeldet werden.«

»In diesem Fall haben die Arbeiter also selbst aufgepasst?«, frage ich.

»Genau! Der von der Gemeinde beauftragte Bauunternehmer Kaindl ist zu unserem Glück von der Archäologie begeistert. Er schätzt unsere Arbeit und unterstützt uns nach Kräften. Seine Leute weist er stets darauf hin, die Bagger sofort zu stoppen, wenn ihnen etwas Ungewöhnliches auffällt.«

»Wirklich toll! So ein Firmenchef ist bestimmt die Ausnahme. Jedoch kann ich es immer noch kaum glauben, dass Steine von den Mitarbeitern tatsächlich als Grund erachtet wurden, mit der Arbeit innezuhalten«, gebe ich zu bedenken.

»Durch ihre Arbeit sind sie mit den Bestandteilen des Bodens, seiner Struktur und den Gesteinen vertraut. Tuff kommt an diesem Ort nicht vor, wie ich schon sagte, zudem, bedenken Sie, dass die Steine bearbeitet waren.«

»Wann wurde denn diese Entdeckung gemacht?«

»Das ist schon eine Weile her, im Jahr 1982. Der Baggerfahrer stieß mit seiner Schaufel auf ebendiese Tuffkammern und menschliche Skelettreste. Dieses Grab war allerdings schon beraubt worden. Als die Archäologen ein paar Meter weiter eine große Tuffplatte beiseiteräumten, lag darunter ein vollständiges Skelett, dazwischen glitzerte es golden.«

»Was? Dann war das ja ein bis dahin ungeöffnetes Grab?«

»Sie haben recht. Aber nur dieses eine. Alle anderen waren geplündert worden, wahrscheinlich irgendwann im Mittelalter. Doch auch in diesen früher geöffneten Grabstätten hat man noch einiges gefunden: Eisenmesser, Gürtelschnallen, einfache Dinge eben. Die Leute waren bereits Christen und Grabbeigaben eigentlich nicht mehr üblich. Wir kennen diese nur aus vorchristlicher Zeit. Die Menschen, die hier bestattet wurden, lebten in einer Übergangszeit, in der alte Bräuche noch praktiziert wurden.«

»Von welcher Zeit sprechen wir?«, frage ich.

»Die erste Bestattung erfolgte wohl Mitte des 7. Jahrhunderts, kurz vor oder nach dem Bau der Holzkirche, die letzte ungefähr 730. Und dass diese Menschen christlichen Glaubens waren, beweist auch die Kirche, die Sie hier als Rekonstruktion sehen. Zunächst war es eine Holzkirche, deren Alter man anhand des verwendeten Materials auf die Zeit um 620 datieren konnte. Um 680, also etwa 60 Jahre später, hat man an gleicher Stelle eine Kirche aus Stein gebaut. Hier half die Altersbestimmung des Mörtels, den man zwischen den Steinen gefunden hatte, bei der Einordnung. Für die Rekonstruktion gab es keinerlei Anhaltspunkte. Es war ja nur das Fundament geblieben.«

»Vermutlich wurden die Steine später für andere Bauten verwendet«, werfe ich ein.

»So wird es gewesen sein«, fährt meine Gesprächspartnerin fort. »Es wurden Putzreste gefunden, aber wir wissen nicht, wie hoch die Mauern waren und ob man sie bemalt hatte. All das ist Spekulation. Auch können wir nicht sagen, ob es Fenster gab, und wenn ja, wo sie sich befanden, welche Form sie hatten und womit sie geschützt waren, denn Glas, wie in römischer Zeit, stand nicht mehr zur Verfügung. Es wurden auch keine religiösen Symbole, weder ein Altar noch Skulpturen, gefunden.«

»Die Leute haben die wertvollen Dinge bestimmt mitgenommen«, meine ich.

»Das ist anzunehmen, wer auch immer und wohin auch immer. Vielleicht als die Martinskirche und St. Nikolaus gebaut wurden, beide Kirchen stehen noch heute in Herrsching.«

»Wie viele Menschen wurden denn hier begraben?«, lenke ich unser Gespräch wieder auf die Toten.

»Insgesamt sind es 14 Grabstellen, darin lagen die Gebeine von 15 Erwachsenen und vier Kindern, die wenige Monate bis sechs Jahre alt gewesen sind. Einige der Gräber waren mit mehreren Toten belegt, in Grab 10 waren es sogar fünf.«

Von der Mitarbeiterin des Vereins erfahre ich, dass alle Erwachsenen Männer waren. Nur bei einem Skelett ist man sich noch nicht ganz sicher, ob es sich nicht doch um eine Frau handelte. Die Frauen hat man demnach an einem anderen Ort beerdigt, der nicht bekannt ist. Unter den Kindern waren auch Mädchen, einem hatte man eine Kette aus Glas mit einer Bronzeperle mit ins Grab gegeben.

Mithilfe genetischer Untersuchungen konnten Wissenschaftler einen Stammbaum über drei Generationen erstellen. Das Familienoberhaupt starb mit etwa 60 Jahren. Sein Sohn erreichte das für damalige Verhältnisse hohe Alter von ungefähr 70 Jahren. Er wurde mit seinen zwei erwachsenen Söhnen in einem Gemeinschaftsgrab beerdigt. In einem Grab liegt also der Stammvater der Familie in einer Einzelbestattung, im Grab daneben sein Sohn und die zwei Enkelsöhne – wer die beiden anderen Männer sind, die noch mit ihnen bestattet wurden, konnte mit genetischen Methoden bisher leider noch nicht festgestellt werden. Vermutlich gehörten sie der gleichen Familie an.

Die Archivarin hat den Schlüssel für die Kirche dabei und öffnet die Holztür. Innen befindet sich ein kleines Museum mit Repliken der Funde und Schautafeln. Beeindruckend ist das lebensgroße Modell des Mannes, dessen Gebeine sich in Grab Nr. 9 befanden, das als einziges unberührt war und zugleich das älteste ist. Er war also der Patriarch der Familie und ein auffallend großer Mann, ganze 1,90 Meter. Bestattet wurde er mitsamt seinen Waffen, bestehend aus Schild, Schwert, Lanze und Kurzschwert. Ein kostbarer Prunkgürtel schmückte seine Hüfte. Der Gürtel besteht aus 21 Einzelteilen, die sorgsam ineinandergefügt waren. Die Gürtelteile sind filigran verziert und aus massivem vergoldetem Silber. Die Archäologen sind sich sicher, dass der Gürtel von einem langobardischen Kunstschmied geschaffen wurde. Mit den Langobarden in Norditalien bestanden nicht nur Handelsbeziehungen, die Adelshäuser der Merowingerzeit waren auch verwandtschaftlich und durch Heiratsbeziehungen miteinander verbunden.

Als wir wieder ins Freie treten, verabschiede ich mich mit einem letzten Blick von dem großen Mann mit dem dunklen Haar und dem kurzen schwarzen Bart, bekleidet mit dunkelblauer Hose, rotem Wams und hellbraunen Lederschuhen, deren Schaft mit Bändern am Bein befestigt ist. Ebensolche Schuhe haben sich im Diözesanmuseum in Augsburg aus dieser Zeit erhalten.

Bevor wir unser Gespräch beenden, habe ich noch eine letzte Frage. Obwohl es darauf keine Antwort geben kann, höchstens eine Mutmaßung. Doch ich stelle sie trotzdem: »Was glauben Sie, woher kam diese Familie? Welchem Volk mag sie wohl angehört haben?«

Die Antwort erhalte ich prompt: »Wissen kann das niemand. Wir wissen nur, bevor die Römer das Gebiet nördlich der Alpen eroberten – das begann mit einem Feldzug 15 v. Chr. – und ihre Kolonie Rätien gründeten, lebten hier verschiedene keltische Stämme. Sie blieben auch unter den Römern, und einige traten sogar in deren Hilfstruppen ein. Im Jahr 488 endete die römische Herrschaft. Während dieser etwa 500 Jahre dauernden Besatzung kam es mit Sicherheit zur Vermischung mit der einheimischen keltischen Bevölkerung. Dabei muss man bedenken, dass auch die römischen Söldner nicht nur aus Italien, sondern auch aus den verschiedenen eroberten Ländern des großen Römischen Reiches stammten, also selbst eine bunte Mischung waren. Ab etwa 250 gab es zahlreiche Germaneneinfälle in das Alpenvorland, und ab 380, während der Völkerwanderung, zogen verschiedene Stämme durch diese Region. Wahrscheinlich kam es auch dabei zu genetischem Austausch. Das Ende der Völkerwanderung datieren wir auf 568 mit der Gründung des Langobardenreiches in Oberitalien. Damit sind wir nur noch wenige Jahrzehnte vom Bau dieser Kirche hier entfernt. Wer aber war nun unser Held, der fast zwei Meter große Mann, der in Grab 9 lag, und wer waren die anderen? Waren es Kelten, vermischt mit den Römern, oder eher Germanen, vielleicht vom Stamm der Franken?

Fest steht, die Toten waren Mitglieder einer vornehmen Familie. Möglich, dass sie einem der sechs frühen bayerischen Adelsgeschlechter angehörten, vielleicht sogar den Huosi, die über das Gebiet zwischen Lech und Isar herrschten und deren Hauptsitz beim heutigen Weilheim lag. Die Weilheimer Gegend wird mitunter noch heute ›Huosigau‹ genannt, wobei *gau* eine alte Bezeichnung für ›Region‹ ist. So trägt zum Beispiel die 1921 gegründete Trachtenvereinigung Weilheims den Namen Huosigau. Man nimmt an, dass sie ein Grafenamt ausübten, also das Gebiet für einen Herrscher verwalteten, der es ihnen als Lehen gegeben hatte.«

Wie schade, denke ich wieder einmal, dass ich nicht in die Vergangenheit reisen kann. Aber statt einer Zeitmaschine gibt es die Archäologie. Sie ermöglicht uns Reisen in der Fantasie. Durch die Ausgrabungen und die gewissenhaft erarbeiteten Kenntnisse, zusammengesetzt wie ein Puzzle, können wir uns diese vergangenen Zeiten mit jedem Fund immer besser vorstellen.

Andechs
Viele Wege führen auf den »heiligen Berg«

Es gibt wohl kaum eine Stelle am Ammersee, von der man die Silhouette der hoch gelegenen Klosterkirche von Andechs nicht bemerkt. Weithin sichtbar hebt sich der Zwiebelturm gegen den Himmel ab und prägt wie ein Wahrzeichen die Landschaft.

Geologen bezeichnen den Berg, der dem Kloster Andechs eine Wohnstatt bietet, als »Drumlin«, einen Hügel, der in der Würmeiszeit entstanden ist. Von diesen Eiszeitbuckeln gibt es einige in der Gegend um den Ammersee. Sie bestehen aus dem Geröll, das die vorrückenden und zurückweichenden Gletscher mit sich brachten, manchmal handelt es sich auch um Berge, die bereits vorhanden waren und denen der eiszeitliche Gletscher beim Darübergleiten eine Stromlinienform verpasst hat.

Meine erste Begegnung mit Andechs war mit einem steilen Aufstieg verbunden. Mit der S-Bahn fuhr ich, damals noch in der bayerischen Hauptstadt ansässig, von München nach Herrsching. Im Ort war es nicht so einfach, den Weg hinauf zum Kloster zu finden. Wen ich auch fragte, entweder hatte ich es mit einem ortsunkundigen Urlauber zu tun, oder ich wurde zur Straße verwiesen. Jedoch, ich hatte mir in den Kopf gesetzt, den Wanderweg durch das Kienbachtal zu nehmen. Schließlich entdeckte ich einen Wegweiser, und von da an war es unkompliziert.

Die letzten Häuser lagen hinter mir, nur noch Wald umgab mich. Unter Schatten spendenden Bäumen ging es stetig aufwärts. Die altehrwürdigen Baumriesen sorgten für ein kühles Klima, schützten vor der sommerlichen Hitze und erleichterten den Aufstieg. Der Kienbach, der zur Schneeschmelze und bei starkem Regen gewaltig anschwellen kann, schlängelte sich weit unterhalb des Pfades dahin, verschwand hin und wieder, verdeckt von Vegetation, um dann murmelnd erneut hervorzutreten. Das Wasser, das sich ein bis zu 70 Meter tief liegendes Bett in den Hang geschliffen hat, wird durch mächtige Gesteinsbrocken kurvenreich gelenkt. Schließlich mündet der Kienbach mit Erreichen des Talgrunds in den Ammersee.

Damals stieg ich einen weichen, mit Erde bedeckten Pfad bergauf, heute ist er mit Kies aufgeschüttet. Aber die bemoosten Steine, von mächtigen Wurzeln umschlossen, der verwucherte, urwaldartig anmutende Wald, in dem keine Forstwirtschaft betrieben wird, da es ein Naturschutzgebiet ist, das alles gibt es noch immer.

Stille umgab mich, eine Stimmung, die mich verwunschen anmutete. Ich überlegte, wie es hier wohl gewesen sein mochte, als die Grafen von Dießen-Andechs oben auf dem Moränenhügel, dort, wo heute das Kloster aufragt, ihre Burg hatten und Ritter in Rüstung, umgürtet mit Schwertern, auf ihren Pferden den Waldweg entlangpreschten – den gleichen Pfad, den ich nun in einer ganz anderen Zeit hinaufstieg. Ich stellte sie mir so deutlich vor, und der märchenhaft-verwunschene Wald beflügelte meine Imagination, dass ich fast glaubte, die edlen Gestalten zu sehen und Hufgetrappel zu hören.

Nachdem die Grafen zunächst in Dießen ihren Wohnsitz hatten, sind sie 1130 nach Andechs übersiedelt und haben hier ihre Burg erbaut. Seitdem nannten sie sich Grafen von Dießen-Andechs. Später, als sie ihr Territorium vergrößerten, erhielten sie den Titel Andechs-Meranier. Ich will jedoch bei der ursprünglichen Bezeichnung bleiben.

Schon viel früher, während der Bronzezeit, lebten Menschen in dieser Gegend, wie ein Fund sorgfältig gestapelter kupferner Ringbarren beweist. Es handelt sich um einen »Hortfund«, wie eine solche Ansammlung bei Archäologen heißt. Die Ringbarren dienten damals als Tauschmittel. Auch eine Burg »Andehsa« wird urkundlich bereits um 1080 erwähnt. Von dieser Vorläuferburg und auch von derjenigen der Grafen ist jedoch nichts übrig geblieben. Letztere wurde im

Auftrag der Wittelsbacher Herzöge nicht nur zerstört, sondern geschleift. Ein schrecklicher Begriff, denn er impliziert einen immensen Vernichtungswillen, bei dem kein Stein auf dem anderen bleibt. Warum diese Wut, diese Gewalt?

Die Herren der Burg Andechs waren zu ihrer Zeit das mächtigste Grafengeschlecht in Bayern und weit darüber hinaus. Dem damals noch unbedeutenden, aber aufstrebenden Geschlecht der Wittelsbacher waren sie ein Dorn im Auge. Diese hätten sich gern selbst an die Spitze gesetzt, was ihnen schließlich auch gelang. Denn auf dem Höhepunkt ihrer Macht verloren die Dießen-Andechser all ihr Hab und Gut. Sie wurden beschuldigt, in die Ermordung des Stauferkönigs Philipp, eines Sohnes von Kaiser Barbarossa, verwickelt zu sein.

Der König hatte der Hochzeit seiner Nichte Beatrix mit Herzog Otto VII., einem Dießen-Andechser, beigewohnt, als es geschah. Die Feierlichkeiten fanden am 21. Juni 1208 in Bamberg statt, denn dort residierte der Bruder des Bräutigams, Bischof Ekbert, und auch Markgraf Heinrich, ein weiterer Bruder, war anwesend. Das zeigt, wie weitreichend und mächtig das Familiennetz der Dießen-Andechser gespannt war. Umso tragischer ihr Sturz, gerade als durch die Hochzeit eine Verbindung zum Königtum geschlossen worden war und darüber hinaus zu den mächtigen Staufern, da die Braut die Enkelin von Kaiser Friedrich I. war, dem legendären Barbarossa.

Die Wittelsbacher bezichtigten die Brüder Ekbert und Heinrich, Handlanger des Mörders gewesen zu sein. Und weil eine so hohe Persönlichkeit das Opfer war, wurde die Reichsacht über die beiden verhängt. Das bedeutete, sie verloren auf einen Schlag ihr Recht auf Leib und Leben, büßten alle ihre Ämter und Besitztümer ein. All ihr Hab und Gut fiel an die Wittelsbacher, die nun das mächtigste Geschlecht waren und bis 1918 über Bayern herrschten.

Um ihr Leben zu retten und da den Brüdern keine Zeit blieb, ihre Unschuld zu beweisen, flüchteten sie nach Ungarn. Dort lebte ihre Schwester Gertrud, die mit dem ungarischen König Andreas II. verheiratet und auf Schloss Andechs geboren war. Schon drei Jahre später stellte sich die Unschuld von Ekbert und Heinrich heraus. Offiziell wurden sie 1211 von aller Schuld freigesprochen, doch der Wittelsbacher-Herzog Ludwig I., genannt der Kelheimer, gab seine Beute nicht mehr heraus. Was für ein Unrecht! Zumal alles darauf hindeutet, dass ein Wittelsbacher, nämlich Pfalzgraf Otto VIII., den Mord begangen hatte. Wenn das stimmt, dann war es eine mit kaltem Kalkül grausam eingefädelte Intrige, um den Widersacher und Rivalen, also das Grafengeschlecht der Dießen-Andechser, auszuschalten.

Auf meinem Weg nach oben geht mir diese Geschichte durch den Kopf, und obwohl sie 800 Jahre zurückliegt, berührt es mich, wie grausam das Schicksal manchmal zuschlägt. Denn die Betroffenen sind ja keine ausgedachten Figuren, wie in einem Film oder Roman, sondern sie haben wirklich gelebt. Ich stelle mir die Menschen leibhaftig vor, die von diesem Unrecht getroffen wurden, die ihren Besitz und ihr Ansehen verloren haben.

Kein Zeuge war bei der Ermordung des Königs dabei, doch es ist überliefert, dass Otto VIII. um Audienz bei König Philipp gebeten hatte und sie ihm auch gewährt wurde. Zuvor hatte der König die Verlobung seiner Tochter Kunigunde mit dem Wittelsbacher aufgelöst und die fünfjährige Prinzessin stattdessen mit dem zweijährigen Sohn des böhmischen Königs Ottokar I. verlobt, diese Verbindung erschien König Philipp wohl lukrativer. Unglaublich, wie die Kinder der Adligen damals untereinander verschachert wurden, um Macht und Besitz zu erhalten und zu vergrößern. Otto, der Wittelsbacher, war über die Auflösung der Verlobung erbost und wollte den König wohl umstimmen oder ihn überreden, ihm eine andere seiner drei Töchter zu versprechen. Das Mädchen war ihm nicht wichtig, nur ihre Mitgift und die Verbindung zum Königtum. Wahrscheinlich hat König Philipp Otto beleidigt und gedemütigt, und es kam zum Streit. Otto zog sein Schwert und verletzte Philipp tödlich. Otto gelang die Flucht, er versteckte sich, wurde für vogelfrei erklärt und 1209 vom kaiserlichen Reichsmarschall Heinrich von Kalden aufgespürt und im Kampf getötet. Wie ungerecht, dass die Dießen-Andechser dennoch ihren Stammsitz nicht zurückbekamen. Ich nehme an, das lag daran, dass sich inzwischen die Machtverhältnisse zugunsten der Wittelsbacher verschoben hatten, denn es tobte ja auch ein jahrelanger Kampf zwischen den Staufern und den Welfen. Beide Adelshäuser hatten Anspruch auf die Königswürde erhoben und erbittert darum gestritten. Und nachdem der Stauferkönig Philipp tot war, wurde ein Welfe König. Die Wittelsbacher hatten rechtzeitig die Seiten gewechselt und die Welfen bei der Königswahl unterstützt. So siegten sie mit dem Beistand des neuen Königs im Machtkampf gegen die Dießen-Andechser. 1246 wurde die Andechser Burg im Auftrag der Wittelsbacher zerstört, und 1248 erlosch das einst mächtigste Adelsgeschlecht Bayerns schließlich mit dem Tod des letzten männlichen Erben. Eigentlich hat sich nicht viel geändert, dachte ich, während ich tief die würzige Waldluft einatmete. Geht es nicht auch heute oft um Macht und Besitz?

Während ich so meinen Gedanken nachhing, hatte ich den Waldweg ganz für mich allein. Kein Mensch begegnete mir während meines zweistündigen Aufstiegs, der allerdings auch in etwa einer Stunde zu bewältigen ist, doch ich nahm mir reichlich Zeit. Umso überraschter, ja geradezu erschrocken war ich über den Rummel, der beim Kloster herrschte. Es ging laut und lustig zu. So viele Menschen, die mit dem Auto oder Bus heraufgekommen waren und nun in bester Stimmung bei ein, zwei und mehr Maß Bier und einer deftigen Brotzeit oder einem Schweinsbraten im Bräustüberl, im Biergarten und auf den Terrassen des weiträumigen Klosterhofes saßen und sich und die Welt feierten.

Später habe ich noch oft mit Freunden, Bekannten und Familienangehörigen Ausflüge nach Andechs unternommen und es auch so gehalten und die lebensfrohe Stimmung genossen. Doch nach dem einsamen Aufstieg durchs Kienbachtal und meinen Grübeleien über das bittere Schicksal der Dießen-Andechser mochte ich mich nicht zu den fröhlichen Menschen dazugesellen. Stattdessen suchte ich die Stille der Klosterkirche. Und tatsächlich, ich war dort so allein wie zuvor im Kienbachtal. Keiner der Besucher kam auf die Idee, die Kirchentür zu öffnen und einzutreten. Warum auch? Sie waren nicht wegen frommer Einkehr auf den »heiligen Berg« gekommen, sondern um vom Alltag auszuspannen, gut zu essen und zu trinken, Geselligkeit und Gemütlichkeit zu genießen.

Die Andechser Klosterkirche gilt als einer der Höhepunkte barocker Kirchenkunst. Nur leider ist dies gerade der Stil, der mich am wenigsten anspricht. Wie schade, wo sich namhafte Baumeister, Stuckateure und Kirchenmaler so viel Mühe gegeben haben. Doch es ist einfach zu viel, ich wusste gar nicht, wo ich überall hinsehen sollte. So viel Prunk, so viel Gold, so viele Figuren. Da beschäftigte ich mich lieber mit der Geschichte der Kirche.

Als die Burg Andechs durch die Wittelsbacher zerstört wurde, blieb vom gesamten Anwesen nur eine kleine Kapelle als einziges Gebäude unversehrt. In dieser fand man später, nachdem er fast 150 Jahre lang verschollen war, den

»Andechser Reliquienschatz«. Eine Maus spielte bei der Entdeckung eine entscheidende Rolle, so die Legende. Diese wurde so oft erzählt, beschrieben, ausgemalt und wiederholt, dass man fast gezwungen ist, sie zu glauben. Da der heilige Schatz schmerzlich vermisst worden war, konnte er nicht so einfach wiedergefunden werden, das wäre zu profan gewesen. Da musste schon etwas Ungewöhnliches im Spiel sein, damit sich eine Geschichte erzählen ließ – und wenn es eine Maus war.

Dieser Reliquienschatz ist auch der Grund, warum Andechs der »heilige Berg« genannt wird. Was aber hat es damit auf sich? Der legendäre Ahnherr der Dießen-Andechser, Graf Rasso, soll von einer Pilgerreise ins Heilige Land wertvolle Reliquien mitgebracht haben. Zeitgenössische Quellen deuten daraufhin, dass Rasso im 9. Jahrhundert lebte, also zur Zeit der Karolinger, und mit einem Lehen nach Bayern entsandt wurde. Als königlicher Amtsträger war Rasso im Gebiet zwischen Starnberger See und Ammersee tätig, hat zahlreiche Kirchen und Klöster gegründet. In Überlieferungen wird er auch als Ratho oder Rath bezeichnet, nach ihm ist der Ort Grafrath, nördlich vom Ammersee, benannt. In der Grafrather Wallfahrtskirche, St. Rasso, werden seine Gebeine in einem Glasschrein aufbewahrt, ähnlich wie die der heiligen Mechthild im Marienkloster in Dießen.

Nach Rassos Tod erbten seine Nachfahren, die Grafen von Dießen, die heiligen Reliquien, die sie später, zusammen mit anderen Schätzen, die sie angesammelt hatten, auf der Andechser Burg verwahrten. Darunter waren auch »Die Drei Heiligen Hostien«, die im 12. Jahrhundert von Rom nach Andechs gebracht wurden und schon damals einen Pilgerstrom nach Andechs entfachten. Diese frühe Wallfahrt wurde von den Burgherren gefördert, denn sie brachte beträchtliche Einnahmen und festigte ihr Ansehen.

Als der Stammsitz der Dießen-Andechser zerstört wurde, suchte man vergeblich nach den berühmten Reliquien. Sie schienen für immer verschollen. Bis am 26. Mai 1388 die Maus ins Spiel kommt. Damals hielt der Priester Jakob Dachauer in der ehemaligen Burgkapelle eine Messe. Eine Maus störte seine Andacht, sie huschte umher und verschwand in einer Öffnung hinter dem Altar. Als sie wieder herauskam, hielt sie einen Schnipsel Papier zwischen den Nagezähnen. Sie ließ den Fetzen demonstrativ fallen, und der Priester sah, dass er Teil eines vergilbten Schriftstücks war. Das brachte ihn auf die Idee nachzuschauen, was sich unter dem Altar verbarg. In einem Hohlraum fand sich eine eisenbeschlagene Holzkiste und in dieser der so lange vermisste Reliquienschatz, insgesamt 288 Gegenstände. Um nur einige wenige Kostbarkeiten zu nennen: Holz vom Kreuz Jesu, ein Zweig aus seiner Dornenkrone, das Tuch, mit dem die Gottesmutter Maria begraben wurde, ihr Rock und ihr Gürtel, der Gürtel des Johannes, die Stola des heiligen Nikolaus von Myra, das Siegeskreuz von Karl dem Großen, das Brustkreuz der heiligen Elisabeth von Thüringen, ihr Hochzeitsgewand, das auch schon ihre Mutter Gertrud, Königin von Ungarn, getragen hatte. Das Wertvollste jedoch sind die drei Hostien, da sie die Eucharistie, also die Wandlung in Jesu Fleisch und Blut, darstellen. Auf einer Hostie ist das Monogramm von Jesus zu sehen, die zweite zeigt ein Kreuz in blutroter Färbung und die dritte einen Fingerabdruck.

Kaum wurde bekannt, dass die verloren geglaubten Reliquien wiedergefunden worden waren, strömten erneut Pilger nach Andechs. Doch da der Strom der Wallfahrer ins Unermessliche wuchs, wurden die Heiligtümer nach München gebracht. Es ist verbürgt, dass zeitweise 60 000 Pilger wöchentlich in die Stadt einfielen; man muss sich das vorstellen: Im Mittelalter war das Reisen beschwerlich und zudem sehr gefährlich, und trotzdem machten sich die Leute auf den Weg. Damals entstand ein Markt in München, der Vorgänger der heute noch existierenden Auer Dult, und es wurden Opfergelder gesammelt, mit dem Ziel, in Andechs ein Kloster zu gründen. Anfang des 15. Jahrhunderts wurde die ehemalige Burgkapelle dem Dießener Chorherrenstift unterstellt. Sie ließen ein Kloster und eine Kirche bauen, und nach langem Ringen wurden schließlich die Reliquien nach Andechs zurückgebracht.

1455 ordnete der Wittelsbacher-Herzog Albrecht III. im Rahmen seiner Klosterreform an, Benediktiner vom Tegernsee nach Andechs zu übersiedeln. Wird Albrechts Name genannt, denkt man zwangsläufig an Agnes Bernauer. Albrecht hatte sich in die Bürgerliche aus Augsburg verliebt und sie sogar geheiratet. Herzog Ernst aber wollte und musste seinen Sohn standesgemäß verheiraten, damit die Erbfolge gewahrt blieb. Da die Ehe mit der Bernauerin nach Kirchenrecht geschlossen war und nicht aufgelöst werden konnte, musste die schöne Agnes sterben. Herzog Ernst ließ sie 1435 in der Donau ertränken.

Der Komponist Carl Orff, der in Dießen lebte und auf seinen Wunsch hin in einer Seitenkapelle der Andechser Klosterkirche beigesetzt wurde, hat die tragische Geschichte zum Thema seiner Oper »Die Bernauerin« gemacht. Die Oper und andere Werke des Komponisten werden jedes Jahr im Kloster Andechs im dortigen Florian-Stadl aufgeführt, einem eindrucksvollen Saal, der Platz für 700 Besucher bietet. Regelmäßig finden in diesem exklusiven Rahmen Aufführungen statt, auch Konzerte der von einem Schondorfer Verein initiierten klassischen Veranstaltungsreihe »AMMERSEErenade«. Eine Woche lang lockt sie mit diversen Kammerkonzerten und Gesprächsrunden mit international gefeierten Musikern und Künstlern zahlreiche Musikliebhaber an ungewöhnliche Spielstätten.

Im Jahr 1669 brach ein verheerender Brand auf dem »heiligen Berg« aus. Er konnte nicht gelöscht werden und zerstörte Kirche und Kloster. Der Kirchenneubau, in dem ich mich noch immer befand, erfolgte im gotischen Stil. 1755 wurde die Hallenkirche barock umgestaltet. Die wenigen noch erhaltenen gotischen Hallenpfeiler in ihrer einfachen, ernsten Wirkung empfand ich als eigenartigen Kontrast zur ansonsten prunkvollen Ausgestaltung.

Ich weiß nicht, wie lange ich mich in der Kirche aufhielt, während mir die wechselvolle Geschichte von Andechs durch den Kopf ging. Die Deckengemälde verweisen auf die vergangenen Ereignisse und zeigen ihre Protagonisten. Doch ich wäre nicht in der Lage gewesen, sie zu erkennen und zuzuordnen, hätte ich mich nicht zuvor kundig gemacht.

Die große Zeit des Klosters endete erst 1803 mit der Säkularisation, als unter Einfluss Napoleons die Klöster aufgelöst wurden. Das Andechser Benediktinerkloster wurde geplündert und die Mönche vertrieben. Unvorstellbar, die Verzweiflung, die die plötzlich entwurzelten Menschen befallen haben muss, nicht auszudenken, was alles vernichtet wurde. Erst 1846 griff der bayerische König Ludwig I., derselbe, der sich in Lola Montez verliebte, helfend ein und befahl, das Kloster den Benediktinern zurückzugeben. Noch heute ist dieser Orden im Kloster Andechs ansässig und verwöhnt die »modernen Pilger« mit Bier aus der klostereigenen Brauerei, kulinarischen Köstlichkeiten und mit Kultur, wie zum Beispiel klassischer Musik und anderen kulturellen Aufführungen.

Im Wandel der Jahreszeiten

Meine Wanderungen und Ausflüge in der Ammersee-Region öffneten mir Augen und Sinne für die Schönheiten meiner Heimat. Sie haben mir gezeigt, was sich Spannendes in der Nähe, sogar vor der Haustür, entdecken lässt und welche Überraschungen die Natur für uns bereithält. Das, was ich erlebt und zu Papier gebracht habe, ist wirklich so geschehen, wie ich es beschreibe. Ich habe nichts hinzuerfunden oder verdichtet, nicht mehrere Erlebnisse von verschiedenen Tagen in einem zusammengefasst. Allerdings war ich unzählige Male unterwegs, ohne dass etwas Bemerkenswertes geschehen wäre oder ich etwas beobachtet hätte, was zu beschreiben gelohnt hätte. Nur die Erlebnisse, die mir durch einen glücklichen Zufall geschenkt wurden, wenn ich zur rechten Zeit am rechten Ort war, haben hier Eingang gefunden. Man muss sich viel draußen aufhalten, darf sich von ereignislosen Tagen nicht abschrecken lassen, damit einem ungewöhnliche und berührende Erfahrungen vergönnt sind.

Beim Schreiben ist mir deutlich geworden, wie wundervoll es ist, in einem Gebiet zu leben, wo es verschiedene Jahreszeiten gibt, mit ihren ganz eigenen Erscheinungen. So unterschiedlich sie sind, so hat doch jede Zeit ihren eigenen Zauber. Die Winterwunderwelt mit Schnee und Eis und ihrem frostigen Wind. Das Erwachen der Natur im Frühling. Später im Sommer die Wärme, das Sonnenlicht auf grünem Gras und farbenprächtige Blumen. Dann wieder das Fallen des bunten Laubes im Herbst und tanzender Nebel über dem See.

Mit meiner Schilderung beginne ich nicht, wie man vielleicht erwarten würde, im Frühling, sondern im Sommer, damit ich nach dem Durchlaufen eines Jahres im Frühling enden kann, wenn die Schneeglöckchen mit ihren weißen Blüten den Schnee schmelzen. Diese Blumen sind ein Symbol für das Leben, das neu beginnt. Ein Wiederanfang, den die Vögel mit ihren Liedern feiern und der uns das hoffnungsvolle Gefühl gibt, dass alles anders und besser wird.

Mir ist jede der vier Jahreszeiten lieb. Ich will sie alle, Sommer, Herbst und Winter – und vor allem den Frühling. Denn gibt es etwas Schöneres als den Moment, wenn sichtbar wird, dass das Frühlingserwachen den eiskalten Atem des Winters ablöst?

Sommer

Eine Begegnung der besonderen Art

In aller Frühe, gleich nach dem Aufstehen, schwinge ich mich auf mein Fahrrad und radle hinunter zum See. Nie empfängt er mich auf gleiche Weise, jeden Morgen ist er anders und immer überraschend. Deshalb schwimme ich gern zu dieser

Tageszeit, wobei ich meinen Blick über den See weit hinaus zur Alpenkette schweifen lassen kann.

Diesmal, am ersten Tag im Juli, versteckt sich die Sonne noch hinter dem gegenüberliegenden östlichen Hochufer. Von Licht überstrahlt breitet sich die Seefläche aus, obwohl der Sonnenball selbst noch nicht sichtbar ist. Der sonst meist so zahme Ammersee wirkt wild und lebendig. Das Wasser ist aufgewühlt, hohe Wellen schlagen an den Steg. Sie kommen von Süden und ziehen gleich einer starken Strömung längs durch den See. Ungestört vom Brandungsrauschen ruht eine Kolbenente auf einem Holzstamm, schlaftrunken den rostbraunen Kopf tief ins Rückengefieder versenkt. Die Segelboote, in Ufernähe ankernd, schwanken im Wellengang. Ihre Masten und Seile schlagen klirrend aneinander wie ein kristallklares Glockenwerk.

Vorsichtig steige ich die durchnässten, glitschigen Holzstufen vom Steg hinab und wage mich in das tosende Element. Das Wasser empfängt mich angenehm kühl und samtig weich. Ich schwimme kraftvoll gegen die Wellen an, die über meinen Kopf hinwegstürzen. Prustend tauche ich wieder auf, fühle mich herausgefordert und schwimme hinaus in den brodelnden See.

An einem anderen Morgen liegt der See ruhig da, wie schlaftrunken. Kein Wellenplätschern; und das Wasser leuchtet apfelgrün. Der Himmel ist mit zarten Wolken verschleiert, und die Berge liegen hinter lichtblauem Dunst verborgen. Allein die Zugspitze ragt als zarte Linienkontur hervor. Auf dem im Wasser schwimmenden Holz ruht diesmal eine Gänsesägermutter, links neben ihr aufgereiht acht wollige, vertrauensvoll schlafende Bällchen. Sie sind nicht größer als meine Faust.

Die jungen Bachstelzen sind bereits flügge. Ihr graues Gefieder kennzeichnet sie als Jungvögel. Sie hüpfen und flattern lebhaft auf dem Steg auf und nieder, rufen »zilipp!« und wippen mit ihren Schwanzfedern, die schon fast so lang sind wie bei den Eltern.

Stockenten begrüßen sich schnatternd, es klingt hell und fröhlich, als wären sie glücklich über den beginnenden Tag. Am Schilf zieht eine Schwanenfamilie mit fünf hellgrauen flauschigen Gösseln entlang.

Trompetentöne lassen mich aufblicken. Zu einem Keil formiert, ziehen Graugänse über mich hinweg, so niedrig, dass ich höre, wie der Wind über ihre Schwingen rauscht. Laut schallt ihr prägnanter Ruf über den See. Es klingt wie der Triumph flugfähiger Kreaturen über alle erdgebundenen Lebewesen. Wahrscheinlich aber wollen sie sich nur anderen Gänsen im weiten Umkreis ankündigen. Weißgestirnte Blessrallen, vielleicht um den dominanten Graugänsen Paroli zu bieten, unterstreichen das Gänsegeschrei mit scharfen, metallischen Klicklauten.

Für mich ist ein Morgen am See ein kostbares Geschenk, das ich mir so oft wie möglich gönne. Was für ein Privileg, an einem Ort wie dem Ammersee zu leben und, sooft man will, Natur pur zu tanken.

Inzwischen habe ich meine Kleidung auf der Bank beim Bootshaus der Wasserwacht abgelegt. Ich laufe über den Steg zur Einstiegsleiter, spüre an meinen Fußsohlen die kühlen Holzplanken. Die Schwaneneltern mit ihren Sprösslingen haben sich inzwischen dem Steg genähert, und der Schwanenvater faucht mich wütend an. Er klingt wie eine Viper. Seinen Hals lang vorgestreckt, die Flügelfedern drohend aufgestellt, warnt er mich. Na klar, er muss ja seinen Nachwuchs verteidigen, schließlich weiß er nicht, ob ich etwas im Schilde führe. Ich warte eine Weile, bis sich der fürsorgliche Schwanenmann beruhigt und sich mit seiner Familie entfernt hat. Dann steige ich die Stufen hinab und lasse mich ins warme Wasser gleiten. Die Stockenten fühlen sich von mir nicht gestört und schnattern weiter geschäftig, dann suchen sie gründelnd im Schlick nach Nahrung, und die Blessrallen stoßen wieder ihre nervigen Klicklaute aus.

Mit gleichmäßigen Bewegungen schwimme ich hinaus. Ein eigenartiger Ruf ertönt. Ich halte mit Schwimmen inne, schaue umher. Da wieder! Geisterhafte Töne schwingen über das Wasser. Sie erinnern mich ein wenig an ein Nebelhorn: »gröög, gröööög, gröög«. Irgendwie gespenstisch. Vergeblich suche ich nach dem Verursacher der seltsamen Laute. Da ragt in meiner Nähe plötzlich ein länglicher Gegenstand senkrecht aus dem Wasser, wie das Sehrohr eines U-Bootes. Misstrauisch mustere ich das Rohr, oder ist es ein Stab? Da spült mir eine Welle Wasser in die Augen, und ich sehe alles verschwommen. Schnell wische ich sie wieder frei. Das stabförmige Ding entpuppt sich als langer Hals, an dessen oberem Ende ein Kopf mit spitzem Schnabel sitzt. Es ist ein Haubentaucher. Kopf und Hals reckt er senkrecht in die Höhe, dazu das raue Tuten, da kann man schon einmal auf abwegige Gedanken kommen ...

Jetzt stellt der Haubentaucher seinen Federschopf, den er dicht an den Kopf gelegt hatte, breit auf und schwimmt aufgeregt hin und her. Ein zweiter Vogel taucht an der Wasseroberfläche in seiner Nähe auf. Beide beginnen zu balzen. Dabei ist die Verlobungszeit vorbei, und sie müssten längst brüten. Wahrscheinlich haben sie ihr erstes Gelege verloren und freien nun erneut, um zu einer zweiten Brut zu schreiten. Wer Männchen und wer Weibchen ist, kann ich nicht unterscheiden. Sie sehen gleich aus. Beide plustern ihre schwarzen Hauben auf, die weißen Wangen von einer rostroten Halskrause eingerahmt. Einander zugewandt demonstrieren sie ihr Balzspiel. Sie schütteln die Köpfe auf ihren langen Hälsen hin und her, drehen sie abwechselnd nach hinten, dann wieder ruckartig nach vorn, senken den Kopf zum Wasser. Dann die ganze Zeremonie wieder von vorn. Eine richtige Dramaturgie, mit der sich die Haubentaucher synchronisieren und auf die Paarung einstimmen.

An Land sieht man diese Vögel so gut wie nie. Mit ihren weit hinten am Körper ansetzenden Watschelfüßen bewegen sie sich dort nur schwerfällig vorwärts, ihr Element ist das Wasser. Ihr Nest bauen sie im Schilf, und die Küken können, kaum aus dem Ei gekrochen, schwimmen, benutzen aber den Rücken der Eltern auch gern als Floß.

Als die Sonne über den Horizont steigt, wende ich mich von der Seemitte wieder dem Ufer zu, folge ihrer goldenen Bahn, die sie auf das Wasser zeichnet. Da taucht neben mir ein struppiger Kopf auf. Wassertropfen perlen von seinem Schnauzbart ab. Mit tiefdunklen Augen blickt mich das Tier direkt an. Ob erschrocken, erstaunt oder neugierig, kann ich nicht deuten. Der vierkantige Schädel ist fast so groß wie mein eigener. So nah war mir ein Biber noch nie. Vom sicheren Ufer aus habe ich diese Nager schon öfters beobachtet, an Isar und Donau, selbst in München auf der Praterinsel gab es eine Biberburg. Aber noch nie habe ich einem Biber direkt in die Augen gesehen, vor allem nicht auf gleicher Höhe, Kopf an Kopf. Meiner ist so nah neben dem seinen, dass ich nur die Hand ausstrecken müsste, um ihn zu berühren.

Der Größe nach zu urteilen, handelt es sich um ein ausgewachsenes Männchen, und ich weiß, dass diese nicht zögern, ihr Revier gegen Eindringlinge wehrhaft zu verteidigen. Ein Biss mit den scharfen Nagezähnen, denen selbst Bäume nicht standhalten, muss äußerst schmerzhaft sein. Unwillkürlich ziehe ich meine Beine an den Körper und umschlinge die Knie mit beiden Armen.

Der Biber wirft mir einen letzten Blick zu und taucht unter, kein Wasserspritzer, nicht einmal Wellengekräusel. Ich warte, ob er mit seinem Schwanz, der sogenannten Kelle, warnend auf das Wasser schlägt, wie es Biber zu tun pflegen. Doch die Oberfläche des Sees schließt sich lautlos über ihm, als sei er ein Phantom gewesen.

Nach dieser ersten Begegnung sehe ich den Nager noch öfter, immer schwimmt er von Süden Richtung Norden. Dort finde ich später die Biberburg und zahlreiche gefällte Bäume. Warum der Biber morgens die weite Strecke im See zurücklegt und wo er die Nächte verbringt, habe ich nicht herausbekommen.

Biber waren seit Mitte des 19. Jahrhunderts in Bayern ausgestorben, weil sie zu stark verfolgt worden waren. Ihr Pelz war begehrt, und ihr Fleisch diente als Fastenspeise. Zudem richteten sie manchen Schaden an Bäumen und Kulturlandschaften an und waren deswegen nicht gern gesehen. An der Isar, nahe der Mündung in die Donau, wurden 1966 die ersten Biber zur Wiederansiedlung ausgesetzt. Sie verbreiteten sich über Flüsse und Bäche, bis sie schließlich in den Raum zwischen Lech und Ammersee gelangten, wo 1990 die ersten durch die Nager verursachten Baumfällungen festgestellt wurden. Die Ausbreitung der Tiere führt in unserer dicht besiedelten Landschaft zu Konflikten mit der Bevölkerung. Biber bauen Dämme, stauen Bäche auf, setzen Wiesen unter Wasser, zerstören Bäume, die die Ufer befestigen sollen, mitunter sogar Obstbäume, unterhöhlen Straßen, Brücken und Hochwasserschutzanlagen. Hat erst einmal eine Biberfamilie ihre Burg gebaut, wächst deren Population und damit auch der Schaden, den die Tiere anrichten.

Ein Elternpaar bekommt zwei bis drei, manchmal bis zu sechs Junge. Meist ist dann noch der Nachwuchs vom Vorjahr mit im Bau, gemeinsam mit den neugeborenen Geschwistern. Nach spätestens drei Jahren müssen sich die Jungtiere ein eigenes Revier suchen. So verbreiten sich die Biber allmählich über das gesamte Flusssystem. Für ein Nagetier erreichen sie ein verhältnismäßig hohes Alter von acht bis zehn Jahren. Man kann sich ausrechnen, wie groß eine Biberansammlung innerhalb eines bestimmten Zeitraums werden kann, denn erwachsene Biber haben bei uns quasi keine natürlichen Feinde mehr. Früher waren das Bär, Luchs und Wolf und der unerbittlichste von allen, der Mensch, doch heutzutage sind Biber streng geschützt.

Aufsehen hat im März 2019 ein Biber in Herrsching erregt, der sich doch tatsächlich an den Bahnsteig der S-Bahn verirrt hatte. Der Herrschinger Bürgermeister soll humorvoll ausgerufen haben: »Wenn er doch nur einsteigen würde …!«, denn die tierischen Probleme häufen sich in der Ammersee-Ortschaft. Bereits 20 Bäume waren vom Biber in den Parkanlagen gefällt worden. Um dem Nager Einhalt zu gebieten, musste man die übrigen mit Drahtummantelung schützen. Andererseits kommen extra Gäste aus der Umgebung nach Herrsching, um die dortigen Biber zu besichtigen, sodass der Bürgermeister schon zu »Biber-Safaris« eingeladen hat – mit großem Erfolg.

Nach sonnenwarmen Tagen, an denen morgens die Sonne strahlend aufging und ihre Bahn an einem tiefblauen Himmel zog, hängen heute die Wolken grau und schwer über dem See. Kein Windhauch bewegt die Luft, die voller Feuchtigkeit ist, als würde die Last bald als Regen herabprasseln.

In meinem Garten singt ein Rotkehlchen, verborgen im Blättergewirr. Ich schließe die Haustür hinter mir und gehe an Einfamilienhäusern mit Gärten vorbei, in denen Mähroboter über das raspelkurze Gras schnurren. Diese Geräte erinnern mich an seelenlose, alles verschlingende Aliens. Seit diese Dinger überall in Deutschlands Gärten ihr Unwesen treiben, wächst auf den Rasenflächen nichts mehr, was blühen könnte. Auch früher hat man zu oft gemäht, doch zwischen den einzelnen Mähgängen schafften es widerstandsfähige Pflanzen, wie Gänseblümchen, Löwenzahn, Hahnenfuß und Fingerkraut, am Leben zu bleiben. Nun sehen die Gärten aus, als hätte man sie mit einheitlich grüner Plastikware ausgelegt. Andere Gartenbesitzer handeln noch extremer, verbannen selbst das letzte grüne Hälmchen und schütten Kies und Gestein rings um ihr Haus. Ein bekannter Biologe und Fotograf hat diese Kieskulturen als »Gärten des Grauens« bezeichnet. Alles schön ordentlich und gleichmäßig leblos, man muss nicht mehr gießen und keine Arbeit verrichten – aber warum legt man dann überhaupt Wert auf einen Garten?

Ich überquere die Ortsdurchgangsstraße, wo so früh am Morgen noch keine Fahrzeuge unterwegs sind, benutze den Bahnübergang, und schon bin ich am Hang hinauf zur St.-Anna-Kirche. Bereits von Weitem höre ich die hellen Rufe der Dohlen, die um die Zwiebelhaube der Kirche kreisen.

Wie immer erregt mich ihr heiteres »kjack, kjack, kjack« und weckt positive Gefühle in mir. Warum es gerade die Stimmen der Dohlen sind, die mich tief berühren? Ich weiß es nicht. Vielleicht, weil mein Schulweg während der ersten acht Jahre an einer Kirche vorbeiführte, die ebenfalls von Dohlen belagert wurde. So war ihr Gezwitscher immer das Letzte, was ich hörte, bevor ich das Klassenzimmer betrat, wo ich mich grundsätzlich eingesperrt fühlte. Mit ihren Rufen verband sich mein Wunsch nach unbegrenzter Freiheit und Unabhängigkeit. Die Dohlen dort oben an der Kirchturmspitze waren frei und ungebunden. Meine Seele flog mit ihnen mit. Sie waren meine Brüder, die stellvertretend für mich den unbegrenzten Himmel bevölkerten.

Mein Weg führt mich an der Mauer entlang, die den Friedhof neben der Kirche begrenzt. Gestern noch wuchsen Blumen an der Böschung zwischen Weg und Mauer. Ich hatte mich gefreut über die zartlila Kuckucks-Lichtnelken, das Nickende Leimkraut, die Rote Nachtnelke und das weiß blühende Hornkraut, dazwischen sonnengelbe Tupfer vom Hahnenfuß, der Blutrote Storchschnabel, der Gold-Pippau und der blaue Günsel. Heute ist die ganze Pracht verschwunden, bis zum Grund abrasiert. Wie schade und unnötig. Gemäht sind auch die angrenzenden Wiesen, die hatte der zuständige Landwirt erfreulich lange unbeschädigt wachsen lassen, sie reichten mir schon bis zur Hüfte. Dass der Bauer sie irgendwann mähen muss, ist nachvollziehbar, schließlich benötigt er das Heu für seine Tiere.

Tief atme ich die Luft ein. Der Geruch frischen Heus ist einer der Düfte, die sofort die Erinnerung an die Kindheit in mir wachrufen. Ein Turmfalke kreist über der gemähten Wiese, hält Ausschau nach Beute, gleitet dann ergebnislos davon. Rabenkrähen punkten mit ihrem schwarzen Gefieder das trocknende Gras. Auch ein paar der kleineren Dohlen mit ihrem vornehm silbergrauen Nacken und den hellblauen Augen hüpfen auf der Suche nach aufgescheuchtem Kleingetier umher. Und dort, was ist das? Etwas Schmales, Langes erregt meine Aufmerksamkeit. Starr und steif steht er senkrecht zwischen den schwarzen Gesellen: ein Graureiher, der seinen langen Hals in die Höhe reckt und deshalb wie ein Strich in der Landschaft wirkt. Ich freue mich über den Vogel. Auf dieser Anhöhe habe ich noch nie einen Graureiher erblickt. Es ist ein Jungvogel, wie ich an dem hellen, noch wenig kontrastreichen Gefieder erkenne. Jetzt zieht er seinen langen Hals ein, das heißt, er legt ihn in einem Bogen rückwärts in den Nacken und schreitet, nein, schleicht mit seinen langen Stelzenbeinen über die Wiese. In Lauerhaltung verharrt er minutenlang, dann – pfeilschnell schießt der eingelegte Hals nach vorn und packt mit hartem Schnabel die Beute. Mit dem Fernglas erkenne ich: Er hat eine Wühlmaus erwischt.

In meinem Bestimmungsbuch, das ich noch aus meiner Studienzeit besitze, heißt der Graureiher noch Fischreiher, nach seiner bevorzugten Nahrung. Doch er verschmäht auch Frösche, Lurche, Insekten und kleine Säugetiere nicht. Er nimmt alles, was er erwischt und durch seinen dünnen, langen Hals passt. Warum der Fischreiher in Graureiher umbenannt wurde? Weil Reiher, ebenso wie Kormorane und Gänsesäger, von Fischern und Teichbesitzern als Fischräuber gehasst und verteufelt werden. Diese Vögel wurden gejagt, bis es gelang, sie unter Schutz zu stellen. Und um das Feindbild abzumildern, hat man sie von Fisch- in Graureiher umbenannt.

An das duftende Heu schließt sich links neben dem Weg ein Haferfeld, und rechts wächst schulterhoch der Mais, im Laufe des Sommers wird er noch höher werden und mir bis über den Kopf reichen. Das Maisfeld zieht sich bis zum Wald hin, während der Hafer, erkennbar an seinen hängenden Rispen, von Weizen abgelöst wird. Während meiner Ausbildung zur Facharbeiterin für Rinderzucht haben wir auch Kenntnisse der Agrarwirtschaft erworben und gelernt, die einzelnen Getreidearten zu unterscheiden. Am einfachsten geht das anhand der Länge der Grannen. Die längsten hat die Gerste, die vom Roggen sind kürzer, und Weizen hat nur sehr kurze bis gar keine. Man kann die Arten aber auch schon früher unterscheiden, wenn die grünen Hälmchen aus der Erde sprießen, und zwar daran, wie das Blatt am Halm ansitzt, ob es ihn ganz umschließt oder kleine »Öhrchen« bildet. Inzwischen gibt es allerdings von den einzelnen Getreidearten wesentlich mehr Sorten, als wir damals gelernt haben.

Ich erreiche die Waldkante, bis zu der sich die Felder ausdehnen, jeder Meter wurde umgepflügt und genutzt. Der Landwirt hat nicht daran gedacht, einen Rand zu lassen, damit dort Büsche, Sträucher und Stauden wachsen könnten. Sie würden Tieren Unterschlupf bieten und Vögeln einen Platz, um dort ihre Nester zu bauen. Gerade Lebensräume zwischen offenem Land und Wald, sogenannte Randhecken, sind kostbar und würden viele Arten beherbergen. So könnte man mit ein wenig mehr Achtsamkeit dem Artensterben entgegenwirken.

Aus der Tiefe des Waldes erschallt das Trommeln eines Buntspechtes. Während ich den fußbreiten Pfad zwischen Feld und Wald entlanggehe, höre ich den Gesang des Buchfinken, das Schmettern des Zaunkönigs und die kurze, sich stetig wiederholende Strophe des Zilpzalps, der seinen Namen singt.

Als ich am Ende des Feldes angelangt bin, bleibe ich ruckartig stehen, denn dort am Wiesenhang ist ein Fuchs mit

»Mäuseln« beschäftigt. So nennt man es, wenn Füchse auf Mäusejagd sind. Es sieht zu komisch aus, wie er sich anschleicht, die Vorderpfoten jeweils lange in der Luft hält, bevor er sie leise aufsetzt. In Zeitlupe nähert er sich der Beute. Seine Bewegungen ähneln denen einer Katze, so vorsichtig und geschmeidig sind sie. Jetzt stößt er sich mit den Hinterfüßen kräftig ab, krümmt dabei den Rücken und landet in hohem Bogen wieder auf der Erde, schnappt zu, und schon hält er eine graue Maus im Fang. Statt sie zu verschlingen, spurtet er hurtig über die Wiese zum Wald. Wahrscheinlich hat er Junge im Bau, denen er den Happen bringen will. Deswegen, um ihren Hunger zu stillen, wagt er es, bei Tageslicht zu jagen.

Der Feldweg führt mich wieder zur St.-Anna-Kirche zurück, hinter der die Alpenkette blau schimmernd aus dem Dunst emporragt. Am gegenüberliegenden Hang, jenseits des Sees, liegt die Klosterkirche von Andechs. Dreht man sich um und blickt Richtung Landsberg, leuchtet in der Ferne rötlich weiß die Dorfkirche von Hechenwang mit ihrer eigentümlichen Doppelzwiebel.

An der Pferdekoppel herrscht Ruhe, die Tiere fühlen wohl das nahende Unwetter und haben sich in den Unterstand zurückgezogen. Zwei Bachstelzen beherrschen stattdessen das Revier und jagen Fliegen. Ein Hausrotschwanz sitzt auf dem First des Daches und singt. Es sind einfache, kaum melodische Strophen mit eigentümlich gequetschten und knirschenden Tönen. Dieser Allerweltsvogel, der in kaum einer Ortschaft fehlt und den man selbst in Großstädten antreffen kann, ist ursprünglich ein Gebirgsvogel, der felsiges und baumloses Gelände liebt. Dort leben Hausrotschwänze noch immer, doch inzwischen haben sie ein vergleichbares Felsenbiotop in unserer Häuserwelt gefunden. Eine der Bachstelzen ist neben dem Hausrotschwanz auf dem Unterstand gelandet.

Der unterbricht aufgebracht seinen Gesang, knickst mit seinen dünnen Beinchen fortwährend auf und nieder und ruft erregt: »fuid, fuid, teck, teck, teck«. Unglaublich, wie laut dieser kleine Schreihals ist. Sein »Tecken« klingt scharf und hart, fast wie die Fehlzündung eines Motors. Aus der Ferne ertönt der Ruf eines Esels, untermalt vom Glockenschlag der St.-Anna-Kirche.

Vielleicht mag der eine oder andere beim Lesen dieser Passagen denken, was für eine Idylle! Und ein Stadtbewohner würde sich unter Umständen bei einem ähnlichen Spaziergang, wie ich ihn hier schildere, wünschen, in einer so intakten Umwelt zu leben, und vielleicht sogar staunen über die Vielfalt an tierischem und pflanzlichem Leben. Zwar erfreue auch ich mich an dem, was noch vorhanden ist. Aber nur wenn man weiß, was wir schon verloren haben, erkennt man, wie arm unsere Umwelt bereits geworden ist. Keinen einzigen Schmetterling sehe ich während der Wanderung und auch sonst kaum Insekten. Es fehlen die Futterpflanzen für die Schmetterlingsraupen und die Blüten für Hummeln, Bienen und anderes Getier. Einmal krabbelt ein Laufkäfer, goldgrün glänzend, über den Weg: der fast vier Zentimeter lange *Carabus auratus*. Einst waren diese prächtigen Käfer häufig, jetzt entdeckt man sie kaum noch. Der schillernde Räuber, der mit Vorliebe Kartoffelkäfer und andere für unsere Kulturpflanzen schädliche Insekten vertilgt, stirbt zusammen mit diesen, wenn Insektizide versprüht werden.

Ein jedes Lebewesen lebt von anderen Organismen. Wenn es weniger Individuen einer Art gibt oder sie ganz und gar verschwindet, wird das gesamte Lebensnetz beeinflusst. Und wenn mehr und mehr Arten verlöschen, wird das Netz immer löchriger. Als Biologin ist mir klar, nichts bleibt, wie es ist – Leben ist Veränderung! Immer schon sind Arten ausgestorben, von der Erde verschwunden. Unwiederbringlich dahin. Doch als Mitgeschöpf trauere ich um die Lebewesen, die es nicht mehr gibt, und schon jetzt um diejenigen, die bald verloren sein werden.

Als ich an der Friedhofsmauer entlanggehe, höre ich eine Amsel. Das melodische Flöten muntert mich auf, lenkt mich von meinen pessimistischen Gedanken ab. Dieser schwarze Vogel mit seinem orangefarbenen Schnabel gehört zu den begabtesten Sängern unserer einheimischen Vögel. Amselmännchen beherrschen eine Vielzahl von Melodien. Vogelkundler haben festgestellt, dass sie über 30 Einzelmotive in ihrem Repertoire haben, die sie immer wieder neu und anders variieren. Und wenn eine Amsel den Gesang eines anderen Männchens hört, stimmt sie sich auf dessen Motive ein und lernt sogar von ihm.

Wieder hört man St. Anna läuten. Von den ursprünglichen Glocken mussten schon im Ersten Weltkrieg einige abgegeben werden, um zu Granaten eingeschmolzen zu werden. Die historisch ältesten hatte man da noch verschont. Im Zweiten Weltkrieg wurden auch diese konfisziert, die älteste trug die Jahreszahl 1567. Das neue Geläut wurde mittels Spenden nach dem Krieg und der Renovierung wieder in der Kirche installiert. Während der Glockenton verhallt, tröpfelt Regen in den schwermütigen Amselgesang, der immer leiser wird.

Die Ricke und ihr Kitz

Ein warmer Wind, frisch und heftig, wie er manchmal am Meer weht, empfängt mich zu meiner morgendlichen Wanderung auf dem westlichen Hochufer. Die Wiesen entlang meines Weges sind jetzt, Anfang Juli, allesamt gemäht, und auch die Getreidefelder wurden abgeerntet. Ich wundere mich, dass es so früh geschehen ist. Zwar habe ich in den vergangenen Jahren nicht so genau darauf geachtet, wann die Mähdrescher das Korn einfahren. Doch wenn ich mich an meine Kindheit erinnere, will mir scheinen, Getreide wurde erst im Hochsommer Ende Juli, Anfang August geerntet. Doch wohin ich auch sehe, überall erstrecken sich Stoppelfelder. Bei dieser Überlegung fällt mir das Volkslied ein, das eigentlich den Herbst besingt: »Bunt sind schon die Wälder, gelb die Stoppelfelder«.

Meine Wanderung wird nun nicht mehr von Vogelgezwitscher untermalt, zu dieser Jahreszeit singen die Vögel nur noch selten. Ihre Hochzeit ist im Frühling, wenn es heißt, das Territorium gesanglich zu markieren, einen Partner zu finden und für Nachwuchs zu sorgen. Eine einsame Goldammer ist die Einzige, die ihre Stimme erschallen lässt und ihre Lieder jeweils mit einem lang gezogenen »srieh« abschließt. Den Namen trägt der sperlingsgroße Vogel zu Recht, leuchten doch Kopf, Brust und Bauch in goldgelber Farbe.

Ich stoppe meinen Schritt, denn auf dem Weg liegt eine tote Spitzmaus, einfach so, ohne dass eine Wunde sichtbar wäre. Ein samtschwarzes Fell schmückt den Rücken, es ist so dicht und fein wie der kostbarste Pelz, und die Unterseite schimmert silbergrau. Obwohl diese kleinen Säugetiere äußerlich Mäusen sehr ähnlich sind, handelt es sich bei ihnen nicht um Nagetiere. Der Name ist irreführend. So wie Maulwurf und Igel gehören Spitzmäuse zur Gruppe der Insektenfresser, *Eulipotyphla* nennt sie der Biologe.

Das Herz einer Spitzmaus schlägt unglaublich schnell – in Stresssituationen bis zu 1200 Mal in der Minute. Auch ihr Stoffwechsel ist rasant, deshalb müssen die Tiere ständig Nahrung zu sich nehmen. Finden sie nicht rechtzeitig einen Käfer,

Wurm oder etwas ähnlich Nahrhaftes, dann erlischt ihre Lebenskraft, und sie sterben rasch. Dieses Schicksal könnte auch das Spitzmäuschen, das da schutzlos auf dem Weg liegt, ereilt haben.

Wahrscheinlich haben nur wenige Menschen diese winzigen Säugetiere schon einmal gesehen, denn sie führen ein heimliches Leben. Eine Ausnahme bilden vielleicht die Besitzer freigängerischer Katzen, die alles fangen, was sich bewegt. Zu spät bemerkt die Katze am moschusartigen Duft, dass sie keine Maus gefangen hat. Der unangenehme Geruch verdirbt ihr den Appetit. Entweder bringt sie die Beute dann als Trophäe ins Haus, oder sie lässt sie liegen.

Mir ist es allerdings schon öfters gelungen, Spitzmäuse nicht nur zu sehen, sondern auch zu fangen. Beim ersten Mal wunderte ich mich noch, warum das Tier bei meiner Annäherung nicht davonhuschte. Reglos hockte es im Gras. Schlief es, oder war es krank? Vorsichtig schloss ich meine Hand um seinen Körper und achtete sorgsam darauf, nicht gebissen zu werden, um eine mögliche Übertragung von Krankheitserregern zu vermeiden. Aber das Tierchen war viel zu erschöpft, um sich zu wehren. Ich setzte es in ein Terrarium und gab ihm einen Regenwurm. Spitzmäuse fressen nur tierische Nahrung; Vegetarisches, wie Körner, Nüsse und Samen, rühren sie nicht an. Nach einigem Zögern schnappte das Tier sich den Wurm und fraß ihn ganz und gar auf. Danach war es sichtlich munter. Bald zeigte sich sein immenser Appetit. Ich kam kaum hinterher mit dem Futternachschub. Nachdem es seine Körperreserven wieder aufgefüllt hatte – Spitzmäuse fressen täglich so viel, wie sie selbst wiegen –, war es quicklebendig. Ich brachte das Tier dorthin zurück, wo ich es gefunden hatte. Denn Spitzmäuse sind Einzelgänger; sie haben ihr eigenes Territorium, das sie gegen Artgenossen verbissen verteidigen.

Einmal gelang mir eine seltene Beobachtung. War es ein raschelndes Geräusch, das ich zuerst wahrnahm, oder die schlängelnde Bewegung? Ein langes dunkles Wesen bewegte sich ungeheuer schnell durchs Gras. Meine Vermutung, es sei eine Schlange, erwies sich als falsch. Es war eine Spitzmausmutter mit sieben Jungen. Ich glaubte meinen Augen nicht zu trauen, denn das Bild, das sich mir darbot, war äußerst kurios. Das erste Spitzmauskind hatte sich am Schwanz der Mutter festgebissen, an seiner Schwanzwurzel hing das nächste und so fort. Ein jedes hatte den Schwanz des Vorauseilenden im Mäulchen. Sich aneinander festhaltend bildeten die Tiere eine Kette und wuselten unglaublich schnell dahin. So konnte keines verloren gehen. Ein Wunder der Natur! Ich freute mich über diese anrührende Erscheinung, kann mir aber bis heute nicht erklären, wie es eine Spitzmausmutter anstellt, ihren Nachwuchs dahingehend auszubilden, diese niedliche und zugleich nützliche Karawane zu bilden.

Auf den abgeernteten Feldern fallen mir neben Dohlen und Rabenkrähen die zahlreichen Ringeltauben auf. In den letzten Jahrzehnten haben sich diese einst scheuen Tauben der Wälder zunehmend in unseren Ortschaften angesiedelt. Selbst in Großstädten sieht man, wie sie auf Nahrungssuche durch die Straßen trippeln und ihre Jungen mitten im dichten Verkehrstreiben aufziehen. Während sie dort an Menschen gewöhnt sind, verhalten sich die Tauben hier auf den Feldern vorsichtig. Kaum haben sie mich wahrgenommen – Tauben können sehr gut sehen –, flattern sie auf und rauschen davon, während Dohlen und Krähen, die dort ebenfalls nach Futter suchen, sich von mir nicht stören lassen. Obwohl die Distanz ziemlich groß ist, kann ich die Ringeltauben eindeutig bestimmen, denn als sie wegfliegen, fallen mir die weißen Flügelbinden auf. Außerdem sind Ringeltauben mit über 40 Zentimetern

Körperlänge die größten unter unseren einheimischen Tauben, zu denen auch die Hohl- und die Turteltaube zählen, beide sind allerdings sehr selten geworden. Einer der Gründe kann das Fehlen von Baumhöhlen sein, die sie zur Aufzucht ihrer Jungen brauchen, während die Ringeltaube sich in den Baumkronen ein Nest aus Zweigen baut. Inzwischen ist eine weitere Taubenart bei uns heimisch geworden, die Türkentaube, die, wie schon der Name andeutet, aus asiatischen Ländern eingewandert und in Dörfern und Städten allgegenwärtig ist.

Vögel sind weiter keine zu sehen, also wende ich mich den Sommerblumen am Wegrand zu. Die Auswahl an Blütenpflanzen ist mager. Die Felder sind bis zum Wanderweg bewirtschaftet, ohne einen Zwischenraum frei zu lassen. Feldraine, diese blühenden Streifen meiner Kindheit, suche ich vergeblich, auch ein Grund, warum es immer weniger Schmetterlinge, Grillen, Heupferde, Hummeln und Bienen gibt. An der rechten Seite des Pfades, an einer Böschung, weiden Jungbullen, dennoch wachsen dort einige Pflanzen; vor allem Gräser, aber auch Schafgarbe, Augentrost, Sternmiere und Wilde Möhre. Zwischen diesen unscheinbar weiß blühenden Blumen gibt es ein paar bunte Tupfer. Da sind gelber Hasenklee, blaue Glockenblumen und lilafarbene Vogel-Wicke. Eine farbenprächtige Sommerwiese aber sieht anders aus.

Am Rand eines Feldes mit Mais, der hoch gewachsen eine grüne Mauer bildet und erst im Herbst geerntet wird, entdecke ich ein Reh. Mit seinem Fell, das jetzt im Sommer rot leuchtet, hebt es sich markant gegen die tiefgrünen Maisstauden ab. Unbeeindruckt von meinem Näherkommen verharrt das Tier bewegungslos an Ort und Stelle. Ich bleibe stehen, will ihm Gelegenheit geben, sich zurückzuziehen. Als es nicht reagiert, gehe ich langsam weiter. Das Reh wendet mir den Kopf zu, blickt mich an. Irgendetwas stimmt nicht mit ihm. Wir sind daran gewöhnt, dass Tiere in Deckung gehen, sobald sie uns bemerken.

Als ich mich auf etwa fünfzehn Schritte dem Reh genähert habe, springt es plötzlich ruckartig davon und verschwindet im Mais. Und dann ertönen Klagerufe, wie ich sie bisher nur bei verletzten Rehen gehört habe. Rehe können ganz unterschiedliche Laute von sich geben. Zur Paarungszeit fiepen Ricken, um den Bock anzulocken. Es ist ein heller, hoher Ton voller Sehnsucht. Er ist leicht nachzuahmen, indem man einen breitflächigen Grashalm zwischen beide Daumen legt und hineinbläst. Rehe können aber auch bellen, ähnlich wie ein Hund. Und nun dieses jammervolle Geschrei, voller Schmerz und Not ...

Wenige Schritte weiter weiß ich, was geschehen ist. Die Ricke hat ihr Kitz verloren. Da liegt es am Feldrand, von der Mähmaschine grauenvoll zugerichtet. Voll Vertrauen auf den Schutz des Kornfelds hatte die Mutter ihr Junges darin vor Feinden versteckt, vor Füchsen, Katzen, Krähen, frei laufenden Hunden. Doch gerade dort, wo sie ihr Kind sicher glaubte, drohte ihm tödliche Gefahr.

Der Maschinist konnte das Kitz nicht sehen. Beim Lärm der anrollenden Maschine lief das Kleine nicht etwa davon, das machen Kitze nie, sondern schmiegte sich nur noch enger an den Erdboden, auf den Sichtschutz seines gefleckten Felles bauend. Das kann mitunter eine Rettung vor tierischen Feinden sein, nützt aber rein gar nichts gegen die industrielle Landwirtschaft. Bevor der Fahrer es hätte sehen können, war es von den Messern des Mähwerkes schon erfasst und getötet worden. Heutzutage gibt es die Möglichkeit, mit Wärmebildkameras und Drohnen die Felder vor Erntebeginn abzusuchen und die Kitze in Gras oder Heu gehüllt aus dem Feld herauszutragen. Aber nicht jeder Bauer kann oder will sich das leisten. Die

Ricke, das Euter voll Milch, sucht vergeblich die Nähe ihres Kitzes. Auch am nächsten Tag sehe ich sie wieder an gleicher Stelle, dann nicht mehr.

Der Morgen endet nicht mit diesem traurigen Erlebnis. Wenig später kommt ein Hase geradewegs auf mich zugehoppelt. Er findet es bequemer, den Feldweg zu benützen, als sich durch das hohe Maisfeld zu kämpfen, wo er keine weite Sicht hat. Es ist ein Junghase, sicherlich bereits Anfang März geboren, seine Löffelohren sind noch relativ kurz. Ohne Argwohn nähert er sich. Für mich ist es immer wieder beglückend, wenn ich Tiere beobachten kann, ohne dass diese mich wahrnehmen. Er mümmelt ein paar Kräuter am Wegrand.

Ich erinnere mich an den Babyhasen, den ich als Schulkind mit der Nuckelflasche aufgezogen habe. Nachbarn, die wussten, dass ich mit Tieren gut umgehen kann, brachten mir das Häschen, das beim Mähen am Hinterbein verletzt worden war. Der Knochen war durchtrennt. Das Fell war abgerissen, und ich sah die beiden Enden des Beinknochens frei liegen. Ich schiente ihn vorsichtig mit Stöckchen und Mullbinden. Tatsächlich wuchs der Knochen wieder zusammen, ohne dass die Verletzung später noch zu bemerken war. Als der Hase erwachsen war, setzte ich ihn im Wald aus, in einer vom Förster umzäunten Schonung, damit er sich dort, zunächst vor Füchsen sicher, an die Freiheit und ihre Gefahren gewöhnen konnte. Während ich an dieses Erlebnis zurückdenke, wirft die Morgensonne meinen Schatten auf den Hasen. Er bemerkt mich nicht, aber die plötzliche Verdunklung des Lichtes warnt ihn. Er macht einen Sprung und verschwindet im Mais.

Die Jagd der Gänsesäger

In der Nacht hat ein Gewitter über dem Ammersee getobt. Wie ein Kreisel drehte es sich über dem Talgrund und fand lange keinen Durchschlupf. Als es endlich nur noch leise aus der Ferne grollte, stürzte Regen hernieder.

Am Morgen glänzen Himmel und Erde wie frisch gewaschen. Ein strahlend heller Tag beginnt. Auf dem Steg hocken fünf junge Rauchschwalben, ganz still. Über ihnen schwirren die Eltern hin und her, zwitschern aufgeregt. Besorgt stoßen sie ihren Alarmruf aus: »bibisst, bibizztt«. Wahrscheinlich haben die Schwalbenkinder gerade erst ihr Nest im Bootshaus verlassen, zur ersten Erkundung in der Morgenfrühe. Im Gegensatz zu ihren Eltern lassen sie sich von meiner Gegenwart nicht stören. Mit glänzend schwarzen Augen blicken sie umher, sichtlich überrascht von der Weite und der Helligkeit, von der sie im dunklen Bootshaus nichts ahnen konnten. Ihre Kehle zeigt noch nicht das leuchtende Rostrot der Eltern, bei ihnen sind die Federn dort eher fahlgrau mit einem Stich ins Rötliche.

Langsam lasse ich mich ins Wasser gleiten. Es ist angenehm warm, wärmer als die frische Morgenluft. Samtig weich umschließt es meinen Körper. Spiegelglatt liegt der See vor mir, erstreckt sich weit nach Süden. Fast scheint es, als würde er den Fuß der Alpen berühren. Vom nächtlichen Unwetter ist nichts mehr zu spüren. In Ufernähe führt eine Gänsemutter ihre drei Gössel ins Wasser. Im Frühling hatte sich bei Pflanzen und Tieren alles um die Fortpflanzung gedreht, jetzt, in den Sommermonaten, steht die Aufzucht des Nachwuchses im Vordergrund.

In der Mitte des Sees, dessen Oberfläche ansonsten glatt ist, plätschern leichte Wellen heran, von der Strömung verursacht.

Hebe ich den Kopf aus dem Wasser und blicke nach Süden, leuchtet in etwa 15 Kilometern Entfernung, wie ein heller Lichtpunkt inmitten des grünblauen Hochufers, das Marienmünster von Dießen, und linker Hand hebt sich die Andechser Klosterkirche gegen den Himmel ab.

Bis ich an den Steg zurückkomme, haben die jungen Rauchschwalben gemerkt, dass sie fliegen können, und sich hinauf in die Luft gewagt. Von den erwachsenen Vögeln kann ich sie anhand ihrer Schwanzfedern unterscheiden, die noch kürzer sind und nicht so tief gegabelt. Mit hoher Geschwindigkeit und erstaunlicher Wendigkeit sausen die Rauchschwalben durch die Luft und schnappen im Flug nach Mücken.

Doch nicht jeder freut sich über die Insekten. Jedes Jahr von Neuem verlangen Anwohner lautstark, dass Bti gesprüht werden soll, um der »Mückenplage« Einhalt zu gebieten. Vor einer Mücken-Explosion, gar einem Mücken-Tsunami wird gewarnt. Eine Initiative mit dem Namen »Mückenplage – Nein, danke!« wurde gegründet, deren Mitstreiter ziemlich viel Aufhebens machen und eine gewaltige Medienkampagne gestartet haben. Zeitungsredakteure, Radio- und Fernsehmoderatoren kamen ans Ufer des Ammersees und ließen sich filmreif stechen, um zu beweisen – ja, es gibt sie tatsächlich, die Mücken!

Vor allem die Ortsansässigen, die Ferienwohnungen an Urlauber vermieten und Lokale am See betreiben, verlangen den Einsatz des »harmlosen« Tötungsmittels Bti. Die Abkürzung steht für *Bacillus thuringiensis israelensis*. Es handelt sich um ein Bodenbakterium, das gar nicht mal so selten ist. Es wurde von dem israelischen Wissenschaftler Joel Margalit 1976 in der Negev-Wüste entdeckt. Aus diesem Bakterium wird ein Eiweißkristall gewonnen, das im Darm der Mückenlarven zu einem toxischen Eiweiß umgebaut wird und sie tötet. Das

Problem ist: Nicht nur stechende Insekten werden vernichtet, auch die Larven der harmlosen Eintagsfliegen, der Zuck- und Tanzmücken und der Köcherfliegen. Wovon aber sollen sich Fische, Vögel, Libellen, Fledermäuse noch ernähren? Die Behauptung, Bti würde nur die Larven der Stechmücken töten und nicht all die anderen harmlosen Wasserinsekten, ist schlichtweg falsch, denn das Gift kann nicht zwischen »böser« Mücke und nützlichem Insekt unterscheiden.

Von den stechenden Quälgeistern, die zwar für zahlreiche Tiere eine wichtige Nahrungsquelle darstellen, kann aber auch eine tödliche Gefahr ausgehen, gerade für Vögel. Denn Stechmücken können Vögel mit dem Usutu-Virus infizieren. Dieser Krankheitserreger hat seinen Namen vom Fluss Usutu in Afrika, wo er 1959 erstmals festgestellt wurde. Seit 2011 gibt es das tückische Virus auch in Deutschland. Besonders Amseln werden von ihm befallen, weshalb auch vom großen Amselsterben gesprochen wird, dabei können auch andere Vögel betroffen sein. Kranke Tiere wirken apathisch und sterben innerhalb weniger Tage. Für Menschen ist dieses Virus nicht gefährlich.

Während ich, angeregt durch die Insekten jagenden Rauchschwalben, über das Für und Wider der Mückenbekämpfung nachdenke, kleide ich mich wieder an und will mich gerade aufs Fahrrad schwingen; da nehme ich weit draußen eine große Anzahl dunkler Punkte wahr, aufgereiht wie eine Bojenkette. Seltsam, die war doch vorhin noch nicht da, als ich dort geschwommen bin. Das schwarze Band bewegt sich, kommt näher, rasend schnell. Nun erkenne ich sie – es sind Gänsesäger! Alle haben braunrote Köpfe, sind also Weibchen, bei Männchen sind die Köpfe schwarz-grün, aber nur während der Brutzeit. Im Herbst werden sie dann ihren Partnerinnen immer ähnlicher.

Noch nie habe ich dermaßen pfeilschnell schwimmende Vögel gesehen, es wirkt, als würden sie im Wasser fliegen. Unglaublich, was für einen Antrieb sie mit ihren Ruderfüßen fabrizieren können. Mit weit vorgestreckten Köpfen und den langen spitzen Schnäbeln wirken sie gefährlich, wie ein feindliches Geschwader. Was führen sie im Schilde? Wohin wollen sie? Vor einer Gefahr scheinen sie nicht zu flüchten. Im Gegenteil. Es sieht aus, als würden sie angreifen. Aber wen? Es sind fast 20 Vögel, die, von der Mitte des Sees kommend, dem Ufer entgegenrauschen. Als sie dieses fast erreicht haben, formt sich die Kette zu einem Bogen.

Schlagartig wird mir klar, was sich hier vor meinen Augen abspielt. Die Gänsesäger treiben einen Fischschwarm in die Enge! Schon schnellen silbrige Leiber aus dem Wasser. Hilflos sind die Fische den gierigen Schnäbeln der Vögel ausgeliefert. Voller Panik suchen sie vor dem Feind im Wasser Rettung in der Luft. Die Gänsesäger haben den Schwarm weit draußen aufgespürt und ihn geschickt zum Ufer getrieben. In der kleinen Bucht gibt es für die Fische kein Entkommen. Vorn ist Land, bedeckt mit Kies, und hinter ihnen lauern ihre Fressfeinde. Immer hektischer springen Fische in die Luft, das Wasser brodelt, und die Jäger schnappen eifrig zu.

Staunend beobachte ich das Gemetzel. Was für eine Strategie, was für eine wohldurchdachte Jagd! Das erfolgreiche Manöver der Gänsesäger ringt mir Bewunderung ab. Wie haben sie es geschafft, sich untereinander zu verständigen und sich zu dieser Aktion zu koordinieren? Wieder einmal ein Beispiel, dass wir Tiere nicht unterschätzen sollten.

Die Mahlzeit ist beendet, einige Fische sind entkommen, schwimmen zurück, und auch die Gänsesäger verteilen sich wieder auf dem See. Ich mache mich auf den Weg. Ich will die Graureiher-Kolonie im Süden des Ammersees besuchen.

Hoch oben, in den Kronen alter Fichten, haben die Reiher ihre Nester aus Reisig gebaut; es mögen 20 oder mehr Horste sein. Drei bis fünf graugrüne Eier legt das Weibchen. Vier Wochen lang werden diese von beiden Eltern bebrütet, dabei lösen sie sich etwa alle fünf Stunden ab, wie ich beobachtet habe. Sind dann die Jungen geschlüpft, beginnt eine harte Zeit für die Eltern. Es gilt, immer genug Futter für den nimmersatten Nachwuchs heranzuschaffen.

Die Nadelbäume, auf denen die Graureiher am Ammersee brüten, sind vom beizenden Kot der Jungtiere weiß übertüncht. Mit der Zeit sterben die Koniferen ab, dann ziehen die Vögel ein paar Bäume weiter. Die Kolonie, die ich mir als Beobachtungsobjekt ausgesucht habe, ist nicht in der Nähe des Sees gelegen, sondern Luftlinie vielleicht fünf bis acht Kilometer entfernt. Die Altvögel haben also mehrmals täglich eine ziemlich weite Strecke zu fliegen, um den Hunger der Jungen zu stillen.

Schon von Weitem höre ich das Geschrei. Es ist ein unglaublicher Lärm, den die jungen Reiher veranstalten. Bei der Annäherung muss ich nicht einmal besonders vorsichtig sein, die Vögel sind mit sich beschäftigt. Unter einem der Bäume, die gegenüber der Kolonie wachsen, suche ich mir einen guten Platz für meine Beobachtung. Die Küken sind ziemlich weit entwickelt, ihr Nestlingsgefieder ist bereits durch ein graues Federkleid ersetzt. Sie mögen etwa drei bis vier Wochen alt sein. Aufrecht stehen sie im Nest und recken ihre langen Hälse empor. Ich überlege, woran sie mich erinnern. Sie sehen irgendwie komisch aus, wie zu Salzsäulen erstarrt.

Erspähen sie einen herbeifliegenden Altvogel, stimmen sie ein durchdringendes Gekreisch an, gleich, ob es die eigenen Eltern oder die Nachbarn sind. Alle Jungvögel machen einen ohrenbetäubenden Lärm. Landet ein Reiher am Nestrand, nimmt das Gezeter an Intensität noch zu. Noch bevor der landende Vogel seine Flügel zusammengeklappt hat, schnappt ein Junges nach seinem Schnabel und zerrt ihn samt Kopf gewaltsam zu sich herunter, es sieht ziemlich aggressiv aus. Der Altreiher wird genötigt, das Futter aus seinem Magen herauszuwürgen. Während der Jungvogel die vorverdaute Nahrung verschluckt, rangeln und schubsen die Nestgeschwister, versuchen, einen Happen abzubekommen, und hacken mit ihren harten, spitzen Schnäbeln aufeinander ein. Nein, von Harmonie keine Spur. Das Hauen und Stechen verleidet mir das Zuschauen. Bis wieder ein »Nahrungslieferant« bei der heißhungrigen Brut anfliegt, streiten die Küken um den bevorzugten Platz am Nestrand, denn dort haben sie die beste Aussicht, einen der landenden Elternvögel am Schnabel zu packen und zur Herausgabe des Futters zu zwingen.

Das Gelege wird vom ersten Tag an bebrütet, im Unterschied zu den meisten Singvögeln, die warten, bis alle Eier im Nest sind, und so sind die Jungen unterschiedlich alt. Die zuletzt Geschlüpften sind demzufolge schwächer als die älteren Geschwister und werden mitleidslos gehackt, bis sie an Verletzungen, Hunger und Erschöpfung sterben. Ganz gleich, wie viel Nahrung die Eltern herbeischaffen, das stärkste Küken beansprucht den Hauptteil für sich. So kommt es, dass von einem Gelege mit fünf Eiern selten mehr als drei Reiher flügge werden.

Es dauert fünf Wochen, dann verlassen die Jungvögel den Reisighorst, zu diesem Zeitpunkt können sie allerdings ihre Schwingen noch nicht richtig gebrauchen. Als sogenannte Ästlinge klettern sie im Gezweig herum, bekommen noch ab und zu Nahrung und zehren ansonsten von den angefutterten Fettreserven. Erst im Alter von zwei Monaten sind sie voll flugfähig, dann zerstreuen sich die Reiher in alle Winde, und die Kolonie löst sich auf bis zum nächsten Jahr.

Altweibersommer

Der Sommer in diesem Jahr war heiß und trocken. Der gleißende Sonnenball zog seinen Bogen an einem wolkenlos blauen Himmel, und die Erde heizte sich auf. Nun ist der Boden dürr und zeigt tiefe Risse. Die Felder sind abgeerntet und die Früchte überreif. Man möchte meinen, es würde so weitergehen, Tag um Tag: Sonne, Licht und Wärme und nachts dann laue Sommernächte. Doch in die Hitze des Hochsommers mischt sich unmerklich der Abschied. Die leuchtenden Farben beginnen zu verblassen, kaum ein Vogel stimmt noch sein Lied an. Am Himmel entdecke ich immer öfter südwärtsziehende Vögel. Das scharfe »sriii« der Mauersegler, das von früh bis spät über den Dächern der Ortschaft schrillte, ist verstummt. Sie waren unter den Ersten, die weggeflogen sind, und haben unsere Gegend längst verlassen. Auch die Kuckucke sind schon fort. Wie kurz ist doch der Sommer für Zugvögel! Im Mai waren die Mauersegler aus ihren afrikanischen Winterherbergen bei uns angekommen, haben den Luftraum mit ihren akrobatischen Flugkünsten und ihren Rufen beherrscht, und in der ersten Augustwoche war es plötzlich still. Die Segler sind alle auf einmal abgezogen. So ist mitten im Sommer bereits der Übergang in die nächste Phase des Jahres spürbar.

Im zeitigen Morgenlicht wandere ich entlang der Wiesen und Felder auf dem Höhenweg nach Süden Richtung Achselschwang. Ein Teppich von Spinnweben hängt horizontal in

Bodennähe zwischen Pflanzenstängeln, breitet sich aus wie ein weithin gewebtes Netz. Tautropfen haben sich in den Gespinsten verfangen und machen sie sichtbar. Erschaffen wurden sie von Baldachinspinnen, die ihren Namen der Form ihres Netzes verdanken, die an ein schirmartiges Dach erinnert. In den Netzen kann ich keine einzige Spinne entdecken, nur die Tautropfen schimmern wie kostbare Kristalle. Erst als ich mich hinabbeuge und nah genug bin, sehe ich sie, die Schöpferin des filigranen Werkes. Die Baldachinspinnen sitzen nämlich nicht im Netz, wie es Kreuzspinnen tun, sondern sie hängen kopfüber an der Unterseite des Gewebes mit dem Bauch nach oben. Um nicht zu leicht von Vögeln und anderen Fressfeinden erspäht zu werden, ist die Bauchseite dunkelbraun, sodass ihr Körper von oben gesehen mit dem dunklen Boden verschmilzt. Ihr Rücken dagegen ist hell gemustert und bietet Tarnung vor Feinden am Boden, denn gegen den hellen Himmel ist die Spinne so weniger sichtbar.

Das Netz der Baldachinspinnen sieht aus wie das Dach des Olympiastadions in München. Keine Frage, wer sich an wem ein Beispiel genommen hat, schließlich ist die Fangeinrichtung der Spinnen das ältere Bauwerk. Es gibt sogar ein spezielles Wissensgebiet, das Biologie und Technik vereint: die Bionik. Dabei erforscht und studiert man tierische und pflanzliche Organismen und nützt diese Erkenntnisse für verblüffende technische Entwicklungen. Der Architekt des Stadiondaches hat wohlweislich den Hinweis auf die Spinnen vermieden, sind es doch nicht gerade Tiere, denen Wohlwollen entgegengebracht wird.

Die Baldachinspinne wartet mit einer weiteren Überraschung auf – der Herstellung und Benutzung von »Luftschiffen«. Sobald die Jungspinnen aus dem Kokon geschlüpft sind, den die Mutterspinne bis dahin bewacht und verteidigt hat, besteht ihre erste Handlung darin, einen einzigen langen Faden aus ihren jungen Spinndrüsen herauszupressen und sich dem Wind anzuvertrauen. Die winzigen, kaum ein, zwei Millimeter kleinen Spinnen, die am Ende des Fadens hängen, sieht man kaum, wohl aber die weißlichen Fasern, die massenhaft durch die Luft segeln. Die Zeit, zu der die Jungspinnen im Spätsommer zu Tausenden umherfliegen, um sich zu verbreiten, wird im Volksmund »Altweibersommer« genannt. Wahrscheinlich beruht der Begriff darauf, dass die weißen Spinnweben mit den Haaren alter Frauen verglichen wurden, die früher, als man sie noch nicht färbte, meist grau oder weiß waren.

Da ich so früh am Morgen unterwegs bin, wallen über den Wiesen Nebelschleier, und der Himmel ist mit einer grauen Dunstschicht bedeckt. Die Formen und Konturen der Landschaft lösen sich auf wie von einem Weichzeichner übertüncht. Am Horizont aber leuchtet schon ein schmales Lichtband, allmählich breitet es sich aus. Ganz behutsam färbt sich die bislang graue Himmelskuppel, wird hell und heller, und im Osten flimmert es jetzt rötlich gelb. Und dann steigt die Sonne kraftvoll und gleißend empor. Im Nu ist die herbstlichneblige Stimmung hinweg, aufgesogen von ihren Strahlen. Das Gras beidseits meines Pfades blinkt vom Tau, in dem sich das Licht funkelnd bricht. Alles leuchtet. Goldene Pracht des Sommers.

Der Weg führt mich in den Wald hinein. Es riecht nach Pilzen, auch wenn man noch keine erspähen kann. Verborgen im Waldboden, bereiten sich die Pilzmyzele darauf vor, die Fruchtkörper zu bilden. Kurz wird es laut, als Eichelhäher mit schrillem Rätschen durch die Wipfel fliegen und ein Eichhörnchen bei meiner Annäherung einen Stamm hinaufturnt und aus sicherer Höhe empört zu mir herunterkeckert. Sonst ist es still, meine Schritte werden vom weichen Waldboden gedämpft.

Nachdem ich das Wäldchen durchquert habe, führt mich der Weg durch heckengesäumte Wiesen, vorbei an abgeernteten Äckern. Es ist ein Genuss, durch die leicht gewellte, hügelige Landschaft zu wandern, die sich mir wie auf einem Gemälde darbietet.

Lebhaftes Gezwitscher lässt mich innehalten. Ein Trupp Stieglitze tummelt sich abseits des Weges im Gesträuch. Artistisch turnen sie zwischen langstieligen Disteln und Kletten umher, klettern an ihnen empor, halten sich geschickt oben fest und picken die Sämereien aus den Kapseln. Sie wiegen sich auf den Pflanzen hin und her und rufen »sigelitt, zwitt-witt-witt didlitt«. Ihr Name ist diesem Klangbild nachempfunden, während die ebenfalls übliche Bezeichnung »Distelfink« auf ihre Lieblingsnahrung verweist.

Die Stieglitze sind mit keinem anderen unserer einheimischen Vögel zu verwechseln. Beide, Männchen und Weibchen, sind bunt wie ein Zirkusclown. Gleich drei Farben zieren ihre Köpfe: Rot, Weiß und Schwarz, die Flügel sind markant gelb und schwarz gezeichnet, besonders beim Fliegen leuchtet die quittengelbe Flügelbinde.

Nur kurz halten die Vögel in ihrem Umherflattern inne, wiegen sich auf einem Distelstängel und reihen ihre Stimmfühlungsrufe, mit denen sie innerhalb der Truppe Kontakt halten, zu einem schwatzenden Liedchen aneinander. Ihr zwitschernder Gesang, den sie nicht wie zahlreiche andere Arten nur zur Brutzeit anstimmen, hat die farbenprächtigen Sänger früher zu beliebten Stubenvögeln gemacht. Ihre abwechslungsreichen und fröhlichen Lieder erschallten damals das ganze Jahr über in den Wohnungen der Menschen. Auch meine Großeltern hatten Stieglitze und Gimpel als Heimtiere.

Beliebtes Freizeitvergnügen:
Segeln auf dem Ammersee

Seeblick vom Schondorfer Uferweg: Weite, Himmel, Wasser

Herrsching: Eine Nixe mit Wels schmückt die Seepromenade.

Der Ammersee an einem Sommertag

Ein Nachmittag am See: Zeit zum Entspannen und um die Seele baumeln zu lassen

St. Jakob: eine der ältesten romanischen Kirchen in Schondorf am Pilgerweg nach Santiago

St.-Anna-Kirche: auf dem westlichen Hochufer über Schondorf

St. Stephan: der ehemalige Pferdestall neben dem Marienmünster in Dießen

Altar des Marienmünsters in Dießen

Schlaftrunken:
Gänsesäger-Mutter mit Küken

Ein Augenblick der Ruhe:
Libelle auf einer Seerose

Auf Nahrungssuche:
Pfauenauge beim Nektartanken

Frühlingsboten:
Blaumeise mit Nistmaterial und
Märzhase beim Frühstück

Skulptur: Marktfrau mit Fisch in Dießen am Untermüllerplatz

Traditionsreich: Zinngießereien an der Herrenstraße in Dießen

Weltoffen:
das Benediktinerkloster St. Ottilien

Momente der Stille:
Weg im Kloster St. Ottilien

Überlieferter Brauch:
das Fischerstechen in Dießen

Nostalgie: Fahrt mit der historischen
Dampflok von Augsburg zum Ammersee

Vielseitig: Alljährlich findet der internationale Töpfermarkt in Dießen statt.

Der Ammersee von seiner schönsten Seite: mit dem Schiff über'n See

Glücksbringer: brütende Weißstörche auf einem Hausdach in Raisting

Tradition und Moderne: St. Johann und die Erdfunkstelle bei Raisting

Traumhaus eines Malers: das Herrschinger Kurparkschlössl von Ludwig Scheuermann

Frommes Land am See: St. Martin und die Jungfrau Maria in Herrsching

Seltener Anblick: eine Naturwiese wie in früheren Zeiten

Sommer: wenn Kornblumen blühen und die Kirschen reif sind

Kindheitserinnerung: Roter Mohn wuchs einst an jedem Feldrain.

Irisblüte: Das Ammermoos am Südende des Sees verwandelt sich in ein blaues Meer.

Tierwelt: Eichhörnchen, Erdkröte und junge Blaumeise

Immer hungrig: Junge Graureiher warten auf die nächste Fütterung.

Taubenschwänzchen:
Wie ein Kolibri saugt es Nektar
aus der Wiesensalbeiblüte.

Junger Grasfrosch auf einem
Seerosenblatt, Rotkehlchen
und Silberreiher

Melancholische Stimmung: herbstliche Fahrradtour auf dem westlichen Hochufer

Prächtige Hallimasche: Früchte des Herbstes

Malerisch:
Fischernetze am Seeufer in Dießen

Wege im Herbst:
Jede Jahreszeit hat ihren eigenen Zauber.

Morgens am See

Stimmungsvoller Sonnenuntergang

Mit wildem Schrei:
Graugänse fühlen sich am See heimisch.

Föhn: Das Dießener Kloster und die
Alpenkulisse scheinen zum Greifen nah.

Unberührt: Waldweg im Winter

Buchenblätter von Schnee berieselt

Aufgereiht am Steg: Lachmöwen

Ein Gimpelmännchen und Kunstwerke aus Reif

Ein romantisches Plätzchen

Ammerseeflimmern:
immer wieder beglückend

Kaum jemand hat sich damals Gedanken darüber gemacht, ob es den bewegungsfreudigen Vögeln schaden könnte, sie in einen Käfig zu sperren. Ihre Rolle haben bei uns inzwischen die Wellensittiche übernommen. Auch von ihnen wissen die wenigsten Heimtierliebhaber, die einen einzelnen Wellensittich liebevoll in einem Käfig pflegen, wie sie in ihrer Heimat in Freiheit leben, nämlich sehr gesellig in großen Schwärmen.

Im Trupp der Stieglitze entdecke ich auch zahlreiche Jungvögel, die weniger bunt gefärbt sind, und dann sogar noch eine zweite Art – Bluthänflinge. Sie sind mir nicht gleich aufgefallen, denn nur zur Brutzeit haben die Männchen eine karminrote Brust und eine blutrote Stirn. Jetzt, am Ende des Sommers, sind sie ähnlich schlicht gefärbt wie die braunen Weibchen und Jungvögel. Hin und wieder flattern sie zwischen den Disteln umher, ansonsten halten sich die Hänflinge eher am Boden auf und picken dort die herabgefallenen Samen. Auch sie wurden früher gefangen und in Käfigen gehalten, wegen ihres Gesangs waren sie als Haustiere sogar noch beliebter als die Stieglitze. Selbst wenn man sie erst als erwachsene Vögel eingesperrt hatte, wurden sie schnell zutraulich.

Stieglitze und Hänflinge sind keine echten Zugvögel. In klimatisch günstigen Gebieten Süd- und Westeuropas ziehen sie den ganzen Winter über in Schwärmen umher. Ihr Überwintern bei uns ist möglich, weil sie nicht allein auf Insektennahrung angewiesen sind, sondern auch Sämereien fressen. Deshalb ist es wichtig, die Gärten nicht leer zu räumen. Lassen Sie verblühte Blumen und einheimische Stauden als Nahrung für die Vögel stehen, und pflanzen Sie Sträucher und Gehölze als Unterschlupf an. Wenn wir sie zu Lebensräumen gestalten, können wir in unseren Gärten viel für den Erhalt der Tierwelt tun.

Herbst

Sonnenaufgang am See

Herbstbeginn! Aber ein heißer Tag erwartet mich. Das Thermometer wird heute auf 30 Grad und mehr klettern, hieß es in der Wettervorhersage.

Morgens am See ist es noch frisch und die Luft kühler als das Wasser. Der See atmet, und Wärme steigt aus ihm empor. Warme und kalte Luft treffen aufeinander, Nebel bildet sich. Diesmal entsteht keine dichte, alles verschlingende Nebeldecke, sondern ein hell schimmernder Schleier, der über dem Wasser tanzt. Es ist seltsam still. Verhalten nur plätschern die anrollenden Wellen ans Ufer, und zwei junge Bachstelzen, deren Gefieder noch wenig kontrastreich ist, hüpfen piepsend auf einem Segelboot umher, das sacht im Wasser schaukelt.

Mit leichten Bewegungen schwimme ich hinaus. In der Ferne, beim Blick nach Süden, baut sich hellgrau die Alpenkette auf, wie eine unverrückbare Mauer. Bei ihrem Anblick spüre ich die Sehnsucht in mir aufsteigen. Wie lange war ich nicht dort, in meinem wilden Karwendel? Es wird Zeit, endlich wieder einmal die Wanderschuhe anzuziehen und den Rucksack zu schultern!

Die jungen Bachstelzen haben Appetit bekommen. Sie flattern auf und fangen im Flug Insekten über der Wasserfläche. Auf einem der zahlreichen ankernden Boote hocken Möwen aufgereiht, eine dicht neben der anderen; sie ähneln sich scheinbar wie ein Ei dem anderen. Ich betrachte sie eine Weile, während ich an ihnen vorbeischwimme. Plötzlich löst sich eine Möwe aus der Gruppe, ein kurzer Flügelschlag – und blitzschnell, mit den Augen kann ich kaum folgen, hat sie im Flug Schnabel und Kopf ins Wasser getaucht und sich ein Fischchen, etwa acht Zentimeter lang, geschnappt. Mit der silbrig glitzernden Beute fliegt sie zu einem Pfosten, schlägt den Fisch ein-, zweimal auf das Holz und schluckt den Bissen Kopf voran hinunter.

Ich schwimme zurück zum Bootshaus, wo meine Sachen liegen. Nachdem ich den Stockenten und Blessrallen zugeschaut habe, wandere ich am Ufer entlang. Auf einer Bank am Steg sitzt ein Vater mit seiner etwa fünfjährigen Tochter. Fürsorglich legt er eine flauschige Decke um die Kleine und reicht ihr eine heiße Schokolade. Er hat sie ungewöhnlich früh aus dem Bett geholt, um mit ihr gemeinsam den Sonnenaufgang zu erleben. Leise spricht er mit ihr. Das Kind sagt nichts und blickt mürrisch vor sich hin. Gewiss wollte das Mädchen lieber ausschlafen, als auf die »blöde« Sonne zu warten.

Um genau sieben Uhr zehn erscheint sie über dem Hochufer bei der Herrschinger Bucht. Als er ihren Strahlenglanz sieht, jubelt der Vater: »Schau nur! Da, die Sonne!«

Was macht das Kind? Demonstrativ dreht es sich um und zeigt dem glühenden Sonnenball den Rücken.

Ist der Vater traurig oder ärgerlich? Er lässt es sich nicht anmerken. Noch hat er es nicht aufgegeben, die Tochter mit seiner Begeisterung anzustecken: »Nun guck mal, die Sonne! Wie schön!«

Das Kind will nicht. Die Sonne kann ihm den Buckel runterrutschen. Da gibt der Vater auf und beobachtet still, wie die Sonne sich erhebt, höher und höher steigt und ihr Licht über den See schüttet.

Irgendwann dreht sich das Mädchen wortlos wieder um und trinkt seinen Kakao. Der Mann, noch ganz erfüllt vom

Erlebten, muss seine Freude mit irgendwem teilen. Er wendet sich mir zu und sagt: »Ist es nicht wunderbar?«

Ich stimme ihm zu und frage, ob sie Urlaubsgäste seien.

»Nein, nein, wir wohnen hier in Schondorf, aber es ist so selten, dass man den Sonnenaufgang sieht.«

Stare im Schilf

Die Sonne verbirgt sich noch hinter dem Horizont. Doch der Himmel schmückt sich bereits mit zartem Karminrot, raffiniert durchzogen von orangefarbenen Bändern. Leichte, kaum wahrnehmbare Wellen gleiten über die Oberfläche des Sees. Eine Stimmung, als würde die Welt noch schlafen und hätte noch nicht bemerkt, dass der Tag bereits begonnen hat. Es ist windstill, dennoch flattern Nebelschleier übers Wasser. Sie werden von der aufsteigenden warmen Luft bewegt, die der See gespeichert hat. Nur hin und wieder wird die Stille von den scharfen »pikx«-Lauten der Blessrallen durchschnitten, die am Ufer dümpeln. Die Bäume, die sich im See spiegeln, tragen buntes Laub. Noch haben es die Herbststürme verschont und nicht von den Zweigen gerissen.

Sinnend stehe ich am See, auf einmal wird es hell und licht. Ich schaue hoch, dort steigt eben die Sonne empor. Sie lässt die bunt gefärbten Bäume leuchten, und das Gras strahlt in grüner Frische, benetzt vom Tau, der kristallklar glitzert.

Als ich auf die Uhr an meinem Handgelenk schaue, stehen die Zeiger schon fast auf acht. Sie hat sich Zeit gelassen, die Sonne, mit ihrem Licht die Erde zu beleben. Die Tage im Herbst sind merklich kürzer. Daran muss ich mich erst wieder gewöhnen. Meine innere Uhr lässt mich zur gleichen Zeit wach werden wie im Sommer, obwohl dann noch dunkle Nacht herrscht.

Ein letzter Blick über den See, der klar und leuchtend vor mir liegt. Die Sonne hat den Nebel aufgelöst. Ohne Hast gehe ich den Uferweg entlang, der weich unter meinen Schritten federt. Ab und zu bleibe ich stehen, lausche den verhaltenen Rufen der Vögel, die im Gezweig umherschwirren. Die Zugvögel sind längst Richtung Süden unterwegs, Finken, Zeisige und Stieglitze, die im Winter dableiben, ziehen in gemischten Trupps umher. Wenn ich im rechten Augenblick verharre und ruhig bin, dann sehe und höre ich mehr, und selbst ein normaler Uferpfad wird zum Erlebnis.

Etwas Rotes huscht über den Weg, dann einen Baumstamm hinauf. Ein Eichhörnchen. Weil ich bei seinem Anblick gleich stehen geblieben bin, bemerkt es mich nicht. Das Tier klettert in die Krone einer Kiefer, schnappt sich einen Zapfen und turnt mit ihm im Maul wieder nach unten. Ich rühre mich nicht. Vermutlich will es den Zapfen irgendwo verstecken. Ein Depot für den Wintervorrat anlegen.

Zu meiner Überraschung springt das Eichhörnchen nicht seitwärts in die Büsche, sondern benutzt den Pfad als Laufsteg. Mit hoch erhobenem Kopf, seine Beute im Maul, spurtet das Tier in meine Richtung. Es sieht lustig aus, wie es sich mit dem sperrigen Kiefernzapfen abmüht und wie eifrig es beschäftigt ist, ohne mich wahrzunehmen, so als würde ihm im Wald keinerlei Gefahr drohen. Schon ist das Eichhörnchen zum Greifen nah. Im letzten Moment, einen Meter vor mir – vielleicht hat es mich erspäht oder erschnuppert –, bemerkt es mich. Blitzschnell, mit einem Satz, springt es zum nächststehenden Baum, rast den Stamm hinauf, hockt sich auf einen Ast, den Zapfen hat es fallen gelassen, und keckert wütend zu mir herunter.

Ich fühle mich ein bisschen schuldig, weil sich das Eichhörnchen wegen mir erschreckt hat. Doch ich war so angetan von seiner Anmut und wollte den Anblick deshalb so lange wie möglich genießen. Froh gestimmt über diese kleine Begegnung gehe ich weiter.

Die Sonne wirft goldene Lichter auf den Weg, und die Baumkronen zeichnen filigrane Muster auf den Boden. Die Wärme lässt den Wald duften, er riecht nach Pilzen und auch ein wenig modrig und feucht. Im Westen ziehen Federwolken auf und schmücken mit ihrem luftigen Dunst den Himmel. Ich will diesen naturintensiven Tag noch länger genießen und folge dem Uferweg weiter nach Süden in Richtung Dießen. Bevor ich die nächste Ansiedlung erreiche, überquere ich die Schienen der Ammerseebahn, die im Westen des Sees immer dicht am Ufer entlangfährt. Dann biege ich in einen Waldweg ein, der mich ins »Seeholz« führt.

Diese Naturoase ist zu jeder Jahreszeit ein Erlebnis. Im Frühling bin ich dort besonders gern. Märzenbecher, so zahlreich, dass sie einen weißen Teppich bilden, bedecken dann den winterbraunen Boden, und der Wald hallt wider vom Trommelwirbel der Spechte. Sie finden zwischen den ehrwürdigen Eichen genügend Nahrung und zimmern im Totholz ihre Höhlen. Fast alle einheimischen Spechtarten kommen in diesem winzigen Waldstück vor. Am bekanntesten ist der weitverbreitete Buntspecht, aber auch die größte Art, der Schwarzspecht, lebt im Seeholz. Er ist fast einen halben Meter lang und vollkommen schwarz, bis auf die rote Kopfkappe. Mit ihm verglichen ist der Kleinspecht ein Winzling. Er ist etwa so groß wie ein Spatz, ansonsten ähnelt er dem Buntspecht, ist quasi eine Miniaturausgabe von ihm. Auch Grün- und Grauspecht und der Wendehals fehlen nicht.

Später, während heißer Sommertage, bietet der Wald eine kühl-schattige Zuflucht. Geheimnisvoll murmeln Bäche und Rinnsale. Moose, Farne und Flechten ummanteln umgestürzte Bäume mit einem grünlichen Pelz. Käfer krabbeln am Boden, und Insekten, sonst schon so selten, schwirren durch die Luft.

Selbst jetzt im Herbst ist das Seeholz reizvoll. Ruhiger als im Frühling und Sommer bereitet sich der Wald auf den kommenden Winter vor.

Am späten Nachmittag sehe ich sie wieder, die Stare. Seit einigen Tagen kreisen sie in Schwärmen von 100 und mehr Vögeln über dem See und der Uferregion, sodass sie den Himmel stellenweise verdunkeln. Es sieht atemberaubend aus. Die Vögel fliegen dicht an dicht nebeneinander. Plötzlich ändern sie die Richtung, alle gleichzeitig, als hätten sie sich abgesprochen, und ohne aneinanderzustoßen. Dann wieder bilden sie Spiralen, schwingen auf und nieder, vereinen sich erneut zu einer Wolke und lösen sich daraufhin in einzelne Grüppchen auf, die wieder aufeinander zustreben. Es wirkt wie ein Tanz, ein Himmelsballett.

Die Vögel schwirren zunächst eine Zeit lang ziellos umher, als würden sie erst überlegen, wohin sie eigentlich wollen. Dann auf einmal fliegen sie in Richtung See und sind verschwunden. Ich wundere mich. Was machen sie dort wohl in der Nacht?

Jeden Herbst habe ich dieses Schauspiel beobachtet. Diesmal will ich es wissen und gehe ihnen nach. Auf einem Steg, verdeckt durch ein davorstehendes Bootshaus, finde ich einen geeigneten Beobachtungsplatz. Und da rauschen sie auch schon herbei, immer mehr Stare, ein Schwarm nach dem anderen. Sie kreisen nicht mehr ziellos am Himmel, sondern wissen genau, wohin sie wollen – nämlich ins Schilf. Dort klammern sie sich am Rohr fest, das sich unter ihrem Gewicht biegt. So dauert es eine Weile, bis jeder Star einen stabilen Halt gefunden hat, seinen Platz zum Schlafen. Der Pulk flattert und zwitschert unentwegt. Noch immer trudeln ein paar Nachzügler ein. Sie alle scheinen diesen Ort zu kennen, obwohl es nicht der einzige Uferabschnitt mit Schilf ist. Gerade diesen einen Schilfgürtel haben sie gewählt, vielleicht weil er dicht und breit genug ist, um in der Nacht Schutz zu bieten. Im Fernglas erkenne ich, dass fast alle das schlichte Jugendkleid tragen, also in diesem Frühjahr aus dem Ei geschlüpft sind und sich jetzt im Herbst, vor dem Beginn des Winters, in großen Gemeinschaften zusammengefunden haben. So wie Jugendliche, die sich miteinander am wohlsten fühlen und gemeinsam aufbrechen, die Welt zu erkunden.

Für mich ist es neu, dass Stare im Schilf schlafen. Ich stelle es mir ungemütlich vor, das Schilf mit seinen dünnen, fragilen Halmen. Wie viel einfacher wäre es doch, einen Baum als Schlafplatz zu wählen mit stabilen Zweigen und dicken Ästen. Es wachsen einladende Exemplare am Seeufer, doch die Jungstare entscheiden sich eben fürs Schilf, warum auch immer. Sie werden noch einige Tage am See bleiben, um dann, je nach Witterungsbedingungen, südwärtszufliegen.

Seit einigen Jahren beobachten ich und andere Vogelliebhaber, dass Stare nicht mehr weit wegfliegen, sie oft noch vor Frühlingsbeginn wieder da sind und einige sogar den ganzen Winter bei uns bleiben. Auch im Verhalten der Vögel macht sich der Klimawandel bemerkbar.

Goldener Herbst

In Gedichten wird er gepriesen, in Liedern besungen – man könnte meinen, der »goldene Herbst« sei eine sich jedes Jahr wiederholende Erscheinung. Doch es gibt Jahre, da regnet es im Herbst unentwegt. Traurig hängen dann die Blätter an den Zweigen, kein Mensch kann sich an ihnen erfreuen. In anderen Jahren reißen Herbststürme das Laub vorzeitig von den Bäumen, und kahle Gerippe sind alles, was bleibt. Es ist also durchaus etwas Besonderes, wenn wir in den Genuss dieses Farbenrausches kommen: das flirrende Gelb der Birken, das tiefe Weinrot des Ahorns, das Orangegelb der Buchen.

Gewiss, die Verfärbung findet verlässlich jeden Herbst statt, denn die Laubbäume müssen sich für den Winter wappnen, um nicht nur die Kälte, sondern vor allem die wasserarme Jahreszeit gut zu überstehen. Ob das Wetter mitspielt, um uns einen »goldenen Herbst« zu bescheren, ist eine andere Frage.

Die Bäume müssen sich ihrer Blätter entledigen, damit sie weniger verdunsten. Das Blattgrün oder Chlorophyll, mit dem Pflanzen unter Einfluss des Sonnenlichtes aus Wasser und Kohlendioxid Glucose, also Zucker, und Sauerstoff herstellen, wird nicht mehr gebraucht und deshalb abgebaut. Blätter besitzen aber noch andere Farbstoffe: rotgelbe Carotinoide, die auch in Möhren vorkommen, rote Anthocyane, mit denen sich auch Blumen schmücken, und gelbe Xanthophylle. Diese Farbstoffe sind die ganze Zeit über in den Blättern vorhanden und ebenfalls an der Fotosynthese beteiligt. Nur kann man sie nicht sehen, weil der grüne Farbstoff überwiegt. Färben sich die Blätter bunt, kommen also keine Farbstoffe hinzu, sondern es wird nur sichtbar, was zuvor vom Grün übertüncht und damit verborgen war.

Das Chlorophyll ist für die Ernährung der Pflanze entscheidend. Deshalb gehen die Bäume behutsam damit um. Das grüne Pigment wird nicht mit den fallenden Blättern entsorgt, sondern es wird in kleine Bestandteile zerlegt und wandert aus dem Blatt heraus, wird in Zweigen, Ästen, Stamm und Wurzeln gelagert, um für die nächste Blattgeneration wieder zur Verfügung zu stehen. Die übrigen Pigmente sind nicht so wertvoll, sie werden mit den abgestorbenen Blättern geopfert.

Die Farbenpracht im Herbst ist also nichts anderes als das Zeichen eines genetisch gesteuerten Alterungsprozesses, eingeleitet durch die abnehmende Tageslänge und sinkende Temperaturen. Und doch, auch wenn ich die biochemischen Abbauvorgänge kenne, das leuchtende Wunder der im Herbst bunt schimmernden Buchen, die wehenden Birken im Goldrausch und der sich blutrot verströmende Ahorn berühren mich in meinem Inneren.

Bedauerlich kurz ist diese Phase meist, selten dauern die »goldenen Tage« einen vollen Monat an, noch seltener reichen sie bis in den November hinein, wie in diesem Jahr. Ich kann mich nur noch an einen weiteren dieser prachtvollen, nicht enden wollenden Farbenräusche erinnern. Es war mein erster Herbst nach zwei Jahren im DDR-Gefängnis. Mag sein, es lag an der neu gewonnenen Freiheit, dass ich so tief empfand und alles in der Natur mir so wundervoll und einmalig erschien. Jedenfalls hatte ich nie zuvor bewusst einen so lang anhaltenden Herbst erlebt.

Damals hatte ich gerade meine Arbeit im Seewiesener Institut für Verhaltensforschung begonnen und bewohnte dort ein Gästezimmer. Die Einrichtung liegt an einem kleinen See, umgeben von Wald. So hatte ich Gelegenheit, das überbordende Schauspiel von Licht und Farben jeden Tag von Neuem zu beobachten.

Schon frühmorgens, bevor die anderen Wissenschaftler im Institut eintrafen, war ich wach und hatte alles für mich allein: den See, der von vielerlei Wasservögeln bevölkert wurde, und den bunten Wald. So nahm ich die Fülle in mich auf. Der Kontrast der dunkelgrünen Fichten intensivierte das Strahlen des goldenen Laubs. Die Bäume reckten ihr Geäst in einen Himmel von unergründlichem Blau. Die Schönheit ringsum war überwältigend. Nie mehr habe ich den Herbst so intensiv wahrgenommen. War er doch für mich eine Zeit des Neubeginns. Eines Neubeginns in Freiheit. Von nun an konnte ich selbstbestimmt leben.

Zum zweiten Mal, diesmal in Zeiten, in denen unser Bewegungsradius eingeschränkt ist durch die Vorsichtsmaßnahmen wegen des Coronavirus, scheint mir der Herbst ähnlich prachtvoll und dauerhaft, auch wenn er mir nicht mehr die Euphorie von damals schenken kann. Durch den angeordneten Stillstand habe ich Zeit, mich der heimischen Natur zu widmen, sie zu erkunden und sie zu genießen. Eine eindrucksvolle Erfahrung, zumal ich während so mancher Jahre zuvor im Herbst gar nicht daheim war, sondern mich im Ausland aufhielt.

Wieder erfasst mich ein Glücksgefühl, wenn ich meine Blicke über die verfärbten Bäume streifen lasse, wo die Sonne im Geäst schimmert und die Farben leuchten lässt. Von Tag zu Tag wird das Blattwunder goldener. Kein Sturm reißt das Laub vom Baum, kein Regen trübt den Glanz. Selbst im November sind die Temperaturen noch lau, und die bunten Blätter halten sich weiter an den Zweigen. Die Sonne scheint mild über abgeerntete Felder, die sich sanft wellen und am Horizont im blassen Blau des Himmels auflösen. Der leicht bewegte Ammersee liegt eingebettet in seine Ufer, und bläulich ragen im Süden die Berge aus schimmerndem Dunst und sehen aus wie zackig geschnittene Kulissen. Tief berührt mich die Schönheit der Natur und durchströmt meinen Körper wie eine das Herz ergreifende Musik.

Novembernebel

Mich empfängt ein nebelgrauer Morgen, als ich meinen Weg nehme, hinauf zur St.-Anna-Kirche, um dort auf dem Plateau meine Morgenrunde zu drehen. Diesmal sind es keine romantischen Nebelschleier, die schwebend die Landschaft zieren, sondern eine graue Masse. Wie mit einem dicken Tuch ist die Erde bedeckt, und die Luft ist feuchtigkeitssatt. In meinem Gesicht und auf den Händen spüre ich, wie die Haut von unzähligen Wassertröpfchen überzogen wird.

Es wird ein Morgengang ohne Tierbeobachtungen sein, denke ich noch. Da sehe ich schon einen Vogel in der kahlen Krone eines Baumes hocken. Eine düstere Erscheinung, dick aufgeplustert. Zuerst kann ich nicht erkennen, um welche Art es sich handelt. Im Nebel verschwimmen die Konturen, lassen das Tier größer erscheinen als bei hellem Licht. Es könnte ein Graureiher sein, der seinen langen Hals tief im Gefieder verbirgt. Im Fernglas zeigt sich: Es ist ein Mäusebussard. Obwohl ich noch weit entfernt bin, schwingt er sich mit schwerem Flügelschlag in die Luft. Es tut mir leid, dass ich ihn bei diesem ungemütlichen Wetter aufgescheucht habe und er somit unnötig Energiereserven verliert. Ich versuche mir einzureden, dass nicht ich der Grund war, sondern er sowieso gerade zur Futtersuche starten wollte. Dennoch muss ich mir eingestehen: Wo immer wir Menschen auftauchen, beeinflussen und beeinträchtigen wir die Tiere schon allein durch unsere Gegenwart – und wie erst durch die Umgestaltung der Natur zu unserem Nutzen …

Die Äcker beidseits meines Rundweges sind seit Wochen abgeerntet. Auf dem Maisfeld, wo die Ricke ihr Kitz verloren hat, wächst eine Mischung krautiger Pflanzen, wahrscheinlich um als Gründüngung zur Verbesserung der Bodenfruchtbarkeit untergepflügt oder um in Silos eingelagert zu werden und als Futter über den Winter zu dienen.

Während ich durch die trübe Landschaft stapfe, kommt mir das Gedicht »Im Nebel« von Hermann Hesse in den Sinn. Das passiert mir jedes Mal, wenn ich solch eine melancholische Stimmung erlebe. Die erste Strophe beschreibt die optische Erfahrung, wenn Baum und Strauch, Fels und Berg, einfach alles vom Nebel verschluckt und aus der Entfernung nicht sichtbar ist und wenn sich die Struktur der Dinge erst beim Näherkommen allmählich aus dem verdeckenden Grau herausschält. So tastet sich der Mensch Schritt um Schritt durch eine verschleierte Welt und erkennt erst nach und nach, was ihm bis dahin verborgen war. Und ob er es sich eingesteht oder nicht, nie wird er die Wirklichkeit in seiner Gesamtheit begreifen können:

»Seltsam, im Nebel zu wandern!
Einsam ist jeder Busch und Stein,
Kein Baum sieht den andern,
Jeder ist allein.«

Allerdings handelt es sich bei Hesses Gedicht nur vordergründig um eine Landschafts- und Naturschilderung. Es beschreibt vielmehr, wie es einem Menschen in der Einsamkeit ergeht, wie Niedergeschlagenheit in Schwermut oder sogar in die Krankheit Depression münden kann. Das zeigt klar die zweite Strophe:

»Voll von Freunden war mir die Welt,
Als noch mein Leben licht war;
Nun, da der Nebel fällt,
Ist keiner mehr sichtbar.«

Zwar bin ich im Grunde meines Wesens melancholisch veranlagt, deshalb spricht mich dieses einfache, aber melodiöse Gedicht wahrscheinlich so stark an. Doch noch nie bin ich in ein depressives Loch gefallen, selbst in kritischen Lebenssituationen nicht, dazu bin ich zu kämpferisch. Ich stapfe vor mich hin durch nebelfeuchtes Gras, während mir diese Gedanken durch den Kopf schwirren.

Meine morgendliche Wanderung hat mich heute über den Rundweg hinaus in den sich im Westen erstreckenden Wald geführt. Der Nebel hängt in den Baumkronen und scheint sich für eine lange Zeit dort aufhalten zu wollen. Es ist dämmrig, als wäre es nicht früh am Morgen, sondern als würde bald die Nacht beginnen. Der Wind der letzten Tage hat einen Blätterteppich über den Pfad gelegt, und ich muss achtgeben, auf dem feuchten und glitschigen Belag nicht auszurutschen. Während ich vorsichtig einen Fuß vor den anderen setze, fällt mir ein, wie viel Spaß es mir als Vorschulkind gemacht hat, das herabgefallene Laub aufzutürmen und mit beiden Füßen hineinzuspringen, sodass die Blätter um mich herumwirbelten. Ob Kinder heutzutage dieses Vergnügen noch kennen? Wo finden sie genügend Laubmengen? Die Blätter werden rasch beseitigt, zu schnell, man empfindet sie als hässlich, sie stören angeblich die Ordnung. Im Park, in Siedlungen und Anlagen treiben Laubblasgeräte ihr lärmendes Unwesen.

Inzwischen habe ich den stillen Nebelwald durchquert und trete hinaus auf eine angrenzende Wiese. Zögernd bleibe ich stehen, lasse meinen Blick umherschweifen. Die Fläche ist angefüllt mit undurchsichtigen Schwaden, wie ein Dampftopf. Plötzlich nehme ich eine Bewegung wahr. Sieben dunkle Flecken schälen sich undeutlich aus dem grauen Einerlei heraus. Im Fernglas erkenne ich, dass es Rehe sind, die durch den Nebel ziehen; mit den Köpfen am Boden zupfen sie Halme.

Seitwärts weiche ich den Tieren aus, will sie nicht beunruhigen und zur Flucht nötigen. An einer Stelle ist die Grasnarbe großflächig aufgebrochen. Die umgewühlte Erde liegt frei. Das waren Wildschweine! Auf der Suche nach Regenwürmern, anderen Bodenbewohnern und Wurzeln haben sie die Wiese mit ihren Rüsseln und Hauern umgegraben. Landwirte müssen immer öfter unter diesen Flurschäden leiden, denn die Population der Wildschweine nimmt in Deutschland rasant zu.

Ich wundere mich über die Spuren, denn bisher war mir nicht bekannt, dass Schwarzwild sich bereits bis zum Ammersee ausgebreitet hat. Der Anbau von Mais, der als nachwachsende Energiequelle durch Subventionen massiv gefördert wird, ist die Ursache für die ungeheure Vermehrung. Die Wildschweinrotten finden in den Monokulturen nährstoffreiches Futter, sodass die Bachen mehrmals im Jahr Frischlinge werfen. Wenn die Maisstauden ausreichend hoch stehen, ziehen die Schwarzkittel nach dem Fressen nicht in den Wald zurück, sondern legen sich gleich in den Feldern zur Ruhe nieder, um anschließend direkt weiterschmausen zu können. Für sie ist durch den Maisanbau das »Märchen vom Schlaraffenland« Wirklichkeit geworden. Zudem sind sie für die Jäger im Maisfeld so gut wie unerreichbar. Kein Wunder, dass die Wildschweine sich ungebremst vermehren.

Wieder ein Beispiel, wie der Mensch mit vordergründig guten Absichten ein negatives Ergebnis bewirkt. Auf immer mehr und immer größeren Flächen wird Mais angebaut, der in Biogasanlagen umweltfreundliche Energie liefert, was auf den ersten Blick positiv erscheint. Die Folgen hat man nicht bedacht und nicht gewollt. Dabei sind die zerstörerischen Auswirkungen durch den Maisboom auf Vögel, Insekten, Wildblumen, ja auf das gesamte Ökosystem noch gar nicht absehbar.

Schon jetzt weiß man, dass der Boden durch den Mais ausgelaugt wird, weshalb vermehrt gedüngt werden muss, was den Stickstoffgehalt im Grundwasser über das Maß erhöht. Durch die Monokultur ist das Sprühen von Herbiziden und Insektiziden notwendig, die unsere Wildkräuter und Insekten töten. Das wiederum ist ein Grund, warum es immer weniger Lerchen, Rebhühner, Feldhasen und andere Tiere in unseren Kulturlandschaften gibt, die zu Agrarwüsten verkommen. So wird durch eine gut gemeinte Absicht, das Klima durch nachwachsende Energien zu schützen, unserer Natur ein immenser Schaden zugefügt. Es wäre schon viel gewonnen, wenn die Subventionen für den Maisanbau gestoppt würden, doch inzwischen sind Biogasanlagen ein lukratives Geschäftsmodell geworden.

Als ich meinen Rückweg durch den Nebelwald antrete, lässt mich ein kreischendes Geräusch zusammenzucken. Es ist aber nur ein Trupp Eichelhäher, die mich mit ihrem schrillen Rätschen erschreckt haben. Die taubengroßen Vögel prunken mit einem weinroten Gefieder, wobei leuchtend blaue Federn die Flügel zieren. Ähnlich wie Eichhörnchen legen Eichelhäher jetzt im Herbst ihren Wintervorrat an, deponieren Eicheln, Bucheckern, Haselnüsse am Boden und in Baumlöchern. Unglaublich, wie viele dicke Eicheln ein Häher auf einmal transportieren kann. Ich traute meinen Augen kaum, als ich einmal beobachten konnte, wie ein Vogel fünf Eicheln verschluckte. Mit dieser Last im Kehlsack, dazu noch eine letzte Eichel im Schnabel, flog er davon, um die Vorräte zu verbergen. Wie alle Rabenvögel gehören Eichelhäher zu den Intelligentesten innerhalb der artenreichen Vogelfamilie. Mit ihrem hervorragenden Gedächtnis können sie sich zwar nicht alle, aber zahlreiche Depots merken.

Die kreischenden Rufe der Eichelhäher werden wohl jedem Waldspaziergänger bekannt sein. Nur die wenigsten aber kennen ihren Gesang. Sie gehören zur Gruppe der Singvögel und haben tatsächlich eine schöne Stimme, ahmen sogar Motive der Amseln, Singdrosseln und Meisen nach.

Während ich weitergehe, überlege ich, wann genau der Herbst eigentlich beginnt. Es gibt nämlich drei unterschiedliche Herbstanfänge. Für den Meteorologen beginnt er immer, in jedem Jahr, am 1. September und endet am 30. November, dauert also genau drei Monate. Seit Wetterforscher dies Mitte des 19. Jahrhunderts festlegten, ist das so. Das war wichtig, denn nur auf diese Weise konnte und kann man das Wettergeschehen über die Jahre vergleichen und Veränderungen feststellen, da man stets den gleichen Zeitraum betrachtet.

Dagegen richtet sich der kalendarische – oder astronomische – Herbst nach der Sonne, die auf ihrer »vermeintlichen Bahn« im September den Äquator von der Nord- zur Südhalbkugel überquert. In Wirklichkeit ist es natürlich die Umlaufbahn der Erde um die Sonne. Wenn unser Licht- und Wärmespender senkrecht im Zenit über dem Äquator steht, spricht man von Tagundnachtgleiche, der Tag dauert dann ebenso lang wie die Nacht, nämlich zwölf Stunden. Das passiert am 22. oder 23. September, abhängig davon, ob es ein Schaltjahr ist oder nicht. Diese Tage im September sind also der astronomisch-kalendarische Herbstbeginn. In der Folge werden die Tage auf der Nordhalbkugel der Erde kürzer und die Nächte länger; allmählich beginnt der Winter. Auf der Südhalbkugel verhält es sich entsprechend umgekehrt. Im März folgt eine zweite Tagundnachtgleiche, dann »wandert« die Sonne über den Äquator wieder in Richtung Nordhalbkugel. Am 21. beziehungsweise 22. März haben der Tag und die Nacht die gleiche Stundenanzahl, die sich dann zunehmend zugunsten des Tages verschiebt. Das Ergebnis: Wir werden mit Frühling und Sommer beschenkt. Zusätzlich zu diesen beiden Tagundnachtgleichen, wenn sich also Tag und Nacht die Waage halten, gibt es noch die Sommersonnenwende am 21. Juni. Der Tag ist dann am längsten und die Nacht am kürzesten. Genau andersherum ist es zur Wintersonnenwende am 21. Dezember, da besitzt die Dunkelheit die meisten Stunden. In der Folge werden dann die Tage allmählich wieder länger.

Bei allen Völkern weltweit waren diese vier Kalenderdaten sehr wichtig und hatten spirituelle Bedeutung. Sie wurden als die vier Sonnenfeste mit besonderen Ritualen gefeiert. Manche dieser auf prähistorische Zeiten zurückgehenden Bräuche sind uns bis heute bekannt, wurden durch Erzählungen überliefert, sind mit Mythen und Magie gefüllt.

Doch zurück zum Herbst, denn es gibt noch den phänologischen Herbstanfang. Im Gegensatz zum meteorologischen und astronomischen ist er nicht an ein fixes Datum gebunden und tritt von Jahr zu Jahr und Ort zu Ort an ganz unterschiedlichen Terminen ein. Bestimmt wird er durch Beobachtungen in der Natur, ob zum Beispiel die Holunderbeeren schon schwarz sind und sich das Laub bunt färbt, Eicheln und Kastanien reif sind, die Wiesen mit den blaulila Blüten der krokusähnlichen Herbstzeitlosen geschmückt sind und die Apfelernte beginnt. Es sind also bestimmte Pflanzen, sogenannte Zeigerpflanzen, und Veränderungen in der Natur, die den Menschen mitteilen: Jetzt beginnt der Herbst!

Auf meinem Heimweg über das Hochplateau liegt noch immer der Nebel über dem Land, aus dem die St.-Anna-Kirche mit ihrem formschönen Zwiebelturm herausragt. Am Horizont, dort, wo sich der Nebel über See und Ostufer gelichtet hat, leuchtet ein gelber Streifen, wie ein Versprechen auf Wärme und Sonnenschein.

Winter

Tag der Enten

Ein kalter Tag im Dezember. Das Ufer ist mit Reif überzogen. Schnee liegt nicht. In diesem Winter hat es überhaupt noch nicht geschneit. Auch der See trägt keine Eisschicht, nicht einmal in Ufernähe. Nur hauchdünne Eisplatten zieren den Wassersaum, diese sind mancherorts in unzählige transparente Splitter zerbrochen. Die Luft ist winterlich kalt. Ein sonniger, klarer Wintertag, der in mir die Lust auf einen Ausflug geweckt hat. Diesmal habe ich die Fischener Bucht im südlichen Teil des Ammersees zwischen den Orten Fischen und Aidenried als Beobachtungsgebiet gewählt.

Ein Trupp Erlenzeisige zwitschert, hüpft und flattert in den Büschen. Während ich die Vögel beobachte, nehme ich aus dem Augenwinkel eine Bewegung wahr. Vorsichtig wende ich den Kopf nach rechts. Etwas Rotes schleicht durchs Schilf. Ein Fuchs! Sein prächtiger Winterpelz hüllt ihn warm ein. Doch es ist nicht so sehr die Kälte, die den Tieren das Überleben im Winter erschwert, sondern der Nahrungsmangel.

Füchse sieht man selten tagsüber, denn sie sind meist in der Dämmerung und nachts unterwegs. Diesen Rotrock hat wohl der Hunger aus seinem Versteck getrieben. Früher musste man sich vor Füchsen in Acht nehmen, die ungewöhnliches Verhalten zeigen, sich zum Beispiel dem Menschen ohne Scheu nähern. Das war oftmals ein Zeichen, dass das Tier mit Tollwut infiziert ist. Seit 2008 ist Deutschland eines der wenigen Länder, die tollwutfrei sind. Dies ist vor allem einer intensiven Impfaktion mit präparierten Ködern zu verdanken. Eine Ausnahme bilden Fledermäuse, die immer noch als Überträger infrage kommen, und wenn man sich im Ausland aufhält, muss man sich vor verwilderten Hunden vorsehen, denn vielerorts existiert das Tollwutvirus noch.

Ich sehe noch den langen buschigen Schwanz mit der weißen Spitze, dann ist der Fuchs im Schilfdickicht verschwunden. Ich freue mich, dass ich das scheue Tier bei Tageslicht beobachten konnte, und bin dankbar, in einer Umwelt zu leben, die noch so weit intakt ist, dass eine Begegnung mit frei lebenden Wildtieren in der Natur möglich ist.

Inzwischen sind die gelb-grün-schwarzen Erlenzeisige weitergeflogen. Im Winter ziehen sie vagabundierend umher, immer in kleineren oder größeren Trupps, meist vergesellschaftet mit anderen Finkenvögeln.

Ein wehmütiger Ton, ähnlich einer Windharfe, lässt mich aufmerken. Die Rufe klingen gedehnt, wie ein lang gezogenes »diiüüü«. Suchend blicke ich in das kahle Geäst. Da leuchtet es rot. Eine Schar Gimpel flattert dort umher. Diese Vögel bleiben den Winter über in ihrem Brutgebiet, ziehen aber, so wie auch die Erlenzeisige, in den kalten Monaten in weitem Umkreis umher. Vor allem die Männchen kann man mit keinem anderen Vogel verwechseln, denn ihre gesamte Vorderseite leuchtet in einer intensiven roten Farbe, die man auch als Kardinalsrot bezeichnet. Das hat dem Vogel mancherorts den Namen Dompfaff eingetragen. Weibchen und Jungvögel müssen sich mit einem rötlich-grau-braunen Federkleid begnügen.

Der Gesang, den die Gimpel neben den melancholischen Stimmfühlungslauten fabrizieren, besteht überwiegend aus pfeifenden und knarrenden Tönen, ist also eher unauffällig und zudem noch sehr leise. Seltsamerweise sind Gimpel, obwohl ihr arteigenes Gezwitscher so anspruchslos ist, dennoch äußerst begabte Sänger. Sie können nämlich Melodien lernen, die man ihnen als Jungvögel vorpfeift. An unserem Institut in Seewiesen gab es einen Gimpel, der konnte fehlerfrei »Hoch auf dem gelben Wagen« und viele andere Volkslieder pfeifen.

Mit dem Fernglas suche ich nun die weite Seefläche nach Wintergästen ab. In Ufernähe dümpeln Blessrallen. Sie kann man zu jeder Jahreszeit sehen. Weiter zur Seemitte hin erkenne ich noch mehr von ihnen. Es mögen etwa 50 Individuen sein. Jetzt im Winter ist ihre Anzahl um ein Vielfaches größer als zu den anderen Jahreszeiten, da sie in kleineren Teichen und Weihern nicht ausreichend Nahrung finden.

Eine Formation Graugänse rauscht herbei und wassert aufgeregt schnatternd. Auch sie ein vertrauter Anblick das ganze Jahr über. Sicherlich haben sie »Zuwachs« bekommen, nämlich Wintergäste aus dem Norden. Während im Sommer geschätzt 1500 Exemplare verschiedener Wasservogelarten am Ammersee leben, sind es im Winter mindestens zehnmal so viele. Regelmäßig werden sie von ehrenamtlichen Naturschützern gezählt. So weiß man, wie viele Vögel jeden Winter hier Quartier nehmen. 2019 waren es besonders viele, da wurden an die 40 000 Wasservögel festgestellt, darunter außer den

Graugänsen auch Schwäne, Säger, Taucher, Enten, Limikolen. Die Wintergäste aus dem hohen Norden, aus Skandinavien und Sibirien, legen Strecken von 1000 bis 4000 Kilometern zurück, manchmal sogar noch mehr. Der Ammersee ist ein idealer Überwinterungsplatz. Da er groß ist und vor allem tief, speichert er viel Wärme und friert selten komplett zu. Das ist vor allem für Tauchenten wichtig, die auf eine offene Seefläche angewiesen sind, damit ihnen die Nahrungsquellen unter Wasser zugänglich bleiben.

Von meinem Beobachtungsplatz am Ufer fällt mir eine Ansammlung dunkler Punkte im Wasser auf. Es sind Reiherenten. Zwischen den schwarz-weiß gefärbten Männchen schwimmen ein paar unauffällig braune Weibchen, die ich außerhalb der Gruppe nicht mit Sicherheit bestimmen könnte, denn die Weibchen zahlreicher Entenarten sind sich sehr ähnlich. Oft vermischen sich im Winter die Spezies, so können in einem Schwarm Reiherenten auch andere Entenweibchen vorkommen. Also mustere ich die Vögel sorgfältig, und tatsächlich entdecke ich außer den Reiherenten noch Berg- und Schellenten. Alle drei Arten zählen zu den Tauchenten, die ihre Nahrung unter Wasser suchen.

Neben der wissenschaftlichen Einteilung in Familien und Gattungen unterscheidet man bei Entenvögeln grundsätzlich zwei unterschiedliche Gruppen, eben die Tauchenten und die Gründelenten, die auch als Schwimmenten bezeichnet werden. Zu den Gründelenten gehört zum Beispiel die bei uns häufig vorkommende und deshalb gut bekannte Stockente. Ihre Anatomie ist ganz anders als die der Tauchente. Schwimmt sie im Wasser, ragt der Körper weit heraus, der Rücken ist gerade und das Hinterteil nicht abgesenkt. Ihre Form ähnelt einer Spielzeugente, wie man sie Kindern gern in die Badewanne gibt. Und wie diese Plastikenten können Gründelenten nicht untergehen, sondern stecken nur den Kopf ins Wasser, so wie es im Kinderlied heißt: »Köpfchen in das Wasser, Schwänzchen in die Höh.« Tauchen können sie zwar nicht, dafür aber ohne Anlauf von der Seefläche in den Flug starten. Watscheln sie über Land, erkennt man, dass ihre Beine in der Mitte des Bauches ansetzen, während sich die der Tauchenten weiter hinten befinden.

Tauchenten liegen tief im Wasser, ihr Rücken beschreibt einen Bogen und senkt sich nach hinten ab. Sie benötigen einen weiten Anlauf übers Wasser, um sich in die Luft zu erheben. Dafür können sie tief tauchen, Reiherenten sogar zehn Meter bis zum Seegrund. Dort finden sie im Ammersee vor allem Dreikantmuscheln, deren Schalen sie mit ihrem scharfen Schnabel knacken können. Diese Muscheln werden bis zu fünf Zentimeter groß und sind in den 1960er-Jahren als »blinde Passagiere« aus Asien in unsere bayerischen Seen eingewandert. Aber wie haben sie das angestellt, ohne Beine oder Flügel? Es ist bewiesen, dass sie sich per Boot verbreitet haben. Angehängt an Schiffsböden und als Larven im Bilgewasser des Bootsbauchs sind sie mit Sport- und Freizeitbooten, die zuvor in östlichen Gewässern benutzt wurden, in unsere Seen transportiert worden, wo es zu einer explosionsartigen Vermehrung kam. Erst 1994 haben Sporttaucher und Naturschützer sie im Ammersee festgestellt, doch da hatte sich die invasive Art bereits so massenhaft vermehrt, dass alle unsere einheimischen Muscheln vernichtet waren.

Die Dreikantmuschel ist unbestritten der tückische Verursacher des hiesigen Muschelsterbens. Zwar setzen sich diese fremden Einwanderer auch an den Holzpfosten der Stege, an Booten, überhaupt an allen Gegenständen im Wasser fest, mit Vorliebe aber hatten sie unsere einheimischen Muscheln besiedelt. Die Großen Teichmuscheln strudelten Plankton herbei, aber die auf ihnen sitzenden Dreikantmuscheln schnappten ihnen die Nahrung vor dem Strudelloch weg, verdeckten dann sogar deren Atemöffnungen. Immer mehr Dreikantmuscheln häuften sich an, so viele, dass die Wirtsmuschel völlig überzogen war und schließlich verhungerte und erstickte. Im Ammersee gibt es tatsächlich keine einzige einheimische Großmuschel mehr. Unsere reiche Muschelfauna ist erloschen, zu der außer der etwa acht Zentimeter messenden Teichmuschel auch die Malermuschel gehörte, die bis zu zwölf Zentimeter erreichen konnte. Letztere heißt so, weil ihre Schalen von Künstlern zum Anrühren der Farben benutzt wurden.

Nun aber kommt die Reiherente ins Spiel, leider etwas zu spät. Für diese Tiere sind die Dreikantmuscheln ein energiereicher Leckerbissen. Dank ihnen können die Vögel Kraft tanken, wenn sie zu Winterbeginn nach langem Flug erschöpft und abgemagert ankommen. Sie laben sich an den eingewanderten Muscheln, die ihnen im Übermaß zur Verfügung stehen, erholen sich rasch und füllen ihre Energiespeicher auf. Unter den Wintergästen hat es sich »herumgesprochen«, dass an den bayerischen Seen beste Nahrungsbedingungen herrschen. Seitdem stellen die Vogelzähler von Jahr zu Jahr mehr Individuen fest. Mit ihrer Hilfe wird die übermäßige Vermehrung der fremden Muscheln wenigstens während der Wintermonate gebremst. Im Sommer vermehren sich die Fremdlinge wieder reichlich, sodass die Wasservögel ab Herbst erneut ein üppiges Festmahl erwartet.

Die meisten Enten, die auch im Sommer bei uns bleiben, gehören zur Gruppe der Gründelenten. Sie fressen Wasserpflanzen, Larven und Insekten in Ufernähe. Nur Blessrallen und Tafelenten erbeuten die eine oder andere Dreikantmuschel. Vielleicht tun dies auch hin und wieder Gänsesäger und Haubentaucher, obwohl – diese beiden Arten bevorzugen eher die leckeren Fischchen.

Weil die meisten Wasservögel sich an diesem Dezembertag zu weit draußen im See aufhalten und ich sie selbst mit Fernglas nicht genau erkennen kann, verlasse ich meinen Beobachtungsplatz in der Fischener Bucht und begebe mich direkt zum Mündungsdelta der Ammer. Es ist eines der Naturschutzgebiete, die rund um den See eingerichtet worden sind. Auch das Ampermoos, wo der Fluss den See verlässt und sich ein Feuchtgebiet entwickelt hat, gehört dazu.

Aber nicht nur in diesen offiziell ausgewiesenen Gebieten, überall in Ufernähe, auf den Wiesen, im Schilf oder auf der freien Seefläche finden Vögel im Winter Nahrung und Schutz. Manche der Zugvögel nutzen den See nur zur Zwischenlandung, zum »Auftanken« vor dem Weiterflug im Herbst nach Süden, im Frühjahr nach Norden. Diese Vögel sind Menschen nicht gewöhnt, weil sie in unberührter Wildnis brüten, demzufolge sind sie recht scheu und schreckhaft. Nähert sich ihnen ein Boot oder ein Spaziergänger, vor allem mit Hund, fliegt der Schwarm schon bei einer Distanz von 500 Metern auf. Die Leute in ihren Booten oder am Ufer merken davon nichts, weil sie die Vögel gar nicht wahrgenommen haben oder nicht davon ausgehen, dass sie der Verursacher ihres Auffliegens sein könnten. Für die erschöpften Zugvögel ist die Störung jedoch existenziell bedrohlich, weil dadurch ihre Energiereserven verbraucht werden. Deshalb gilt vom 30. Oktober bis zum 31. März eine Ruhezeit für den Wassersport auf dem Ammersee.

Ein gewundener Pfad, gesäumt von knorrigen Weiden und Erlen, einige Birken sind auch darunter, die mit ihren weißen Stämmen helle Streifen in das verwucherte, dunkle Unterholz setzen, führt mich zum Mündungsdelta der »Alten Ammer«.

Dort, im flachen Wasser der Buchten, von denen eine den Namen »Grüberl« trägt und wo Wasservögel reichlich Nahrung finden, hoffe ich auf spannende Beobachtungen.

Durch das zu dieser Jahreszeit eher durchscheinende Unterholz glitzert abseits des Weges ab und zu Wasser. Es sind die Reste der Ammer, die früher hier geflossen ist. Schon in den 1920er-Jahren wurde in den Flusslauf ohne zwingenden Grund unverhältnismäßig stark eingegriffen, mit nachteiligen Folgen für die Natur. Die Einmündung wurde weiter Richtung Fischen verlegt, zudem hat man die Ammer begradigt, sodass sie nun zwölf Kilometer kürzer ist. Die Begradigung hatte zur Folge, dass der Fluss nun schneller fließt und deutlich mehr Sediment in den Ammersee einbringt. So wurde der Verlandung Vorschub geleistet. Die Ammer, die zuvor mäandernd durch die Ebene geflossen war, bevor sie in den See mündete, hatte ein Feuchtgebiet am Südufer geschaffen und es zwei- bis dreimal im Jahr überschwemmt und durchfeuchtet. Doch zu Überschwemmungen kommt es heute kaum noch, da sich die Ammer tief in den Untergrund eingegraben hat. Es sind zwar noch feuchte Wiesen vorhanden, aber das Moor ist vertrocknet. Die Wiesen werden von Landwirten gemäht, allerdings in Absprache mit der Naturschutzbehörde, damit brütende Bekassinen und Regenpfeifer ungestört ihre Jungen aufziehen können.

Von meinem Pfad aus kann ich die Mündung der »Neuen Ammer« nicht sehen, denn Bäume und Gestrüpp engen meinen Blick ein. Da, eine rasche Bewegung! Etwas Braunes, klein wie eine Maus, huscht durchs Gebüsch. Und wieder! Einen kurzen Augenblick lässt er sich sehen, der Zaunkönig. Der Name passt zu dem Winzling, der eine enorme Stimmgewalt besitzt. Und tatsächlich fängt er doch mitten im Winter zu singen an. Eine Mischung aus Zwitschern, Trillern und Pfeifen erschallt aus dem Unterholz, ohne dass er sich noch einmal blicken lässt. Es ist nicht der volle Gesang wie im Frühling, eher ein Ausprobieren der Stimme. Wie immer überrascht es mich, wie laut der Zaunkönig, einer unserer kleinsten gefiederten Sänger, zwitschert. Für sein Versteckspiel entschädigt mich eine Tannenmeise, die mich mit ihrem Anblick erfreut.

Der Weg endet an einem Beobachtungsplatz mit freiem Blick auf die Bucht, der von Ornithologen gern aufgesucht wird. Meine Erwartung, zahlreiche Wasservögel zu sichten, erfüllt sich. Blessrallen fallen mir zuerst auf. Auch Stockenten dürfen nicht fehlen. Die Erpel, also die Männchen, schmücken sich bereits mit ihrem Prachtkleid. Auch Reiherenten sehe ich hier wieder, zwei Männchen mit einem Weibchen in ihrer Mitte schwimmen nahe am Ufer entlang. Weiter entfernt entdecke ich eine Ansammlung von Kolbenenten, mindestens 20 Individuen, alles Männchen mit ihren orangefarbenen aufgeplusterten Köpfen, roten Schnäbeln und schwarzen Hälsen. Sehr schmuck sehen sie aus, selbst auf die weite Entfernung. Die Kolbenenten ernähren sich von Algen, vor allem Armleuchteralgen stehen ganz oben auf ihrem Speiseplan. Sie gehören daher zu den Tauchenten, im flachen Wasser gründeln sie allerdings auch.

Wie auf ein Kommando erheben sie sich plötzlich allesamt in die Luft. Wahrscheinlich hat sie ein Fuchs oder ein anderes Tier im Schilf aufgeschreckt. Mir zur Freude fliegen sie nicht hinaus zum See, sondern geradewegs in meine Richtung, wo sie wieder auf dem Wasser landen. So kann ich die prächtig gefärbten Kolbenenten aus nächster Nähe bewundern. Ein schöner Anblick! Kein Weibchen ist unter ihnen, es handelt sich um eine reine »Männergruppe«.

Mit dem Fernglas suche ich den gegenüberliegenden Schilfsaum ab. Zuerst bemerke ich nichts. Zum Vogelbeobachten ist

Geduld vonnöten und Wachsamkeit. Dann kann man das ein oder andere Tier entdecken, das nicht auf den ersten Blick zu sehen ist. Ja, richtig, dort drüben, nahe dem Schilf und gut getarnt treibt sich eine Gruppe Pfeifenten herum. Es sind Gründelenten, die hübschen Männchen haben einen kastanienbraunen Kopf, der in der Mitte mit einem rahmfarbenen Scheitel geschmückt ist. Weibchen sind auch darunter. Sie sind, wie meist bei Entenvögeln, bräunlich getarnt, was zur Brutzeit wichtig ist, wenn sie auf den Nestern sitzen und die Eier ausbrüten.

Die meisten Enten, obwohl sie jetzt im Winter noch in größeren Gruppen beisammen sind, haben bereits ihren Partner gefunden, denn die »Verlobung« beginnt im Herbst. Die Balzrituale während dieser langen Phase gewährleisten, dass Partner der gleichen Art zusammenfinden. Genetisch sind sich die Entenarten nämlich ziemlich ähnlich, sodass in Gefangenschaft leicht Mischlinge erzielt werden, vor allem zwischen Stock- und Hausente. Aber auch in der Natur gibt es hin und wieder Vermischungen, Fehlfarben nennt sie der Ornithologe.

Wieder einmal war es ein erlebnisreicher Beobachtungstag. Ich wende mich schon zum Gehen, da schießt ein metallisch blau-türkis-orange gefärbtes Wesen in etwa einem Meter Höhe über das Wasser. Mit scharfem »tieh-tieeh« kündet sich noch im Flug der Eisvogel an. Nur wenige Meter von mir entfernt landet er auf einem dürren Ast. Einen Augenblick lang hockt der schöne Vogel dort, dann schwingt er sich wieder in die Luft und schwirrt davon.

Ein Glücksmoment, mit dem der Eisvogel mich beschenkt. Es ist ein tiefes und zugleich erhebendes Gefühl, das beim Beobachten wild lebender Tiere entsteht. Gerade weil diese Momente so unberechenbar und unvorhersehbar sind.

Gehen im Schnee

In einer weichen Bewegung durchdringen meine Winterstiefel die Oberfläche. Bei jedem Schritt gibt der Schnee einen seufzend matten Ton von sich, wenn er sich durch mein Gewicht verdichtet. Ich liege im Widerstreit mit mir, einerseits will ich das unberührte Weiß mit meiner Spur nicht zerstören, andererseits zieht es mich hinaus in die klirrende Winterwelt. Meinen Atem trage ich als Nebelwolke vor mir her.

Ich wandere zunächst über das westliche Hochufer nach Süden, folge dann dem Lauf des Kittenbaches, der bei Holzhausen in den See mündet. Wiesen und Äcker sind wie mit Puderzucker bestreut. Raureif ziert Äste und Zweige von Busch und Baum, schmückt ihre Kahlheit mit glitzernder Pracht. Bei einem wunderschönen, mit strahlendem Weiß behängten Geäst verweile ich und schaue mir die Kristalle an. Als eine mannigfaltige Anordnung der verschiedensten geometrischen Formen bieten sie sich meinen Augen dar: Kuben, Prismen, Zylinder, Pyramiden, Dreiecke, Nadelspitzen und sogar sternförmige Strukturen.

Die Betrachtung der Eiskristalle ruft in mir die Erinnerung an meine Kindheit wach, als sich wundersame Blumenornamente an den Fensterscheiben bildeten, weil die Wohnungen damals nicht allzu dicht gegen die Außenluft isoliert waren. Mir wurde es nie langweilig, von einem Fenster zum anderen zu eilen, die Vielgestaltigkeit zu bewundern und die Kristalle anzuhauchen, bis sie geschmolzen waren, und zuzuschauen, wie sie sich erneut bildeten, immer wieder überraschend und anders. Damals war die Welt lange Wochen, manchmal sogar Monate, in winterliches Weiß getaucht. Darum freue ich mich, endlich wieder einmal durch Schnee stapfen zu können.

Nichts ist zu hören. Nur eine Krähe zerreißt das feine Gewebe der Stille mit ihrem kratzigen Ruf. Und meine Schritte, die im Takt hörbar knirschen. Ich bleibe stehen, lausche. Nichts. Eine Welt ohne Töne, eingehüllt in weichen, jeden Laut verschluckenden Schnee.

Am Ufer angekommen, wandere ich weiter nach Süden. Kahle Bäume und gelbes vertrocknetes Schilf umgeben den Ammersee. Nur an seinem Rand ist das Wasser zu Eis gefroren. Es müssten über lange Zeit eisige Temperaturen herrschen, damit sich eine geschlossene Eisdecke bilden kann.

Flocken schweben zur Erde, watteweich und stumm. Im verschneiten Land zu wandern übt einen besonderen Reiz auf mich aus. Es ruft ein Gefühl von Abenteuer, von einsamer Wildnis in mir wach. Das war schon in meiner Kindheit so. Während sich Gleichaltrige auf Rodelbahnen oder beim Schlittschuhlauf vergnügten – was ich natürlich auch hin und wieder getan habe –, bin ich lieber durch den verwunschenen Winterwald gepirscht und habe mir vorgestellt, ein Trapper in Kanada zu sein.

Auf dem frisch gefallenen Schnee zeichnen sich Fährten ab und zeigen mir, dass ich nicht allein bin in dieser Winterwelt. Ein Hase ist kürzlich hier vorbeigehoppelt, hat die langen Hinterbeine vor die kurzen Vorderpfötchen gesetzt. Und dort, diese Spur? Ich gehe näher heran. Ja, hier sind Rehe gewechselt. Deutlich erkenne ich die Trittsiegel mit den beiden halbmondförmigen Schalen. Sie laufen vorn spitz zu. Wenn ich mich nicht täusche, waren es Ricken, der Abdruck eines Bockes zeigt breitere und vorn abgerundete Schalen.

Am Waldrand entdecke ich tatzenförmige Eindrücke, immer zwei nebeneinander, das kann nur ein Marder gewesen sein. Ob er ein Eichhörnchen gejagt hat? Die Pfötchenspur eines solchen Nagers – zwei längliche hinten, zwei Tupfer vorn – kreuzt die des Raubtieres. Ich wünsche dem Pinselöhrchen, dass es rechtzeitig einen rettenden Baumstamm erreicht hat. Obwohl – wenn der Verfolger kein Steinmarder, sondern ein Baummarder mit dottergelber Kehle war, dann gab es wohl kein Entkommen, denn dieser kann mindestens so gut klettern und springen wie ein Eichhörnchen.

Ich erinnere mich an ein Erlebnis, das einige Zeit zurückliegt. Mit meinem Freund war ich in seinem Wald, um Feuerholz zu holen. Ein seltsames Wesen hockte bewegungslos in einem Baum. Es klammerte sich an einen Ast wie ein Äffchen. Erst beim zweiten Hinsehen erkannte ich: Es war ein Eichhörnchen ohne Schwanz. Bestimmt war es von einem Baummarder gejagt worden. Zwar konnte es ihm wohl gerade noch entkommen, schlussfolgerte ich, hatte dabei jedoch seinen Schweif eingebüßt. Das Drama musste sich kurz vor unserem Eintreffen abgespielt haben, denn das arme Tier hing zitternd im Baum, war völlig benommen und rührte sich nicht. Ohne Schwanz würde es nicht lange überleben, selbst wenn die Wunde heilte, brauchte es ihn zum Balancieren beim Klettern und Springen. Ein zweites Mal würde es dem Marder nicht entkommen.

Wenige Tage später, wir waren wieder an der gleichen Stelle im Wald, fand ich in einem Holzstapel zufällig den Baummarder. Meine Hände berührten ein weiches Fell, als ich ein Scheit herausziehen wollte. Vorsichtig befreite ich das Tier vom umgebenden Holz, da sah ich seine orangefarbene Kehle. Ich hoffte, den Marder noch lebend zu finden, aber er war tot. Zwischen dem Holz hatte er in einem Hohlraum einen Unterschlupf gesucht. Doch der Stapel war ins Rutschen gekommen und hatte den Marder erschlagen. Ein seltsames Zusammentreffen: Erst war ich auf das Eichhörnchen gestoßen, das ohne Schwanz kaum Chancen auf ein Überleben hatte, und kurz darauf, als gäbe es eine ausgleichende Gerechtigkeit, auf den Marder, der es so zugerichtet und nun selbst ein schlimmes Ende gefunden hatte.

Nachdenklich setze ich meinen Weg fort. Dann drehe ich mich um und schaue zurück über das freie Feld, dessen weiße Decke mit meinen Fußspuren gezeichnet ist. Unter einem Busch schmückt die zarte Fährte einer Maus die weiße Pracht. Und hier ist ein Vogel gehüpft und hat ein filigranes Muster geschaffen, drei Krallen vorn, eine hinten. Auch der Fuchs war da, hat seine Anwesenheit in den Schnee »geschrieben«, gleich einer Perlenschnur reihen sich seine Pfotenabdrücke aneinander. Der Schnee ist wie ein Buch, das offen vor mir liegt und in dem ich lesen kann. Keines dieser Tiere habe ich an jenem Tag mit eigenen Augen gesehen, und doch weiß ich, wer in der vorangegangenen Nacht und am frühen Morgen dort war.

Der Morgen der Greifvögel

Der Wintermonat Januar ist ungewöhnlich warm und schneelos. Ich spaziere an braunen Feldern entlang, deren Erde feucht glänzt vom gestrigen Regen. Es ist windstill, und die Wolken hängen tief herab, doch schon brechen Sonnenstrahlen hindurch und zaubern einen Lichtfächer an den Himmel.

Meine Wanderung führt mich abermals über das westliche Hochufer, diesmal aber noch weiter Richtung Süden zur Ammermündung. Der Schnee ist während der letzten Föhntage geschmolzen. Unbedeckt liegen die Felder und Wiesen da. Die Landschaft im Winter, so ohne schützende und schmückende Schneedecke, wirkt eintönig, um nicht zu sagen trostlos. Die Bäume und Sträucher strecken ihre kahlen Äste in den Himmel; man möchte meinen, sie flehen den Frühling herbei. Bei manchen Bäumen bewundere ich den speziellen Wuchs, der ohne verdeckendes Laub als filigranes Geflecht sichtbar wird.

Die Pflanzenwelt hat mir an diesem Januartag also nicht allzu viel zu bieten, dafür fallen mir die zahlreichen Bussarde auf. Fast auf jedem Weidepfahl und jeder Sitzstange, die die Bauern für die Vögel aufgestellt haben, hockt einer der großen Greifvögel, die mächtiger wirken als gewöhnlich, haben sie doch wegen der Kälte ihr Gefieder aufgeplustert. Gleich sechs der braunen Gesellen erblicke ich in meinem Sichtfeld. Jeder in ausreichender Entfernung vom anderen, damit sie sich gegenseitig nicht ins Gehege kommen, falls sich ein Mäuschen blicken lässt.

Nachdem ich die Vögel sorgfältig mit dem Fernglas gemustert habe, bin ich mir sicher, dass es sich ausschließlich um Mäusebussarde handelt. Es ist gar nicht so einfach, sie eindeutig zu bestimmen, denn ihr Gefieder variiert vom dunkelsten Schwarzbraun bis sehr hell, fast weiß. Diesmal sind die sechs Greife allerdings alle einheitlich braun. Unter den einheimischen Mäusejägern könnte sich jedoch auch ein Wintergast befinden, zum Beispiel ein Raufußbussard. Man erkennt ihn, wie schon der Name sagt, an den befiederten Beinen oder, wie es für Greifvögel richtig heißt, Läufen. Zudem haben Raufußbussarde einen hellen Schwanz mit dunkler Endbinde. Über eine Sichtung des nur im Winter bei uns weilenden Raufußbussards hätte ich mich besonders gefreut.

Noch seltener ist der Wespenbussard zu beobachten, und zwar nur im Sommer. Er brütet bei uns, überwintert als ausgesprochener Zugvogel aber sehr weit entfernt, im tropischen Afrika, mitunter sogar in Südafrika. Nach langem Flug kehrt er spät im Frühjahr, erst Mitte bis Ende Mai, zu uns zurück, und im August rüstet er sich bereits zur Rückwanderung. Denn da er sich von Insekten ernährt, muss er sicherstellen, dass er zu jeder Jahreszeit ausreichend Futter findet. Er ist zwar auch Teil der Familie der Habichtartigen, doch gehört er einer anderen Gattung an, und wie sein Name anzeigt, ist er ein ausgesprochener Nahrungsspezialist, der es insbesondere auf Wespen, aber auch auf Hornissen, Hummeln und Bienen abgesehen hat. Vor den Stichen der wehrhaften Insekten schützen ihn sein Gefieder und die harten Hornplatten an Beinen und Füßen. Seine Krallen sind perfekt an das Graben angepasst. Bei der Nahrungssuche ist der Wespenbussard notgedrungen als »Fußgänger« am Boden unterwegs. Durch die industrielle Landwirtschaft, das Bewirtschaften der Felder mit schweren Maschinen, das frühe Mähen und das Fehlen von Feldrainen gibt es leider immer weniger Nahrung für Vögel wie ihn, sodass er bei anhaltendem Insektenschwund in unserer heimatlichen Natur bald kaum noch zu sehen sein wird.

Auch wenn ich keinen Raufuß- und erst recht keinen Wespenbussard erspähen kann, sind die zahlreichen Mäusebussarde reihum ein freudiger Anblick für mich. Ihre große Anzahl deutet nicht etwa auf eine Übervölkerung hin, sondern auf Wintergäste aus Nord- und Osteuropa, die sich unter die einheimischen Greife gemischt haben. Mäusebussarde gehören nicht zu den Zugvögeln, man bezeichnet sie als »Strichvögel«, die je nach Witterungsbedingungen im Winter umherziehen.

Einer der Bussarde breitet seine Schwingen aus, erhebt sich mit schweren Flügelschlägen in die Luft. Nachdem er eine gewisse Höhe erreicht hat, beginnt er im Aufwind zu kreisen und lässt seinen Ruf erschallen, der mich an das Miauen einer Katze erinnert und etwa so wiedergegeben werden kann:

»hiäh, hiiääh!« Dann segelt er davon, verschwindet hinter den Baumwipfeln des angrenzenden Waldes. Die anderen fünf braunen Gesellen hocken weiter stoisch auf ihren Pfosten und halten Ausschau nach Beute.

Ich folge einem Weg, der beidseits von Sträuchern und Bäumen begrenzt wird. In einer kahlen Baumkrone fällt mir ein Falke auf, der heftige Bewegungen ausführt. Er scheint irgendetwas zu zerpflücken. Federn fliegen. Im Fernglas erkenne ich einen Turmfalken. Es ist ein Weibchen. Wie bei fast allen Greifvögeln ist es größer als der Partner. Bei manchen Falken ist das Männchen sogar um ein Drittel kleiner. Deshalb wird es als »Terzel« bezeichnet, von lateinisch *tertius*. Die Hauptnahrung der Turmfalken sind Mäuse, die sie im Rüttelflug über Wiesen und Feldern erbeuten. Bei dieser Technik »stehen« sie in der Luft, um so den Grund eingehend zu mustern und dann im Sturzflug auf die Beute herabzustoßen. Auch andere Vögel beherrschen das Rütteln, sogar bei Bussarden kann man es mitunter sehen. Dabei werden die Flügel nicht nach oben und unten geschlagen, sondern vielmehr von hinten nach vorn.

Diesmal jedoch hat das Turmfalkenweibchen keine Maus erbeutet, sondern eine Sumpfmeise, wie ich mithilfe des Fernglases deutlich erkenne. Die hellen Federn des Bauchgefieders fliegen wie Schneeflocken durch die Luft und schweben leise zu Boden. Ich verharre still mit großem Abstand, um das Falkenweibchen bei seiner Mahlzeit nicht zu stören oder es gar dazu zu veranlassen wegzufliegen. Denn wenn die kleine Meise schon sterben musste, dann soll ihr Tod nicht vergebens gewesen sein. So zu denken ist typisch menschlich, das ist mir klar. In der Natur lebt ein Lebewesen vom anderen, und nur wir Menschen werten und wollen entscheiden, was leben darf und was nicht. Wir urteilen und verurteilen. Wir möchten das

Schöne erhalten und schützen, und das, was wir als schädlich oder auch nur als hässlich ansehen, vernichten wir. Die Natur aber wertet nicht, sie kennt weder gut noch schlecht, sie schützt nicht das Schöne und bestraft nicht das Hässliche, sie ist nicht gerecht, aber auch nicht ungerecht. Unsere menschlichen Vorstellungen und Wertmaßstäbe lassen sich auf die Natur nicht anwenden.

Kaum hat das Falkenweibchen den letzten Bissen heruntergeschluckt, fliegt es davon. Ich schaue unter dem Baum nach, was von der Sumpfmeise übrig geblieben ist. Nur Federn erinnern an das Drama und den Tod des kleinen Vogels. Ich bücke mich, hebe ein paar Federchen auf und nehme sie als Erinnerung an das Erlebte mit. Die Knöchelchen wird der Falke später als »Gewölle« herausspeien. So nennt man die unverdaulichen Bestandteile, die hochgewürgt und über den Schnabel ausgeschieden werden. Während meines Biologiestudiums haben wir diese kleinen Knäuel gesammelt, sorgsam im Wasser aufgeschwemmt und so die einzelnen Teile voneinander getrennt, um die Zusammensetzung der Nahrung von Greifvögeln und Eulen zu bestimmen. Auf diese Weise wurde schon manche seltene Mäuse-, Vogel-, Insekten- oder sogar für ausgestorben gehaltene Art entdeckt.

An die Busch- und Waldlandschaft schließen sich weit gedehnte Wiesen mit sanft geschwungenen Hügeln an. Langhalsige und langbeinige graue Gestalten staksen über von der Winterkälte gelblich ausgebleichte Wiesen. Es sind vier Graureiher, deren Dasein wie das aller 60 Reiherarten weltweit an das Vorhandensein von Wasser gebunden ist. Auch auf unsere Graureiher trifft das zu. Allerdings haben sie inzwischen gelernt, dass, wenn der Jagderfolg in Seen, Teichen und Flüssen zu mager ausfällt, auch auf unseren Kulturflächen etwas für sie zu holen ist. Regenwürmer, Insekten und

Mäuse werden nicht verschmäht. Es muss ja nicht immer Fisch sein.

Über den Wiesen, auf denen die Graureiher gemächlich einherstaksen, kreisen zwei Rotmilane, gut erkennbar an ihrem tief gegabelten Schwanz. Deshalb bezeichnete man sie früher mitunter als »Gabelweihe«. Inzwischen weiß man, dass sie nicht in die Gattung der Weihen, sondern zu den Milanen gehören. Seit Jahren nimmt ihre Anzahl in der Gegend um den Ammersee zu. Die meisten einheimischen Rotmilane bleiben während der Wintermonate da oder suchen bei eisigem Frost etwas weiter im Süden Schutz. Ganz im Gegensatz zum Schwarzmilan, der auch am Ammersee brütet, aber im Winter Zuflucht in Afrika sucht. Dort hatte ich auf einer meiner Reisen ein einprägsames Erlebnis. Ich wollte gerade von einem Stück Brot abbeißen, da wurde es mir von einem Schwarzmilan aus der Hand gerissen, den ich zuvor überhaupt nicht gesehen hatte. Aus großer Höhe muss er sich herabgestürzt haben, mit seinen Krallen packte er zielgenau mein Essen, ohne mich dabei zu verletzen, ja, ohne mich zu berühren. Unglaublich bei einem so großen Vogel. Ich hatte nur einen Luftzug verspürt – und weg war das Brot.

Bedächtig folge ich einem Wiesenpfad, beobachte dabei aufmerksam die Umgebung. Die beiden kreisenden Rotmilane lassen aus der Luft ihren trillernden Ruf ertönen, der an ein Wiehern erinnert: »hiäh-hihihihihi-hiiääh«. Ich gelange zu einem Wäldchen und folge anschließend einem Feldweg zwischen Hecken hindurch, die jetzt im Winter allerdings nicht sehr dicht sind und deshalb den Tieren wenig Schutz bieten. Blaumeisen, Kohlmeisen und Sumpfmeisen turnen im Geäst.

An den kahlen Zweigen der Sträucher und Büsche sind kaum die Knospen zu erkennen, die sich als harte, kleine Knubbel an das Holz schmiegen. Es ist schwer vorstellbar, dass aus diesen unscheinbaren Erhebungen im Frühling die Blüten, Blätter und Triebe mit aller Kraft und in nur wenigen Tagen hervorbrechen. Die schuppenförmige Außenhülle schützt den empfindlichen Inhalt vor Frost und Wetter. Oft schon im Sommer angelegt, sind die Knospen wie kleine Kraftwerke, sie speichern die nötige Energie für die nächste Blattgeneration.

Schon von Weitem entdecke ich in einem der hohen Bäume einen dunklen Punkt, es muss ein Vogel sein, etwas größer als ein Gimpel. Mittels Fernglas kann ich ihn als Merlin identifizieren. Er ist der kleinste unter den europäischen Falken, und das Merlinmännchen, das da hoch oben im Geäst hockt, ist noch einmal um fast ein Drittel kleiner als das Weibchen. Es hat ein blaugraues Gefieder am Rücken und an den Flügeln. Diese Falken überwintern in Nordafrika und treffen normalerweise erst im Mai wieder im Brutgebiet ein. Wahrscheinlich hat der milde Winter den Merlin zu einer verfrühten Rückkehr verführt. Bei uns sind die Vögel nur Durchzügler, sie brüten weiter im Norden, in Skandinavien und Schottland. Dort konnte ich einmal einen Merlin bei der Jagd beobachten. Selbst kaum größer als eine Drossel, imitierte der Falke deren typische Flugweise, indem er nach mehreren schnellen Schlägen mit den Flügeln diese anlegte und in einem Bogen dahinsegelte. So näherte sich der Merlin unbemerkt einer Gruppe von Singvögeln, ohne dass diese die tödliche Gefahr erkannten. Ein solch trickreiches Jagdverhalten beherrscht kein anderer Falke.

Den Abschluss meiner morgendlichen Vogelstudien bildet ein Greifvogel, der mir Rätsel aufgibt. Ihn kann ich nicht einordnen. Er scheint keiner mir bekannten Art anzugehören. Ich nähere mich vorsichtig Schritt um Schritt, um ihn besser erkennen zu können, immer wieder schaue ich durchs Glas. Der Falke, so viel ist anhand seiner Körperform und Haltung klar, lässt mich nahe an sich herankommen. Er hockt arglos in einer Baumkrone, beachtet mich nicht. Entweder ist er so erschöpft, oder er kennt keine Furcht vor Menschen. Was ihn auszeichnet und von unseren einheimischen Falken unterscheidet, ist ein rostroter Scheitel. Das Turmfalkenweibchen hat zwar einen bräunlichen Kopf, jedoch nicht ins Rote gehend wie beim Schopf des Unbekannten. Im Bestimmungsbuch stoße ich auf das Bild eines Falken mit diesem Merkmal: den Lannerfalken. Das kann doch aber nicht sein! Denn dieser Falke lebt in Nordafrika und in arabischen Ländern, wo er auch zur Beizjagd abgerichtet wird. Dass sich dieser schöne Vogel bis an den Ammersee verirrt, ist sehr unwahrscheinlich. Vielleicht ist er aus einer Falknerei entflogen? Mein Bruder hat einmal in der Lausitz einen erschöpften Lannerfalken eingefangen, der aus einer Zucht stammte und deshalb wohl die Jagdtechnik nicht gut beherrschte.

Auch wenn ich den rotköpfigen Falken nicht eindeutig bestimmen kann, beglücken mich die ungewöhnlich zahlreichen Greifvogelbeobachtungen. Erfüllt von den Erlebnissen des Morgens, steige ich in Dießen in den Zug, der mich nach Hause bringt.

Schneehimmel

Am Abend hat es zu schneien begonnen. Als ich morgens aus dem Fenster schaue, sind Dächer, Bäume, Straßen, Wege – alles ringsum – in eine weiche Decke gehüllt. Während ich meine Nase an die Scheibe drücke und wegen des dichten und anhaltenden Schneefalls kaum etwas erkenne, fällt mir unwillkürlich der Dichter Walser ein. Nein, nicht Martin, sondern

Robert Walser, der von 1878 bis 1956 lebte und einer der bedeutendsten Schriftsteller des 20. Jahrhunderts war. Und dennoch ist er nur wenigen bekannt, die vielleicht seine Gedichte und Bücher, darunter »Der Gehülfe« und »Geschwister Tanner«, gelesen haben.

Eindringlicher als Robert Walser, davon bin ich überzeugt, hat niemand das »Schneien« beschrieben, dieses unbegreifliche und dabei so bekannte Ereignis tanzender Flockenfülle: »Es schneit, schneit, was vom Himmel herunter mag, und es mag Erkleckliches herunter. Das hört nicht auf, hat nicht Anfang und nicht Ende. Einen Himmel gibt es nicht mehr, alles ist ein graues, weißes Schneien. Eine Luft gibt es auch nicht mehr, sie ist voll Schnee. Eine Erde gibt es auch nicht mehr, sie ist mit Schnee und wieder mit Schnee zugedeckt … Und still ist es. Das Schneien hat alles Geräusch, allen Lärm, alle Töne und Schälle eingeschneit. Man hört nur die Stille, die Lautlosigkeit, und die tönt wahrhaftig nicht laut.«

Ich öffne die Haustür, trete hinaus. Der frisch gefallene Schnee knirscht unter meinen Sohlen, sonst ist alles so gedämpft, wie Robert Walser es beschrieb. Bis zu den Knien sinke ich in die pulvrige Masse; vorausblickend habe ich als Schutz Gamaschen über die Wanderschuhe gezogen. Mit dem Gedanken an das Schicksal des Dichters, dem nach anfänglichem Erfolg nicht viel Glück beschieden war und dessen Leben, als hätte er es prophetisch vorhergesehen, bei einem Spaziergang im Schnee endete, beginne ich meine Wanderung unter einem grauen Himmel.

An meinem Hals baumelt das Fernglas, das ich bei meinen Ausflügen immer dabeihabe. Doch so eifrig ich meinen Blick über die kahlen Baumwipfel streifen lasse, über Hecken und Sträucher, nicht einen einzigen Vogel kann ich entdecken. Die Natur hat sich in die Winterruhe gerettet. Noch bevor die Zeiten hart werden, dunkel, kalt und nährstoffarm, stellen Pflanzen ihr Wachstum ein. Nicht wenige ziehen sich zurück in ihre unterirdischen Teile, wo sie ihre Energie für die nächste Vegetationsperiode speichern, in Wurzeln, Knollen, Zwiebeln, Rhizome. Die Laubbäume haben schon längst ihre Blätter abgeworfen, nur die Eichen halten bis zum Frühjahr an ihnen fest, obwohl sie längst braun und abgestorben sind. Und auch zahlreiche Tiere stellen sich notgedrungen auf karge Monate ein. In rettenden Winterschlaf zu fallen, beherrschen nur Wirbeltiere, und zwar weniger, als man gemeinhin glaubt: Murmeltiere, Igel, Fledermäuse und die vier Bilcharten, auch Schlafmäuse genannt, Siebenschläfer, Haselmaus, Gartenschläfer und Baumschläfer. Es handelt sich um eine Art Dornröschenschlaf, bei dem Atmung und Herzschlag so weit reduziert sind, dass sie nur noch wenige Male in der Minute erfolgen. Der Stoffwechsel ist total verlangsamt und die Körpertemperatur weit unter zehn Grad herabgesunken. Es ist ein Schlaf nah am Tod.

Andere, wie Eichhörnchen, Feldhamster, Dachs, Biber, Waschbär und Braunbär, drosseln ihre Körperfunktionen lediglich und wachen hin und wieder aus ihrer Winterruhe auf, um Nahrung aus Vorratsdepots, die sie im Herbst angelegt haben, aufzunehmen. Die meisten Insekten, Reptilien und Amphibien überdauern den Winter in Kältestarre, wobei ihre Zellen durch Glucose vor dem Gefrieren und damit der Zerstörung geschützt sind. Die Mehrzahl der Singvögel aber, die sich ausschließlich von Insekten ernährt, verlässt unser Land und fliegt nach Süden.

Ich stapfe am Ufer des Sees entlang. Unberührt weiß liegt der Weg vor mir. Schnee fällt herab, wie ein dichter Vorhang. Ein wilder Flockenwirbel nimmt mir fast die Sicht. Als ich zurückblicke, sind meine Spuren schon ausgelöscht. Mir fällt sofort ein ähnliches Erlebnis von einer Wüstenwanderung ein. Da war es der Wind, der meine Fußabdrücke verschwinden ließ, als sei ich nie da gewesen. Verwehte Spuren – eine Metapher für unser Dasein, für unsere Existenz auf der Erde, die nur von kurzer Dauer ist, und später weist nichts mehr darauf hin, dass wir hier gewesen sind.

Ich gehe ein paar Schritte an den See heran. Es waren bisher noch nicht so tiefe Minustemperaturen, dass sich eine Eisschicht hätte bilden können. Unfreundlich grau liegt die Wasserfläche vor mir. Sehen kann ich so gut wie nichts; die herabrieselnden Schneeflocken vermischen sich mit dem aufsteigenden Nebel. Dann entdecke ich drei Stockentenerpel, die sich vor den fallenden Flocken unter einen Steg gerettet haben. Im nahen Gebüsch hockt eine einsame Amsel, hat ihre Federn aufgeplustert zu einer schützenden Hülle. Auch mich hält es heute nicht lange draußen, und so ziehe ich mich zurück in meine gemütliche Stube und betrachte die unwirtliche Welt von meinem warmen Fensterplatz aus.

Wintergäste

Graugänse rauschen mit schnellem Flügelschlag über mich hinweg. Ihre wilden Rufe klingen für mich nach Freiheit und Abenteuer. Es ist früh am Morgen; ich will zum südlichen Seeufer und dort die heimischen Vögel beobachten, vielleicht auch den einen oder anderen Wintergast aus dem hohen Norden. Allerdings haben sich manche der Zugvögel bereits jetzt, Ende Januar, in Etappen auf den weiten Heimweg begeben. Da der Ammersee ein beliebter Rastplatz für die Rückkehrer aus dem Süden ist, verbringen sie hier einige Stunden oder auch

Tage, um sich auszuruhen und nach Futter zu suchen. Andere Vogelarten haben bei uns ihr Winterquartier und sind die ganze kalte Jahreszeit über da. So kann man als Vogelliebhaber hin und wieder seltene Arten zu Gesicht bekommen.

Nur noch wenige Schritte trennen mich vom schilfbewachsenen Ufer, da werde ich von einer weißen Wolke überrascht, die sich flatternd nähert. 100 Silberreiher, vielleicht sogar mehr – so viele auf einmal habe ich noch nie gesehen – verdecken den Himmel. Malerisch schweben sie federleicht vor der Alpenkulisse, lassen sich herabsinken, segeln übers Wasser und landen am jenseitigen Ufer. Dort reihen sie sich auf zu einer weißen Linie. Ich habe erwartet, dass die Reiher hungrig sind und gleich zu fischen beginnen, doch sie bleiben still und aufrecht vor dem Schilfgürtel stehen. Vielleicht haben sie einen anstrengenden Flug hinter sich und genießen zunächst die Ruhe.

Ich freue mich über diese außergewöhnliche und beeindruckende Beobachtung. Silberreiher waren noch vor wenigen Jahren eine seltene Erscheinung, eine Sensation unter Ornithologen. Mir waren diese mit ihrem schneeweißen Gefieder feenhaft anmutenden Vögel aus anderen Weltgegenden bekannt, von den Küsten am Atlantik zum Beispiel oder vom Schwarzen Meer in Bulgarien. Dann, vor ungefähr 20 Jahren, sah ich den ersten Silberreiher auf einer Wiese am Ammersee. Er galt bei den Vogelkundlern damals als Irrgast. So werden durch Wetterunbilden von ihrem Flug abgekommene Individuen genannt. In den folgenden Jahren war immer mal wieder ein einsamer Reiher auf Wiesen und Feldern zu sehen, als leuchtend weißer Tupfer in der Landschaft. Inzwischen sind die Vögel bereits eine gewohnte Erscheinung in Deutschland geworden, und sogar ein erster Bruterfolg an der Ostseeküste wurde neulich dokumentiert.

Nachdem ich mich ausgiebig an den Reihern erfreut habe, suche ich mithilfe des Fernglases den See ab und entdecke ziemlich weit vom Ufer entfernt drei männliche Samtenten. Es sind echte Wintergäste, die nur vorübergehend da sind. Ihr angestammter Lebensraum sind die Meeresküsten. Während meines Biologiestudiums in Greifswald sind sie mir durch Exkursionen bekannt geworden. Es gibt noch einen weiteren, zum Verwechseln ähnlichen Meeresvogel, die Trauerente. Wir Studenten wetteiferten darum, wer die eine Art von der anderen unterscheiden konnte; was schwer war, denn die Meeresenten schwammen meist weit draußen vor der Küste, und wir hatten nur Ferngläser, noch kein Spektiv mit extremer Vergrößerung. Die Männchen der beiden Meeresenten haben ein tiefschwarzes Gefieder. Nur wenn man nah genug ist und genau hinschaut, erkennt man, dass das Samtentenmännchen einen kleinen weißen Fleck hinter dem Auge hat und einen weißen Flügelspiegel, der aber erst beim Fliegen wirklich auffällt. Die Weibchen der beiden Arten sind unscheinbar braun und noch schwerer voneinander zu unterscheiden.

Heute sind besonders viele Blessrallen zu sehen, ich zähle fast 50 Stück. Auch die Kormorane, die Lach-, Sturm- und Mittelmeermöwen tummeln sich wie immer auf dem See. Gut getarnt im Schilf stehen Graureiher, und dann entdecke ich noch eine echte Seltenheit. Unter den Höckerschwänen fällt mir eine Gruppe kleinerer Schwäne auf, die keinen orangeroten Schnabel mit schwarzem Höcker haben, sondern einen höckerlosen gelben Schnabel mit schwarzer Spitze und einen gerade aufgerichteten Hals: Singschwäne. Der Name passt zu ihnen. Im Vergleich zu den eher schweigsamen Höckerschwänen trompeten Singschwäne lauthals, vor allem, wenn sie fliegen.

Während ich mich am Anblick der sieben Singschwäne erfreue, sehe ich etwas abseits der Gruppe zwei noch kleinere Exemplare. Das kann doch nicht sein, denke ich, sollte ich wirklich das Glück haben, Zwergschwäne aufgespürt zu haben? Ich fokussiere die Tiere mit meinem Fernglas, stelle es möglichst scharf. Tatsächlich, die beiden sind nicht nur kleiner, ihr Hals ist auch kürzer, und der Schnabel besitzt mehr Schwarzanteil als der des Singschwans. Hätte ich die zwei Zwergschwäne nicht neben den anderen Tieren gesehen und ihre Größe vergleichen können, wären mir die feinen Unterschiede vielleicht gar nicht aufgefallen.

Sing- und Zwergschwäne brüten in Nordeuropa und Sibirien. Bei diesem Gedanken steigt Sehnsucht in mir auf. Schon in meiner Jugend habe ich von der wilden Natur, den Weiten der menschenleeren Tundra geträumt. Bisher hat es sich leider noch nicht gefügt, dass ich mir diesen Traum erfüllen konnte.

Im Geäst eines Baumes entdecke ich einen schiefergrauen Vogel, etwas größer als eine Amsel. Als er mir seine Vorderseite zudreht, sehe ich die dunklen, tropfenförmigen Flecken, die gleichmäßig sein helles Bauchgefieder sprenkeln. Eindeutig eine Misteldrossel, kein Wintergast, sondern ein Brutvogel bei uns. Und als wäre es bereits Frühling, beginnt das Misteldrosselmännchen sein perlendes Lied. Der Vogel wiederholt einzelne Strophen, so wie es auch die etwas kleinere Singdrossel macht, deren Brust und Bauch ähnliche Flecken zeigen. Insgesamt wirkt der Gesang der Misteldrossel aber schwermütiger und erinnert mich an den der Amsel. Wie diese war die Misteldrossel ursprünglich ein scheuer Bewohner der Wälder. Seit einigen Jahrzehnten wagt sie sich jedoch in Gärten und Siedlungen, bevorzugt aber Gebiete mit hohen Bäumen. Das melodische Lied der Misteldrossel erfüllt mich mit Freude und stimmt mich auf den Frühling ein.

Winter, ade!

Mitten im Februar schallt und klingt und zwitschert es überall aus kahlem Gezweig: »Frühling! Frühling!« Die Meisen jubilieren und singen, als sei der Winter bereits vorbei. Die Sonne scheint kräftig und vergoldet mit ihren Strahlen die blattlosen, mit Eiskristallen ummantelten Bäume und Sträucher. Alle Wege sind weiß, und die Hügel gleichen Rodelbahnen. Der Schnee liegt hoch, denn heute ist der erste schöne Tag seit Wochen, und die Sonne hatte bisher noch keine Gelegenheit, ihn zu schmelzen. Der Winter übt seine Macht über die Natur weiterhin aus, doch seine Kraft nimmt ab, jeden Tag ein bisschen mehr, jeden neuen Tag, an dem die Sonne länger scheint.

Das Lied »Winter, ade!«, dessen Text Hoffmann von Fallersleben 1835 schrieb, bringt es uns treffend zu Gehör. Warum aber heißt es in der zweiten Zeile »Scheiden tut weh«? Trauern wir dem Winter nach, seiner eisigen Schönheit, der glitzernden Pracht, dem Schneegestöber? Widersprüchlich ist das Sehnen und Hoffen des Menschen. Er beharrt auf dem Vertrauten und strebt doch nach Neuem. Denn wie wir alle schon selbst erfahren haben: Abschied geht mit Trauer einher, und jede Trennung ist mit Schmerz verbunden. Doch blickt man nach Jahren zurück, auch wenn man es damals nie für möglich gehalten hätte, ist man nicht selten froh, sogar dankbar, wie das Schicksal es gefügt hat, und so kehrt auch Hoffmann von Fallersleben in seinem Gedicht die Aussage vom schmerzvollen Scheiden ins Gegenteil um, und die Melodie stimmt jubelnd ein: »Aber dein Scheiden macht, dass mir das Herze lacht!«

Der Wanderweg führt mich oberhalb meines Wohnortes auf dem Höhenweg Richtung Achselschwang. Ich hinterlasse tiefe Spuren im hohen Schnee, der durch die Wärme der Sonne aufgeweicht und körnig verharscht ist. Diese poröse Masse erinnert mich an mein Abenteuer in Kanadas Winterwelt. Als dort der mehr als drei Meter hoch liegende Schnee aufweichte, wurde es für mich auf meinen Ausflügen gefährlich, denn er trug mich nicht mehr, sodass ich immer wieder einbrach und mich nur mühsam befreien konnte.

Ein braunes Etwas huscht durchs Unterholz und bringt mich in die Gegenwart zurück. Neugierig bleibe ich stehen und versuche, das mausgroße rundliche Tier im dichten Gewirr der Zweige zu entdecken. Da! Es hüpft auf einen Ast, und gleich ist es wieder weg, doch der kurze Moment hat genügt, dass ich den Zaunkönig erkannt habe. Der winzige Kerl – er ist nach den beiden bei uns vorkommenden Goldhähnchenarten der Drittkleinste in unserer einheimischen Vogelwelt – verlässt auch im Winter sein »Königreich« nicht.

Dort! Wieder hat er sich hervorgewagt. Keck reckt er sein kurzes Schwänzchen steil in die Höhe und beginnt zu singen! Aus vollem Hals schmettert er seine Strophen. Er trillert, jubelt und jauchzt, es ist unmöglich, ihn zu überhören. Mit seiner Lautstärke kann sich kaum ein anderer messen, und im Unterschied zu den meisten Vögeln, die im Winter nur ihre Stimmfühlungslaute hören lassen, schrecken ihn Frost, Eis und Schnee nicht. Den ganzen Winter über lässt er seine Lieder erschallen, dazu muss nicht einmal die Sonne so warm scheinen wie heute. Deshalb heißt er im Volksmund auch »Schneekönig«. Der Ausdruck »sich freuen wie ein Schneekönig« ist durch den vergnügten Eindruck, den der kleine Kerl in klirrender Kälte vermittelt, entstanden. Die Männchen bauen mehrere Kugelnester, aus denen sich dann das Weibchen eines aussucht. Manchmal wird ein fremdes Weibchen auf die günstige Nistmöglichkeit aufmerksam, und wenn es genügend Insekten gibt, paart sich das Männchen auch mit der zweiten Zaunkönigin und hat dann doppelten Nachwuchs.

Die kräftige Februarsonne hat auch einem Rotkehlchen neue Lebensgeister eingehaucht. Sein roter Brustlatz leuchtet im Licht, und dem weit geöffneten Schnabel entströmt ein liebliches Lied. Auch das Rotkehlchen kann es scheinbar nicht erwarten, dass der Frühling kommt, und beginnt bereits im Winter mit dem Gesang, oder richtiger: Es hört nie damit auf, denn das ganze Jahr über kann man den Melodien der Rotkehlchen lauschen, auch wenn sie in den kalten Monaten meist sehr leise und verhalten klingen. Im Frühling singen die Rotkehlchen wieder ausdauernder und lauter.

Das Rotkehlchen, das ich gerade beobachte, hat einen Baumwipfel als Bühne gewählt und lässt sich von den im Geäst wie kleine Akrobaten turnenden Blaumeisen nicht irritieren. Diese koboldgleichen Vögel, die fast immer in Bewegung sind, oft so lebhaft, dass meine Augen kaum folgen können, zwitschern mit silberhellen Stimmchen: »sisisisidüdu«. Mit dem richtigen Gesang halten sie sich aber noch zurück. Blau- und auch Kohlmeisen beherrschen im Unterschied zu anderen Meisenarten ein reichhaltiges Repertoire.

Wissenschaftler haben herausgefunden, dass das Gefieder von Blaumeisen im ultravioletten Bereich leuchtet. Wir Menschen können diese Farben nicht wahrnehmen, wohl aber die Vögel selbst. Die ultravioletten Muster scheinen unter anderem bei der Partnerwahl wichtig, denn männliche Blaumeisen haben andere Merkmale als die Weibchen, während für uns die Geschlechter der Meisen so gut wie nicht zu unterscheiden sind.

Wieder erschallt aus dem Unterholz der Gesang des kleinen Königs der Vögel – in der Fabel von Äsop besiegt der Winzling sogar den mächtigen Adler. Unglaublich, wie laut seine

Stimme ist, denke ich erneut. Der Grund dafür liegt in den anatomischen Gegebenheiten. Vögel können nämlich gleichzeitig atmen und singen. Sicher hat sich jeder schon einmal gewundert, der eine Lerche hoch oben am Himmel hat tirilieren hören, wie sie es vermag, die Anstrengung des Fliegens mit dem Singen zu vereinbaren. Wir müssen uns nur einmal vorstellen, einen Marathon zu laufen und dabei gleichzeitig lauthals ein Lied zu schmettern. Das würden wir gar nicht erst versuchen.

Im Unterschied zu uns und den anderen Säugetieren hat die Natur die Vögel mit einem zweiten Kehlkopf ausgestattet. Der obere ist wie bei uns für die Trennung von Nahrung und Luft verantwortlich. Während der menschliche Kehlkopf zugleich auch Töne erzeugen kann, sitzt das Lautbildungsorgan der Vögel tiefer, an der Gabelung zwischen Luftröhre und den beiden Bronchien. Deshalb können Vögel zugleich atmen – mit dem oberen Kehlkopf – und singen – mit dem unteren.

Dieser untere Kehlkopf trägt die wissenschaftliche Bezeichnung Syrinx, nach einer Nymphe aus der antiken griechischen Sagenwelt. Syrinx flüchtete vor dem gewalttätigen Pan, der nicht von ihr ablassen wollte. Angsterfüllt bat sie den Flussgott um Hilfe, der sie in Schilfrohr verwandelte. Pan schnitt die Halme ab und bastelte sich daraus eine Flöte, uns bekannt als Hirten- oder Panflöte. Und so ähnlich wie Orgelpfeifen oder eben eine Panflöte muss man sich den unteren Kehlkopf der Vögel vorstellen.

Das erklärt zwar, warum Vögel auch im Flug Töne erzeugen können, aber nicht die Lautstärke eines so winzigen Geschöpfes wie des Zaunkönigs, der nur neun Gramm auf die Waage bringt und kaum zehn Zentimeter groß ist. Um die Stimmlippen in Schwingung zu versetzen, ist Luft nötig. Je mehr Luft jemand aus seinen Lungen herausbekommt, umso lauter kann er sprechen oder singen. Vögeln steht im Verhältnis mehr Luft zur Verfügung als uns, denn sie besitzen Luftsäcke im Bauch- und Brustraum, zudem sind ihre Knochen, die leicht sein müssen, damit die Tiere fliegen können, mit Luft gefüllt. Diese Luft strömt durch den Körper, wird durch die Röhrenknochen, Becken, Schultern und Brustkorb aus- und eingepumpt und hilft dabei, möglichst laut zu zwitschern.

Die winterliche Sonne scheint warm herab von einem kobaltblauen Himmel, ihr heller Schein motiviert mich, bis zum Südufer des Sees weiterzuwandern. Im dunkelgrünen Wasser fällt mir sofort eine Ansammlung auffallend schwarz-weiß gefärbter Wintergäste auf. Unverwechselbar – es sind Schellenten. Die Männchen haben einen metallisch-grün schillernden Kopf mit flacher Stirn und hohem Scheitel. An beiden Seiten, dicht hinter dem Schnabel, prangt ein weißer Fleck. Der Rücken ist schwarz, aber die Brust und die Seiten leuchten blendend weiß, die Flügel sind schwarz-weiß gestreift. Ihren auffallend gelben Augen haben die Schellenten im Englischen den Namen »Goldeneye« zu verdanken. Ein paar schlichter gefärbte Weibchen mit braunem Kopf sind auch in der Gruppe, doch die Männchen beanspruchen alle Aufmerksamkeit für sich. Sie sind in Balzstimmung! In einer seltsamen Pose, wie ich sie noch nie zuvor bei anderen Enten gesehen habe, recken sie zuerst ihren Kopf senkrecht in die Höhe, dabei rufen sie: »knirrr knirrr qui-rrik«. Dann drehen sie den Kopf wild hin und her, und plötzlich werfen sie ihn weit zurück, bis er auf dem Rücken zu liegen kommt. Der Schwanz wird nach oben gebogen und mit den Füßen das Wasser getreten, sodass es hoch aufspritzt.

Gleich mehrere Männchen versuchen, mit diesem Schauspiel ihre zukünftigen Partnerinnen zu beeindrucken, denn die Schellenten verpaaren sich bereits im Winterquartier. Im nördlichen Brutgebiet wird dann eine geeignete Nistmöglichkeit gesucht. Schellenten bauen keine Nester am Boden, sondern bevorzugen Löcher in morschen Bäumen oder beziehen ehemalige Spechthöhlen. Die Küken müssen gleich am ersten Tag nach dem Schlüpfen großen Mut beweisen und in die Tiefe springen, manchmal geht es mehr als zehn Meter hinab. Beobachten konnte ich dies noch nicht. Doch ich weiß aus Berichten anderer Biologen, dass sich kaum ein Küken dabei verletzt. Sie segeln mit ausgebreiteten Flügeln und aufgefalteten Schwimmhäuten an den Füßen zu Boden, wodurch die Fallgeschwindigkeit etwas gebremst wird. Der Aufprall wird durch weiches Jugendgefieder gedämpft. Zudem sind die Knochen der jungen Entchen anfangs noch sehr weich, sodass sie nicht brechen. Auch Stockenten suchen sich manchmal ungewöhnliche Nistplätze. Eine Freundin, die in der Stadt in der Nähe eines Parkes mit Teichen in einem Hochhaus wohnt, hat mir erzählt, dass einmal eine Stockente bei ihr im Blumenkasten gebrütet hat.

Frühling

Frühlingsahnung

Die Luft riecht anders als sonst. Ich atme sie tief ein. Was ist das nur für ein Geruch? Gestern war er noch nicht da. Ich kann ihn nicht zuordnen. Kann nicht genau bestimmen, was es ist – und doch wirkt er elektrisierend auf mich. Es ist das verheißungsvolle Aroma des beginnenden Frühlings.

In der Nacht hat es geregnet. Überall tropft es im Gezweig. Der nächtliche Regenguss hat die letzten Schneereste weggespült. Die Erde liegt blank. Der dunkelbraune, matt glänzende Boden ist sichtbar, und die Wiesen leuchten saftig grün, als hätte ihnen der Frost nichts ausgemacht. Gestern noch waren sie mit Schnee bedeckt.

Wie schön doch jede Jahreszeit auf ihre Weise ist, denke ich, während ich ohne besonderes Ziel dahinstapfe und der Lehm an meinen Schuhsohlen dicke Klumpen bildet. Ob Sommer, Herbst, Winter, Frühling, von jeder Phase fühle ich mich beschenkt, jede hat ihren Reiz und ist einzigartig. Was mir aber am meisten gefällt, ist der Übergang von einer Jahreszeit zur anderen. Der Wechsel, wenn eine vergeht und die neue beginnt, das sind spannende Momente. Am spürbarsten, so finde ich, wird dies, wenn der Winter dem Frühling weicht.

Ich erinnere mich daran, dass die Winter in meiner Kindheit länger und schneereicher waren, und wie aufgeregt ich war, wenn ich den nahenden Frühling spürte. Dann zog es mich unwiderstehlich nach draußen, ungeduldig suchte ich dort nach den ersten Frühlingsboten. Und so wie damals, bin ich auch heute unterwegs, um Zeichen zu finden, die mir beweisen – der Frühling steht vor der Tür! Bald wird er da sein! Nicht mehr lange, dann wird er seine Pracht entfalten, dann beginnt das Leben neu.

An einer Böschung, zwischen ausgeblichenen Gräsern aus dem Vorjahr, leuchtet es gelb. Es sind die Blüten des Huflattichs. Wie kleine Sonnen bedecken sie jetzt den Boden. Erst viel später wird die Pflanze ihre lappigen, breitflächigen Blätter entfalten.

Am Waldrand entdecke ich die ersten Schlüsselblumen. Vorwitzig haben sich die gelben Kelche zwischen welkem Laub hervorgewagt. Gelb sind auch die Winterlinge, überhaupt scheint Gelb die vorherrschende Farbe der Frühlingsblüher zu sein. Erst einige Zeit später werden Blüten sichtbar, die sich mit Blau und Lila schmücken. Doch die allerersten Blumen, die sich noch zwischen Eis und Schnee zeigen, sind weiß – die Schneeglöckchen. Mit ihren glockenförmigen Kelchen erinnern sie mich an Milchtropfen. So zart die Schneeglöckchen sind, vermögen sie doch den Schnee zu schmelzen. Mit der in den Knollen gespeicherten Energie erzeugen sie Wärme, die in die Blüten geleitet wird. So kommt es, dass die Blumen selbst geschlossene Schneedecken durchbrechen können.

Noch sind die Knospen an Bäumen und Sträuchern geschlossen. Doch wenn ich genau hinschaue, sehe ich, wie sie ein violetter Schimmer umspielt. Im Winter waren sie hart und klein, dicht an die Zweige geschmiegt, kaum sichtbar. Jetzt sind sie dick geschwollen. Es dauert nicht mehr lange, nur eine Reihe sonnenwarmer Tage ist nötig, dann sprengen sie die Hülle und entfalten ihr Grün.

Dort, die Weidenkätzchen – sie sind den Blättern vorausgeeilt; prall und drall plustern sie sich silbern auf. Und auch am Haselstrauch hängen Kätzchen, lang und goldgelb gefärbt. Dies sind die männlichen Fruchtstände. Die weiblichen Blüten befinden sich am gleichen Strauch, sind aber unscheinbar, wie die Knospen drücken sie sich an den Ast. Ich muss ganz nah herangehen, dann sehe ich die Tentakel aus der Spitze des knospenartigen weiblichen Blütenstandes ragen. Es sind karminrote Fäden, bereit, den Samen zu empfangen. Aus den über ihnen hängenden männlichen Kätzchen werden sie mit Pollen überschüttet und darin eingehüllt. Der Wind trägt das Seine dazu bei, sodass man sagen kann, die Haselnüsse treiben ein Liebesspiel mit dem Wind. Als ich diese winzigen weiblichen Haselblüten das erste Mal erforschte, war ich etwa zehn Jahre alt. Ich war stolz auf meine Entdeckung, die ich eigenständig nur durch genaues Betrachten und Beobachten der Natur gemacht hatte. Bis dahin hatte ich naiverweise geglaubt, dass die Nüsse sich aus den Kätzchen bilden würden, aber es ist immer das Weibliche, das neues Leben hervorbringt. Im Frühling dreht sich alles um die Fortpflanzung, bei Pflanzen und auch bei Tieren. Nur die Arten überleben, die erfolgreich den eigenen Nachwuchs ins Rennen schicken.

Was flattert dort? Ein herbstlich gelbes Birkenblatt, das sich erst jetzt vom Baum gelöst hat? Nein, es ist ein zitronengelber Falter. Früher als andere Arten, die erst als Raupen heranwachsen, sich verpuppen und in Schmetterlinge verwandeln, ist der Zitronenfalter der Erste, der sich draußen zeigt, und daher ein wahrer Frühlingsbote.

Ich freue mich über den gaukelnden Tanzflug des Schmetterlings. Es ist ein Männchen, denn seine Schwingen glänzen goldgelb. Wenig später flattert ein blassgelbes Weibchen herbei. Kaum hat das Zitronenfaltermännchen diese mögliche Partnerin erspäht, fliegt es zielgerichtet zu ihr. Sie scheint noch nicht paarungsbereit und entflieht. Das Männchen säumt nicht, ihr zu folgen. Gespannt schaue ich den beiden zu. Noch nie zuvor ist es mir gelungen, den Hochzeitsflug von Zitronenfaltern zu beobachten. Das Weibchen fliegt voraus, kurvt in Kreisen, beschreibt Schlängellinien, sucht nach rechts, dann wieder nach links zu entkommen. Das Männchen flattert in stets gleichbleibendem Abstand hinterher, wie an einem unsichtbaren Faden gezogen. Schließlich lässt sich das Falterweibchen zu Boden sinken und erwartet seinen Partner mit aufgerichtetem Hinterleib. Die Eier wird es später auf Blätter von Kreuzdorngewächsen legen.

Die Sonne beleuchtet Wiese, Wald, Feld und See, der Anblick beflügelt meine Seele. Mein Herz schlägt schneller, mein

Puls steigt, das Blut rauscht durch meine Adern, und ich fühle mich trunken vor beglückender Sehnsucht, überflutet und durchdrungen vom Leben spendenden Licht.

Die Witterung ändert sich von Tag zu Tag. Sonnenhelle Phasen wechseln sich ab mit Kälteeinbrüchen. Der Winter kämpft um seine Allmacht, will sich noch nicht geschlagen geben. Noch einmal fällt Schnee, schmilzt jedoch schnell in der Märzsonne, dann wieder regengraue Tage. Wie schwere Wassersäcke hängen Wolken niedrig am Himmel. Regen strömt herab, sintflutartig, will nicht aufhören. Endlich lichtet sich der graue Vorhang. Sonnenglanz strömt aus blauem Äther. Ein sieghaftes Leuchten. Wolkengebirge steigen hoch hinauf, und nun blüht auch der Weißdorn. Keiner der braunen Äste und Zweige ist mehr sichtbar. Der gesamte Strauch ist in ein weißes Blütenwunder gehüllt, und erst der Duft! Es ist eines der köstlichsten Aromen, die ich kenne.

Die blattlosen Baumkronen in den Wäldern lassen noch eine Fülle an Licht auf den Waldboden fallen. Dort breitet sich ein weißer Teppich von Buschwindröschen aus. An anderen Stellen setzen Leberblümchen blaue Akzente oder prangt in violett-bunten Farben der Lerchensporn.

Ende April, Anfang Mai treiben die Blätter der Waldbäume aus und beanspruchen nun das Leben spendende Licht für sich. Die bunte Blumenpracht am Waldboden erlischt und fällt in »Dornröschenschlaf« bis zum nächsten Frühjahr.

Märzfrühling

Der März ist ein unsicherer Kandidat, in manchen Jahren sommerlich warm, dann wieder kalt und schneereich. Gerade weil er so wechselhaft und unvorhersehbar ist, der März, mag ich ihn. Warum nur hat man dem April dieses Etikett der Unbeständigkeit angeheftet? Weil er sich gut reimt? »April, April, der weiß nicht, was er will« – mit »März« hätte dieser Spruch nicht funktioniert.

Wieder einmal bin ich am südlichen Seeufer unterwegs, wie so oft frühmorgens, wenn nach der Nacht die Welt wieder neu erwacht, frisch und kühl ist und sich mit Tautropfen geschmückt hat. Das sind für mich die schönsten Stunden des Tages. Mir fällt es leicht, zeitig mit der Morgendämmerung aufzustehen. Ich muss nicht einmal einen Wecker stellen. Habe ich mir am Abend vorgenommen, den nächsten Tag draußen in der Natur zu verbringen, erwache ich von selbst, voll aufgeregter Neugier. Welche Beobachtungen und Tierbegegnungen werden mich heute wohl überraschen?

Von den drei Schwanenarten, die ich im Winter beobachten konnte, zeigen sich nur die Höckerschwäne, die immer da sind. Sie sind quasi Einheimische, obwohl sie von Tieren abstammen, die in fürstlichen Parkteichen künstlich angesiedelt worden sind. Ihre wirkliche Heimat ist die arktische Tundra. Dort leben und brüten wilde Höckerschwäne im Mündungsgebiet der Flüsse Ob und Jenissei. Unsere Schwäne im deutschen Binnenland sind keine Zugvögel und eigentlich auch keine wirklichen Wildtiere mehr. Von Besuchern und Ausflüglern werden sie oft im Übermaß mit Futter versorgt und vermehren sich ziemlich unkontrolliert.

Die beiden seltenen Zwergschwäne hatten sich nur zu einer kurzen Rast am Ammersee eingefunden, und auch die Singschwäne sind jetzt, in der ersten Märzwoche, bereits aufgebrochen. Vielleicht nach Island? Dort konnte ich einmal bei einer meiner Reisen eine Singschwanfamilie im eisig kalten Hochland auf fast 2000 Metern Höhe zwischen Lavaströmen und wilden Flüssen beobachten, wo die Schwaneneltern gebrütet hatten. Ihre fünf flauschigen Küken waren aus den Eiern geschlüpft und purzelten durcheinander, als die Eltern sie einen abschüssigen Hang hinunter zum Wasser führten.

Doch zurück zum Ammersee. Auf einem im Wasser schwimmenden Holz hockt ein Kormoran mit ausgebreiteten Flügeln. Es hieß lange, Kormorane hätten, im Gegensatz zu anderen Wasservögeln, keine Bürzeldrüsen, mit deren Sekret sie ihr Gefieder gegen Nässe schützen könnten. Seltsam und unpassend, da sie sich von Fischen ernähren und dazu mehrmals täglich ins Wasser müssen, und vor jedem neuen Tauchgang halten sie die Flügel ausgebreitet in Luft und Wind. Auf mich wirkte es immer ein wenig hilflos, wie der pitschnasse Vogel den Launen der Natur ausgeliefert ist. Inzwischen herrscht die Meinung vor, Kormorane hätten doch Bürzeldrüsen, nur seien diese weniger funktionsfähig, oder die Struktur ihrer Federn könne das Fett nicht richtig aufnehmen. Es ist nämlich beim Tauchen von Vorteil, wenn das Gefieder nicht gefettet ist, so wird zwischen den Federn keine Luft gespeichert, und der Vogel verliert keine Kraft und Energie durch den Auftrieb.

Der fast gänsegroße Vogel hat sein Prachtkleid angelegt. In seinem Fall klingt diese Bezeichnung etwas übertrieben, hat der schwarze Kormoran mit seinen metallisch schimmernden bronzebraunen Flügeln doch einzig sein Kinn und die Wangen weiß geschmückt und an den Flanken eine weitere helle

Stelle. Diese Merkmale verraten, dass die Brutzeit begonnen hat. Kormorane versammeln sich zu diesem Anlass in Kolonien und bauen ihre Nester auf hohen Bäumen.

Mit ihrem an der Spitze hakenförmigen Schnabel, dem lang gestreckten Hals und den weit hinten am Körper ansetzenden Füßen wirken Kormorane, für mein Empfinden, exotisch, fast möchte ich sagen, sie haben etwas Reptilienhaftes an sich. Was auch naheliegend ist, sind die Vorfahren aller Vögel ja die Saurier. Ihr Federkleid verbirgt die Herkunft, doch den Singvögeln, die nackt aus dem Ei krabbeln, sieht man diese Abstammung deutlich an.

Vom Beobachten des Kormorans lenkt mich eine Tannenmeise ab. Sie ist, wie ihr Name andeutet, ein Waldbewohner und vom nahen Fichtenwald herübergeflattert. Nun macht sie sich im Ufergebüsch zu schaffen. Tannenmeisen sind etwas kleiner als Kohlmeisen und könnten auf den ersten Blick mit ihnen verwechselt werden, denn auch sie haben ein schwarzes Köpfchen und weiße Wangen. Doch an ihrem leuchtend weißen Nackenfleck kann man Tannenmeisen sofort erkennen.

Immer wieder lässt das Vögelchen sein »wietze, wietze, wietze« erschallen, lockt dann leise »si, si, si«, obwohl kein Artgenosse in der Nähe ist. Was mich sehr verwundert, bilden Tannenmeisen doch fest gefügte Paare und treten so gut wie immer zu zweit auf. Mit ihrem metallisch harten schwarzen Schnabel hackt die Meise auf einen Erlenzapfen ein, so kräftig, dass die Schuppen in alle Richtungen fliegen. Lebhaft hüpft das kleine Kerlchen hin und her, schmeißt wütend mit tauben Zapfen um sich, in denen sich keine Samen befinden, und schimpft aufgebracht. Dabei sträuben sich seine Federn am schwarzen Samtkäppchen.

Schwerfällig summt eine Hummel dicht am Boden umher. Sie hat den Winter überlebt und sucht nun eine geeignete Stelle, wo sie ihre Brut aufziehen kann. Sie ist sozusagen die Königin des zukünftigen Hummelstaates. Da sie nicht selbst graben kann, ihre dünnen Beinchen taugen nicht dazu, sucht sie nach einem Erdloch, einem verlassenen Mäusebau oder einer ähnlichen Vertiefung im Boden. Ist das Mäuseloch besetzt, schafft es die Hummel sogar, die viel größere Besitzerin zu vertreiben. Sie stimmt ein wildes Brummen an, und hilft das nicht, pikst sie die arme Maus mit ihrem Stachel. Im Gegensatz zu Bienen, Wespen und Hornissen stechen Hummeln selten, aber dass sie es tun, habe ich als Kind selbst erlebt, als ich einen der wolligen Brummer in der hohlen Hand hielt und nach Hause tragen wollte. Lange hatte das Tier gewartet und sich geduldet, dann wurde es ihm zu eng, und es stach zu. Der Schmerz war heftig, ging glücklicherweise jedoch schnell vorüber. Danach war ich für alle Zeiten gewarnt und habe mich gehütet, diese Tiere noch einmal zu fangen. Hummeln, anders als Bienen, verlieren beim Stich ihren Stachel nicht, können ihn unbeschadet in ihren Körper zurückziehen, denn er hat keine Widerhaken, sondern ist spitz und glatt wie ein Dolch.

Vom Ufer kommend wandere ich seitwärts hinein in die Wiesenlandschaft. Dort habe ich das große Glück, eine Weihe zu beobachten. Diese Vögel sind viel seltener als zum Beispiel Mäusebussarde oder Rotmilane. Es gibt bei uns drei verschiedene, sich ähnelnde Weihenarten, die Rohr-, die Wiesen- und die Kornweihe. Die Männchen haben ein hellgraues Gefieder, mit Ausnahme der Rohrweihen, die eher braun sind und nur an Flügeln und Schwanz stahlgraue Farbe zeigen.

Der Vogel, der gaukelnd und schaukelnd wie ein riesiger Schmetterling über die Wiesen gleitet, ist eine wahre Schönheit. Am ganzen Körper ist er mit silbern schimmernden taubengrauen Federn geschmückt, nur die Flügelspitzen sind schwarz. Es handelt sich eindeutig um ein Männchen der

Kornweihe. Aus dem Winterquartier in Nordafrika zurückgekehrt, sucht der Vogel nach Nahrung. Nah am Boden gleitet er in Kreisen dahin, schwingt auf und nieder, bewegt nur selten die Flügel. Dies ist der charakteristische Jagdflug, um Insekten und kleine Säuger aufzuspüren. Meine Augen nicht abwendend von dem wunderbaren Schauspiel, wünschte ich, der Augenblick möge noch länger andauern, doch nachdem die Kornweihe mehrmals das Terrain inspiziert und nichts Nahrhaftes entdeckt hat, segelt sie davon. Mit einem braun gefärbten Weibchen wird das Männchen später einen Horst am Boden bauen und versuchen, Nachwuchs aufzuziehen.

Zwitschernde Töne lassen mich aufmerken. Eine Lerche singt ihr Lied. Selten sind sie geworden, die Feldlerchen meiner Jugend. Damals waren die hoch am Himmel auf einer Stelle flatternden, trillernden und jubilierenden Vögel ein vertrauter Anblick. Zu ihrer Verbreitung hatte ursprünglich der Mensch beigetragen, als er in der Jungsteinzeit begann, Ackerbau zu betreiben, und dafür dichte und dunkle Wälder rodete. Die Lerchen konnten sich, dank der durch den Menschen bewirkten Umweltveränderung, auf den baumlosen Flächen ausbreiten. Doch so wie der Mensch vor vielen Jahrhunderten einen für die Lerchen günstigen Lebensraum schuf, trägt er jetzt durch die veränderte Feldbestellung zu ihrem Verschwinden bei. Denn wie die Korn- und auch die Wiesenweihen bauen die Lerchen ihre Nester am Boden auf Wiesen und Ackerflächen. Dabei fallen Eier und Küken zahlreichen Feinden zum Opfer, nicht nur Füchsen und Mardern, auch Krähen und Elstern – und heute mehr als früher: den landwirtschaftlichen Maschinen.

Ähnlich wie den Feldlerchen ergeht es den Kiebitzen. Früher waren sie so häufig, dass ihre Eier sogar für den menschlichen Verzehr eingesammelt und auf den Wochenmärkten verkauft wurden. Die Gelege von meist vier Eiern werden ohne Nistmaterial einfach in eine Bodenmulde gelegt, gut getarnt durch braune Flecken, aber ansonsten schutzlos. Der Lebensraum der Kiebitze sind Wiesen, Ackerraine, brachliegende Felder und Ödlandflächen. Durch die Trockenlegung feuchter Wiesen und die intensive Landwirtschaft sind die schönen Vögel sehr selten geworden.

Ich darf mich an diesem Tag über den Anblick von gleich fünf Rückkehrern aus ihrem Winterquartier freuen. Kiebitze sind auffallende Erscheinungen: etwa taubengroß mit metallisch grün-blau-rot schillerndem Gefieder; und am Hinterkopf eine kecke Federholle, so die fachliche Bezeichnung des Federschopfes.

Die fünf Kiebitze gebärden sich wie toll. Immer wieder fliegen sie hoch hinauf und stürzen dann in jähen Wendungen herab. Sie bremsen erst kurz vor dem Boden, steigen wieder auf, trudeln sich überschlagend in die Tiefe. Ein akrobatisches Flugspiel. Bevor es erneut in die Höhe geht, sausen sie in rasantem Flug dicht über der Wiese dahin, pendeln dabei einmal nach links, dann wieder nach rechts, damit ihre schwarzweiße Färbung gut zur Geltung kommt. Dabei rufen sie fortwährend »kuuuiii-kju-wit, kju-wit, witt-witt«.

Eigentlich markieren Kiebitze, die den Winter in den Mittelmeerländern verbracht haben und im März zu uns zurückkehren, mit diesen Flugkünsten den Ort, an dem sie brüten wollen. Doch ob sie wirklich auf dieser Wiese ihr Nest bauen werden, ist fraglich. Immer wieder beobachten Ornithologen Brutversuche, die dann wegen Störungen, sei es durch Spaziergänger mit Hunden oder durch landwirtschaftliche Aktivitäten, aufgegeben werden.

Traditionen, Begebenheiten und Begegnungen

In meiner Wahlheimat rings um den Ammersee haben sich über Jahrhunderte gewachsene Traditionen und Bräuche lebendig erhalten und werden nach wie vor gepflegt. Es sind die Gemeinschaft verbindende Ereignisse und Festlichkeiten, die meist zu immer wiederkehrenden festen Terminen stattfinden. Sie geben dem Alltag Struktur durch ihre herausragende Besonderheit. Traditionen stiften ein Zusammengehörigkeitsgefühl und erinnern an gemeinsam Erlebtes und Geschaffenes.

In den Reichtum des oberbayerischen Brauchtums kann und will ich hier nur einen kleinen Einblick geben. Ausgewählt habe ich diejenigen Ereignisse, die mich berührt haben. Dabei beschränke ich mich nicht allein auf typische Traditionen, wie das Fischerstechen und die Fahnenweihe, sondern meine Berichte spannen sich weit vom Töpfermarkt zu den Keltenschanzen und weiter zur Storchenkolonie in Raisting und dem Schutz der Brachvögel im Ampermoos.

Der Dießener Töpfermarkt

Frühmorgens, noch vor dem großen Besucheransturm, mache ich mich auf den Weg zum Dießener Töpfermarkt 2019. In den vergangenen Jahren habe ich die Erfahrung gemacht, dass nicht nur aus dem Umland, sondern auch aus anderen Bundesländern und sogar aus dem Ausland Neugierige anreisen. Das Gedränge an den Ständen ist dann beträchtlich und ein entspannter Bummel, bei dem man die Objekte in Ruhe bestaunen kann, nicht mehr möglich.

Jedes Jahr, beginnend an Christi Himmelfahrt – im katholischen Bayern ein wichtiger Feiertag –, trifft sich die Elite des Töpferhandwerks vier Tage lang in Dießen. Dieses internationale Ereignis wurde 1978 von den beiden Keramikexperten Arthur Sudau und Ernst Lösche, über dessen Arbeit ich bereits im Kapitel »Dießen« berichtet habe, ins Leben gerufen. Zuerst fand er auf dem weitläufigen Grundstück von Arthur Sudau statt, inzwischen ist er in die Anlagen direkt am Ammerseeufer in zauberhafter Lage übersiedelt.

Jährlich werden 150 Stände vergeben. Wolfgang Lösche, der Sohn von Ernst Lösche, hat die Marktleitung übertragen bekommen. Er antwortet auf meine Frage, wie denn die Aussteller ausgewählt würden: »Es blutet einem das Herz, denn die Töpfer, die sich in Dießen bewerben, sind alle professionell und sozusagen oberste Güteklasse. Es tut weh, dem einen oder anderen absagen zu müssen. Doch es bleibt uns nichts anderes übrig, wir müssen eine Auswahl treffen, denn es melden sich mehr Bewerber, als wir Plätze haben.«

»Nach welchen Richtlinien entscheiden Sie?«

»Nicht ich allein entscheide. Die Teilnehmer werden von einer mehrköpfigen Jury ausgewählt. Dabei werden verschiedene Kriterien zugrunde gelegt. Da wird die Länderzugehörigkeit berücksichtigt, denn wir wollen einen bunten Markt mit Töpfern aus ganz Europa. Darüber hinaus achten wir auf Arbeitsweisen, Gestaltungsformen, Werkstattzugehörigkeit und vieles mehr. Wie gesagt, besonders wichtig ist uns die Vielfalt, wir wollen eine breite Palette des Handwerks zeigen.«

»Wie viele Töpfer bewerben sich denn in etwa?«

»Diesmal waren es 350. Wir haben eine Ausnahme gemacht und zehn Standplätze mehr vergeben, also insgesamt 160. Und jedes Jahr werden es mehr.«

»Puh! Da stelle ich mir Ihre Aufgabe wirklich schwierig vor!«

»Zum Glück trage ich die Verantwortung nicht allein, unsere Fachjury ist außerordentlich kompetent.«

Keramiker aus 16 Ländern stellen in diesem Jahr ihre Werke aus. Am Schluss zeigt sich: 2019 ist ein Rekordjahr mit etwa 60 000 Besuchern. Mich überrascht, was sich so alles aus Ton formen lässt. Neben der Gebrauchskeramik, klassischem Geschirr sowie Vasen, Schalen und Krügen wird Kunstkeramik angeboten, also künstlerische Objekte, extravagante Formen und ungewöhnliche Dekorationstechniken; Unikate, die bei Sammlern begehrt sind, denn natürlich können und sollen die Besucher nicht nur schauen, sondern auch kaufen.

Die handwerklichen Fertigkeiten sind groß, und der Fantasie scheinen keine Grenzen gesetzt, es wird mit unterschiedlichen Glasuren, Farben und verschiedenen Tonerden experimentiert, von extrem fein bis grobkörnig oder auch mit metallenen Einschlüssen. Wieder andere Keramiker stellen ganz einfache Sachen her, die durch ihre edle Schlichtheit ihre Wirkung und Schönheit entfalten.

Seit ich am Ammersee wohne, habe ich jedes Jahr den Töpfermarkt besucht. Heute empfängt mich ein Maitag mit strahlend weiß-blauem Himmel. Nach einer nicht enden wollenden Schlechtwetterperiode werden Aussteller und Besucher die ganzen Markttage über mit einem Bilderbuchwetter beschenkt.

Zuvor war befürchtet worden, den Markt absagen zu müssen, denn die Regenmassen hatten bereits dazu geführt, dass der See übers Ufer getreten war und die Seeanlagen unter Wasser standen. Eine dramatische Situation. Mithilfe der Feuerwehr und vieler Ehrenamtlicher war die Flut gebändigt und der Boden wieder trockengelegt worden. Vielleicht deshalb, durch den großartigen Einsatz und die Bemühungen so vieler, wird es ein besonders gelungener Markt. Ich bin angetan von der freudigen und harmonischen Stimmung. Bereitwillig wird mir Auskunft gegeben, wobei ich in gelöste Gesichter blicke. Die Standleute freuen sich über mein Interesse, vor allem aber auch über die zahlreichen Besucher, und die meisten Anbieter sind mit dem Umsatz zufrieden.

Ein Keramiker, der Vasen in verschiedenen Größen und Farben ausstellt, erklärt mir: »Es ist für uns schon eine Auszeichnung, überhaupt dabei sein zu dürfen. Denn es ist eine einzigartige Gelegenheit, unser Können einem so großen Publikum zu zeigen.«

Eine Frau am Nachbarstand meint: »Beim Töpfermarkt in Dießen zu sein ist wie ein Ritterschlag für uns.«

Bei Gesprächen mit Besuchern fällt mir auf, dass viel Stammpublikum gekommen ist. »Wir sind jedes Jahr dabei«, heißt es.

Von anderen, die das erste Mal teilnehmen, höre ich: »Unglaublich, was einem hier geboten wird. Nächstes Jahr kommen wir bestimmt wieder!«

Wie international der Markt ist, wird an dem herrschenden Sprachenwirrwarr deutlich. Ich identifiziere Englisch, Spanisch, Italienisch und – so tippe ich zumindest – Tschechisch oder eine ähnlich klingende Sprache.

Von Wolfgang Lösche erfahre ich, dass jedes Jahr ein Wettbewerb ausgeschrieben wird, zu dem man seine Werke einreichen kann. Das Thema lautet dieses Jahr: »Serie und Unikat«.

»Was ist damit gemeint?«, frage ich, denn allzu viel kann ich mir nicht darunter vorstellen.

Der Marktleiter nimmt sich Zeit, mir das Motto zu erläutern: »Die meisten Keramiker fertigen von ihren Stücken fast immer eine größere Anzahl mit der gleichen Form. Aber anders als bei der industriellen Produktion gibt es bei der Handarbeit stets kleine Abweichungen. Kein Exemplar ist exakt wie das andere, auch wenn es auf den ersten Blick so scheint, als seien sie identisch. Innerhalb einer Serie gibt es in der Regel ein Stück, das sehr gelungen und ganz besonders ist, quasi das Unikat der Serie. Die Töpfer, die sich für unseren Preis bewerben, müssen also das erlesene Einzelstück passend zur Serie einreichen.«

Insgesamt 70 Tonkünstler wetteifern mit ihren Arbeiten um den Dießener Keramikpreis, der seit 2001 von der Brennofen-Firma Rohde gestiftet wird. Es handelt sich um eine ungewöhnlich hohe Anzahl an Bewerbungen. Von der Jury wird eine Vorauswahl getroffen, aus der dann das Sieger-Werk ermittelt wird.

Die Ausstellung zum Dießener Keramikpreis kann man im Traidtcasten besichtigen. So heißt das Obergeschoss der St.-Stephans-Kirche neben dem Marienmünster, die mir wegen ihrer romanischen Anmutung so gut gefällt. Unten, wo sich heute der Kirchenraum befindet, standen früher die Pferde des Klosters, und das Obergeschoss diente damals als Getreidespeicher. Die Bezeichnung »Traidtcasten« weist auf die ehemalige Nutzung hin. Heute dient der großzügige Raum der Gemeinde für Veranstaltungen und Ausstellungen.

Als ich die Treppe nach oben steige, wo ich bisher noch nie war, und die Tür öffne, bleibe ich überrascht stehen. Und da sonst niemand da ist, rufe ich laut aus: »Oh, wie schön!«

Ich hatte nicht erwartet, dass der alte Kornspeicher ein solches Schmuckstück ist. Die Dachkonstruktion, die Stütz- und Querbalken sind freigelegt und restauriert worden und verleihen dem Raum eine ganz besondere Atmosphäre. Auf weißen Tischen sind die Werke der Künstler angeordnet. Sie stehen weit genug auseinander, dass die einzelnen Präsentationen für sich wirken können. Für mich ist jedes Werk ein Highlight. Fernab vom Trubel am See und der dortigen Überfülle wirkt die Ausstellung erlesen. Ich nehme mir Zeit, gehe langsam von einem Tisch zum anderen, bleibe lange bei jedem Objekt stehen. Welchem würde ich den Preis geben? Ich weiß es nicht. Also beginne ich mit meiner Begutachtung noch einmal von vorn. Doch es nützt nichts. Mir fehlt die Kenntnis, um ein Urteil zu fällen. Habe ich mich doch bisher kaum mit Keramik beschäftigt. Deshalb erwarte ich gespannt den Abend der Preisverleihung. Wer wird wohl zum Sieger gekürt?

Es herrscht eine aufgeregte Atmosphäre. Wessen Arbeit konnte die Jury überzeugen? Vielleicht, um die Spannung noch weiter zu schüren, hält Marktleiter Wolfgang Lösche eine Rede. Er verspricht, sich kurz zu fassen.

»Die stete Veränderung im keramischen Schaffen ist wichtig und folgt der natürlichen Entwicklung. Deutlich verändern sich die Schwerpunkte. Von rustikal orientierten Tonwaren mit dunklen, erdigen Tönen, angelehnt an den Landhausstil der 1980er-Jahre, hat sich die Farbigkeit in der Keramik kraftvoll durchgesetzt. In Verbindung mit neuen Arbeitsweisen wandelt sich das Gesamtbild der Tonkunst und entwickelt sich weiter. Die Facettenvielfalt zwischen Tradition und Moderne macht den Reichtum heutiger Töpferkunst aus. Gerade das verkörpert die Preisträgerin in eindrucksvoller Weise. Der Dießener Keramikpreis geht an ... « Lösche macht eine Pause, wie bei der Oscarverleihung, und ruft dann aus: »Er geht an – Juliane Herden!«

Die junge Frau lächelt schüchtern, als sie vorn auf dem Podium steht und dem minutenlangen Beifall lauscht. Juliane Herden, die in Berlin lebt, wurde 1979 in Halle an der Saale geboren und hat auf der Burg Giebichenstein studiert. Bereits zu DDR-Zeiten war dies ein bedeutender Ausbildungsort für Künstler und zählt heute zu den größten Kunsthochschulen Deutschlands.

Strahlend nimmt die Töpferin die Urkunde entgegen. Die Werkstücke, mit denen sie sich beworben hat, werden von der Marktgemeinde aufgekauft und finden ihren Platz im Dießener Rathaus, wie schon die Tonwaren der vorherigen Preisträger. Dort kann sie jeder Besucher besichtigen.

Das Fischerstechen am Ammersee

In fantastischen Kostümen stehen sich die Akteure mit zwei Meter langen Lanzen im Duell gegenüber. Jeder auf einem Boot. Erschwerend müssen sie auf einem Brett balancieren, das quer über dem Fischerkahn liegt. Die Ruderer treiben die Boote mit vorsichtigen und möglichst ruhigen Schlägen in Richtung des Gegners, den es mit der Lanze ins Wasser zu schubsen gilt.

Dieses Spektakel nennt sich »Fischerstechen« und entstammt einer jahrhundertealten Tradition, die zurückgeht auf die Zunftspiele des späten Mittelalters. Manche meinen sogar, es sei den Turnierkämpfen der Ritter abgeschaut. Nachweislich wurde das Fischerstechen am Ammersee bereits um 1530 ausgeübt. In Erinnerung an das historische Ereignis stellte der Traditionsverein d'Moosdapper das sommerliche Gaudifest 1980 erstmals auf die Beine. Einige Jahre lang gehörte es zu den Besuchermagneten am Ammersee. Dann ebbte die Begeisterung ab, und die Duellanten stiegen nur noch sporadisch auf die wackeligen Kähne, zumal die Attraktion Schule machte und an anderen Seen imitiert wurde. Deshalb fand das Fischerstechen am Ammersee das letzte Mal 2007 statt. Doch nachdem man acht Jahre pausiert hatte, wurden 2015 endlich wieder die Lanzen hervorgeholt.

Die Mannschaft versammelt sich vor dem Gasthof Unterbräu. Meine Freundin Dorit, die ich für den Ausflug nach Dießen begeistern konnte, und ich sind extra zeitig von daheim losgefahren, um von Anfang an dabei zu sein. Laut Wetterbericht wird ein windstiller und superheißer Tag erwartet. Beste Voraussetzungen für das feuchtfröhliche Vergnügen.

Mir gefallen die bunten Kostüme der Teilnehmer. Als ich frage, ob ich ein paar Fotos machen kann, stellen sich die Mannsbilder bereitwillig in Positur. Sie tragen originelle Gewänder: Einer, der als Neptun verkleidet ist, spannt den Bizeps an und schaut grimmig, ein anderer trägt eine goldene Krone und einen roten Königsmantel mit unechtem Hermelinkragen. Er sei der »Zaun-König«, wird mir erklärt. Auch ein »echter« Pirat ist mit von der Partie. Insgesamt sind es 17 kampfbereite junge Männer. Eine einzige Frau, Annamirl, mit rosa Blümchen im Haar und blonden Zöpfen, befindet sich in der Männergilde. Doch ihr breites Grinsen entlarvt sie als Fake. Die Zöpfe sind eine Perücke, unter der sich ein Fischerbursche versteckt.

Der Spielmannszug des Dießener Trachtenvereins d'Ammertaler führt den farbenprächtigen Trupp mit zünftiger Musik zu den Seeanlagen. Dort hält der Präsident der d'Moosdapper, Simon Rauch, eine kurze Ansprache, wobei er betont: »Windig darf's nicht sein und nass schon gar nicht!« Er meint damit: Wer ins Wasser fällt, scheidet aus.

Die Kapelle spielt noch einmal einen Tusch, dann beginnt das Turnier. Für die Teilnehmer ist es keine leichte Aufgabe, mit den langen Lanzen auf den sich bewegenden Booten und den quer liegenden Balken das Gleichgewicht zu bewahren. Die Ruderer legen sich ordentlich ins Zeug und halten auf den Kahn des Kontrahenten zu. Schon fällt der erste Turnierkämpfer ins Wasser, und das Publikum, das sich am Ufer versammelt hat, lacht und klatscht Beifall. Doch der Sieger dieses Zweikampfs hat noch nicht gewonnen. Die Spielregeln sind gnadenlos, es gilt das K-.o.-System. Jeder Standhafte muss wieder gegen den Sieger eines anderen Paares antreten. Bis zuletzt nur noch zwei übrig sind.

Der furchterregende Pirat mit seiner Augenklappe geht schon bei der ersten Begegnung baden. Ein anderer hat sich in ein so schweres und enges Kostüm gezwängt, dass er, in den See gefallen, heftig mit den Armen herumfuchtelt, um nicht unterzugehen und zu ertrinken. Obwohl das Wasser an dieser Stelle nur brusttief ist, muss er gerettet werden. Eine Jacht segelt herbei und zieht ihn an Bord. Überhaupt haben sich im Wasser ringsum Boote, Kähne und Segelschiffe versammelt, und auch am Ufer stehen etliche Zuschauer aufgereiht. Wie mir scheint, sind kaum Ortsfremde dabei. Es ist wohl eher ein Event für Dießener.

Unter den beiden Letzten, die am meisten Standhaftigkeit bewiesen haben, ist der damalige Dießener Bürgermeister Herbert Kirsch. Er tritt gegen Franz Sanktjohanser an.

Der zögert nicht lange und befördert das Stadtoberhaupt zur Belustigung der Zuschauer mit einem gekonnten Stoß seiner an der Spitze gepolsterten Lanze kopfüber ins Wasser.

Tropfnass geht es zurück ins Unterbräu, wo die Duellanten ihre mit Seewasser durchtränkten Klamotten wechseln. Es folgt die Siegerehrung. Die Preise sind lukullischer Art. Entgegen jeder Gewohnheit bekommt der Drittplatzierte den Hauptpreis: einen Teller voller Würste und einen Kasten Bier. Der Zweite, also der Bürgermeister, wird mit zwei Salami und einem halben Kasten Bier belohnt. Während der Sieger nur eine einzige Flasche Bier erhält. Er hätte eine halbe Salami haben können, erklärt der Preisrichter, doch da er Vegetarier sei, müsse er sich mit dem Bier begnügen. Für mich erschließt sich nicht, was sich hinter dieser seltsamen Preisverleihung verbirgt. Ich frage einige Leute neben mir, aber sie zucken ratlos mit den Achseln. Endlich erbarmt sich Simon Rauch des etwas verloren dastehenden Siegers und ehrt ihn mit einem geschnitzten Fischstecher.

Nicht nur die Gaststätte ist dicht besetzt, auch vor dem Unterbräu ist der Platz mit Bierbänken und Tischen vollgestellt, und die Blaskapelle spielt launige Märsche. Jetzt zeigt sich, dass doch viel mehr Besucher aus dem Umland gekommen sind, als es am Seeufer den Anschein hatte. Die meisten haben wohl auf das nasse Spektakel verzichtet und es sich gleich bei Bier, Wurstsalat, Leberkas und Bratwurst gut gehen lassen – was aber schade ist, wie ich finde. Sie haben echt was verpasst.

Auch Dorit und ich nehmen an einem der Tische Platz. Wir genießen das fröhliche Beisammensein und bleiben bis zum Sonnenuntergang.

Das Fest der Fischer zu »Peter und Paul«

Die Apostel Petrus und Paulus sind die Schutzheiligen der Fischer. Ihrer wird am 29. Juni gedacht, der somit auch der traditionelle Jahrestag der Ammerseefischer ist. Mindestens seit dem Jahr der Zunftgründung 1691 wird der Tag von »Peter und Paul« mit einem Festakt in Dießen begangen.

Es ist ein sonniger Morgen, und ich blicke in freudige, erwartungsvolle Gesichter. Die Prozession formiert sich. Die Blaskapelle spielt, und die Zunftfahne weht im Wind. Die Berufsfischer, ihre Angehörigen, Freunde und Gäste marschieren vom Untermüllerplatz durch die Straßen hinauf zur Kirche St. Johann. Dort findet das Fischerhochamt statt, eine feierliche Form der heiligen Messe der römisch-katholischen Kirche, die *Missa Solemnis*.

Während des Gottesdienstes wird die aufwendig restaurierte Zunftfahne vom Pfarrer gesegnet. Sie zeigt, eingerahmt von einem saftgrünen Bogen, ein blaues Gewässer, das der Ammersee sein könnte. In der Mitte des Sees schwimmt ein Kahn. In ihm sind Fischer gerade dabei, ein Netz aus dem Wasser zu ziehen. So weit könnte es eine Szene sein, wie sie sich alltäglich beim Fischfang abspielt. Doch mitten im Boot steht Jesus – aufrecht, mit weißem Gewand und rotem Umhang, wie er von Kirchenbildern bekannt ist.

Das wertvolle Ölgemälde erstrahlt wieder in neuem Glanz. Die Leinwand wurde sorgsam ausgebessert, das Bild retuschiert, ausgefranste Quasten erneuert, Messingbeschläge gesäubert und fehlende ersetzt. Auf der anderen Seite der Fahne ist das Wappen der Dießener Ammerseefischer zu sehen. Das Gründungsjahr der Fischerzunft, 1691, und das Jahr, in dem die Fahne gefertigt wurde, 1901, sind eingestickt.

Nach dem Gottesdienst und der Fahnensegnung geht es zurück zum Gasthof Unterbräu, wo der Vorsitzende der Fischereigenossenschaft, Dr. Bernhard Ernst, den ich bereits kennengelernt habe, seinen Festvortrag hält. Er erinnert daran, dass durch die Zunftordnung der See vor Überfischung bewahrt wurde. Durch die Zunft wurden damals die rechtliche Stellung und das gesellschaftliche Zusammenleben geregelt und gesichert. Noch immer werden die alten Dokumente in der Zunftlade aufbewahrt. Diese hölzerne Truhe stammt aus der ersten Hälfte des 17. Jahrhunderts. Außer den Zunftpapieren befinden sich darin das Protokoll und das Totenbuch, in dem die Namen der verstorbenen Zunftmitglieder eingetragen wurden. Es gab für die Lade nur zwei Schlüssel, einen besaß der oberste Zunftmeister, den anderen sein Stellvertreter. Nur mit beiden Schlüsseln gleichzeitig ließ sich die Zunftlade öffnen. Das Vier-Augen-Prinzip sollte vor eventuellem Missbrauch schützen. Das etwa einen Meter lange Schmuckstück hat man, nachdem es jahrelang vermisst wurde, zufällig auf dem Dachboden des Heimatvereins Dießen gefunden. 2009 wurde die Zunftlade an die Fischereigenossenschaft, die Nachfolgerin der einstigen Zunftorganisation, zurückgegeben.

Die Genossenschaft, also die Gemeinschaft der Ammerseefischer, regelt in Absprache mit der Fischereifachbehörde, wie viele Netze und Reusen jeder Fischer wann und wo im See ausbringen darf. Grundsätzlich darf auf dem ganzen See gefischt werden, aber es wird sehr darauf geachtet, dass Schonzeiten und Schonmaße gewahrt werden und dass zu gegebener Zeit die Laichgebiete nicht befischt werden. So nehmen die Ammerseefischer beispielsweise seit vielen Jahren Ende April ihre Ufernetze aus dem See, damit die berühmten Ammerseezander ungestört ihr Laichgeschäft verrichten können. Es wird gewährleistet, dass der See nicht überfischt wird und zugleich jeder Berufsfischer sein Auskommen hat und gerecht behandelt wird.

»Erfreulich ist auch«, so der Vorsitzende bei seiner Rede, »dass in den letzten Jahren wieder junge Leute in die Fischerei eingestiegen sind. Nur so ist es möglich, wie in der Satzung der Ammerseefischer formuliert, Nachhaltigkeit und Qualität der Erwerbsfischerei als jahrhundertealtes Kulturgut für die Zukunft zu erhalten.«

Es wird geklatscht. Nachdem der Beifall verklungen ist, setzt der Vorsitzende seinen Vortrag fort, indem er sich einem Problem zuwendet, das die Berufsfischer seit Jahren bedrückt – nämlich den Kormoranen.

»Ein Kormoran benötigt am Tag mindestens ein halbes Kilo Fisch. Wenn über das Jahr etwa 115 Kormorane am See weilen, dann entnehmen sie knapp 21 Tonnen Fisch aus dem See und den umliegenden Gewässern. Das entspricht in etwa der Menge an Renken, die durchschnittlich alle Fischer zusammen fangen.« Einzelne Stimmen im Publikum werden hörbar. Der Vorsitzende lässt sich nicht aus der Ruhe bringen und fährt fort: »Es ist aber nicht nur der schiere Fischbedarf der Kormorane, der sie für die Ammerseefischerei zum Problem macht, sondern vor allem die Tatsache, dass die Vögel ihre Fische nicht mehr selber fangen, sondern ihren Bedarf weitgehend aus den Netzen der Fischer befriedigen, also die Renkennetze plündern. Den Fischern bleiben vielfach nur zerrissene Netze und zerfetzte Renken und, wenn die Renken geraubt wurden, nur noch Löcher in den Netzen. Der Schaden, der allein durch die Zerstörung und Plünderung an den Renkennetzen entsteht, ist für jeden Ammerseefischer auf mehrere Tausend Euro pro Jahr zu beziffern.«

Ich erfahre, dass die Wasservogeljagd über Jahrhunderte Bestandteil des freien Allmende-Fischrechts war. Erst seit

2008 wird die Jagd von der höheren Naturschutzbehörde durch Pachtvertrag mit auswärtigen Jägern besetzt. Bis dahin konnten Fischer die Jagd selbst ausüben. Im Auditorium werden wieder Stimmen laut. Heftig wird durcheinandergeredet. Mir wird sofort klar: Das ist ein heißes Thema, das die Gemüter bewegt. Rufe aus dem Publikum fordern das Jagdrecht für die Berufsfischer zurück. Durch ihre tägliche Arbeit wissen sie bestens Bescheid, wo Kormorane, Gänsesäger, Graugänse und andere Wasservögel sich aufhalten, und vor allem kommen sie mit ihren Booten nahe heran. Werden die Enten-, Gänse- und Möwenpopulationen zu groß, verunreinigen die Tiere mit ihren Fäkalien nicht nur den See, sondern es vermehren sich auch Parasiten. Eine Gefahr für Urlauber und Badende, wie die Infektionen mit Entenbilharziose zeigen.

Der Wunsch und das Ziel vieler Teilnehmer der Versammlung ist es, dass die Jagd wieder an die ortskundigen Fischer verpachtet wird. Sie hatten die Vogelbestände jahrzehntelang im Griff, ohne sie zu gefährden.

Nach dem Festvortrag feiern die Mitglieder der Fischereigenossenschaft noch ihr geselliges Beisammensein. Ich verabschiede mich vom Vorsitzenden Bernhard Ernst und bedanke mich für die Erlaubnis, dass ich als Außenstehende bei der Veranstaltung dabei sein durfte.

Mit dem Schiff über'n See

Wer heute die zahlreichen Segelboote, Ruderer, Kanuten und neuerdings auch die Paddler mit ihren SUP-Boards auf dem Ammersee herumfahren sieht – nicht zu vergessen die Ausflugsdampfer –, wird sich kaum vorstellen können, dass der

See einst allein den Fischern gehört hat. Wer damals über den See wollte, musste sich in einem Kahn übersetzen lassen. Den Fährdienst haben von alters her die Fischer geleistet. Im Jahr 1841 wurde ihnen dieses Recht sogar verbrieft. Personentransport war allerdings selten, wichtiger war es, Holz, Kalk und andere Waren von Dießen über den See in die Amper und dort auf dem Fluss bis Dachau zu transportieren. Schon 1611 hat Herzog Maximilian diese Holztrift genehmigt. Wenn wir glauben, dass in unserem modernen Leben alles bis ins letzte Detail genehmigt, geordnet und organisiert abläuft, zeigt dieses Beispiel, dass es früher kaum anders war.

Mit der beschaulichen Ruhe auf dem See und an seinen Ufern ist es vorbei, seit Vergnügungsdampfer mit Hunderten Menschen die Wasserfläche durchfurchen. Die Anfänge waren mit Hindernissen gespickt. Zwölf Dießener Bürger hatten sich 1870 zusammengetan und ein Schiff aus eigener Tasche finanziert. Von ihren Mitbürgern wurden sie verspottet, niemand glaubte an einen Erfolg. Und zuerst sah es auch nicht gut aus. Das teuer erworbene Schiff war nicht gerade seetauglich. Es neigte dazu umzukippen, musste mit Auslegern stabilisiert werden und bot zu wenigen Passagieren Platz. Wenig später wurde es durch ein zweites ersetzt. Aber erst als stadtmüde Ausflügler den Ammersee mit der Bahn erreichen konnten, wurden die Dampfer zu einem Gewinn für ihre Betreiber, und der traditionelle Fährdienst der Fischer wurde überflüssig.

Inzwischen ist die Ammersee-Schifffahrt eine echte Attraktion für Besucher. Zurzeit gibt es vier Dampfer mit regelmäßigen Fahrplänen und Anlegestellen in Schondorf, Utting, Holzhausen, Riederau, Dießen, Herrsching, Breitbrunn, Buch und Stegen. Ich wäre wohl nie auf die Idee gekommen, an einer dieser Vergnügungsfahrten teilzunehmen, wenn ich nicht ab und zu Besuch von Freunden und Familienangehörigen bekommen würde. Man will seinen Gästen schließlich etwas bieten. So komme ich wenigstens einmal im Jahr in den Genuss, über den See zu schippern.

An die erste Dampferfahrt mit meiner Mutter erinnere ich mich besonders deutlich. Sie lebt noch immer dort, wo sie mich zur Welt gebracht hat, in ihrer geliebten Heimatstadt Bischofswerda bei Dresden. Obwohl unsere gemeinsame Dampferfahrt viele Jahre zurückliegt, freue ich mich, dass ich ihr damals meine Wahlheimat zeigen durfte, und die Fahrt mit dem Schaufelraddampfer war der Höhepunkt ihres Besuchs.

Auf der *MS Utting*, die später durch ein neues Schiff mit gleichem Namen ersetzt wurde, tuckerten wir mit 23 Stundenkilometern über den See. Wir saßen nicht innen im Salon, sondern draußen an Deck, genossen den Fernblick über das Wasser bis hin zur blauen Silhouette der Berge am Horizont. Möwen umkreisten uns und folgten dem Schiff. Die auseinanderfallenden Wellen am Bug schäumten weiß. Die bewegte Wasserfläche lag blaugrün da. Es war ein heller Sommertag. Die Sonne strahlte am hohen Himmel. An den saftgrünen Uferhängen lagen still die Ortschaften, Kirchtürme ragten hervor. Und auf einmal fiel mir eine ähnliche Fahrt auf der Elbe ein.

Meine Eltern hatten mir zum bestandenen Abitur einen Ausflug mit der »Weißen Flotte« geschenkt, und zwar auf dem Teil, wo der Fluss das Elbsandsteinmassiv durchbricht und sich malerisch unter den Felsen entlangschlängelt. Ich fand es rührend, dass meine Eltern sich Gedanken gemacht hatten, womit sie mir eine Freude machen könnten. Die Möglichkeiten waren beschränkt, eigentlich hätte nur ein Restaurantbesuch als Alternative zur Wahl gestanden. Dass sie auf die Idee mit der Dampferfahrt gekommen waren, rechnete ich ihnen hoch an. Dennoch hielt sich meine Begeisterung in

Grenzen. Was sollte ich, die hinaus in die Welt wollte, auf einer profanen Vergnügungsfahrt? So gemütlich dahinzuschippern entsprach überhaupt nicht meinem abenteuerlichen Gemüt. Und nun, Jahrzehnte später, hatte ich meine Mutter zu einer ebensolchen Fahrt auf einem Vergnügungsdampfer eingeladen.

Es war die Zeit kurz nach der Wende und der erste Besuch meiner Mutter bei mir im Westen. Alles war neu für sie. Es gab keine Grenze mehr – eine Tatsache, die ein paar Monate zuvor noch undenkbar gewesen war. Nun konnte sie mich jederzeit besuchen. Mit eigenen Augen sah sie, wie gut es mir ging und was ich mir alles geschaffen hatte. Meine Mutter war voll tiefer Dankbarkeit, und ihre Freude, dass sich alles so gut gefügt hatte, sprang auf mich über. Wir saßen nebeneinander, Mutter und Tochter, blickten über den See bis zur Alpenkette, und ich zeigte ihr die Alpspitze, auf deren Gipfel ich schon gestanden hatte, und den Jubiläumsgrat, den ich zur Zugspitze, dem höchsten Berg Deutschlands, hinübergeklettert war. Von meiner Mutter habe ich mein Abenteuer-Gen nicht vererbt bekommen. Sie hatte niemals Fernweh und keine so verwegenen Ideen und Wünsche wie ich. Sie war zufrieden mit dieser Dampferfahrt und sah glücklich aus, als sie ausrief: »Wie schön! Was für eine herrliche Natur!« Diese Fahrt mit meiner Mutter machte auch mich glücklich, und ich werde dieses Erlebnis nie vergessen.

Die *Alte Utting*, so ihr neuer Name, war 1950 erbaut worden und fährt heute nicht mehr über den Ammersee. Nach fast 70 Jahren wurde sie ausgemustert und sollte verschrottet werden. Doch das konnte verhindert werden: Sie hat eine neue Bestimmung und bietet nun Raum für Gastronomie und Kultur. Dafür hat das Schiff eine kuriose neue Heimat gefunden – nämlich eine stillgelegte Eisenbahnbrücke in München-Sendling. Von Deck sieht man nicht mehr den See und die Alpen, dafür hat man einen guten Blick über das Häusermeer der Stadt.

Einen Dampfer auf eine Eisenbahnbrücke mitten in München zu setzen – dieses Kunststück haben Daniel Hahn und seine Mitstreiter von Wannda e. V. vollbracht. Schon 2012 haben sie den Verein gegründet mit dem Ziel, ungewöhnliche Projekte zu entwickeln und in der Stadt Platz zu schaffen für Träume, Kunst und Kultur, mit dem Motto »Wenn nicht jetzt, wann dann?«, woraus sich die Kurzform des Vereinsnamen ableiten lässt. Als die Freunde von Wannda e. V. durch Zufall mitbekamen, dass die *Utting* verschrottet werden sollte, starteten sie die Rettungsaktion. Mithilfe der Stadträtin Julia Schönfeld-Knor gelang es, dem altgedienten Dampfer ein neues Zuhause zu bieten. Allerdings, das fast 40 Meter lange Schiff vom Ammersee nach München zu transportieren war eine logistische Meisterleistung. Die Autobahn musste gesperrt und Buslinien verlegt werden. Doch dann war es irgendwann geschafft, und es konnte mit dem aufwendigen Aus- und Umbau begonnen werden.

Inzwischen schippert wieder eine *MS Utting* über den See. Sie ist das bisher mächtigste Schiff der Ammerseeflotte, wiegt 225 Tonnen, ist ganze 51 Meter lang und 9,60 Meter breit. Sie besitzt zwei 368 Kilowatt starke Dieselmotoren und hat 500 Rettungswesten an Bord. Ihre Einsatzmöglichkeiten sind vielfältig. Außer dem Liniendienst, also Passagiere zu den Ortschaften am See zu befördern, bietet sie allerhand Vergnügungen: Musik und Tanz, Sonnenuntergangsfahrten, Rundfahrten mit Gourmetessen und kulinarischen Schlemmereien. Der Salon im Schiffsbauch zeigt sich nostalgisch im Stil der 1930er-Jahre. Das Wanddekor schimmert täuschend echt wie Nussholz, und der Boden sieht aus wie Holzplanken aus Fichte, allerdings mussten wegen der Brandschutzbestimmungen Imitate aus Kunststoff verwendet werden. Gebaut wurde die »neue Utting« auf der Lux-Werft in Niederkassel.

Zur Flotte der Bayerischen Seenschifffahrt gehören außerdem noch drei weitere Dampfer. Ein weiteres mit Dieselmotoren betriebenes Schiff ist die *MS Augsburg*. Sie wurde 2008 gebaut, bietet 100 Personen Platz, ist 36 Meter lang und 7,80 Meter breit. Sie wird für Veranstaltungen und Feiern kleinerer Gesellschaften genutzt, zum Beispiel für Hochzeiten und Geburtstage. Die Namensgebung erregte Unmut bei den Anrainergemeinden, bis dahin war es üblich, die Schiffe nach den Ortschaften am See zu benennen. Der Protest schlug hohe Wellen, die inzwischen geglättet sind. Waren es doch vor allem Augsburger Bürger, die schon früh den Ammersee zu ihrem Ausflugsziel erkoren hatten, wodurch die Infrastruktur am Ammersee gestärkt und befördert wurde und die Ortschaften und ihre Bevölkerung profitierten.

Louisiana-Flair, wie auf dem Mississippi, verbreiten die beiden Raddampfer: Die *Diessen* lässt seit 1908 mit ihren feuerroten beidseitigen Schaufelrädern das Ammerseewasser brodeln. Zwar ist sie eine über 100 Jahre alte Dame, doch 2006 erhielt sie eine »Generalauffrischung«. Der zweite Raddampfer trägt den Namen *Herrsching* und stammt aus dem Jahr 2002. Beim Innenausbau hat man sich den Jugendstil zum Vorbild genommen.

Obwohl ich den See bisher nur ein einziges Mal mit einer geschlossenen Eisdecke erlebt habe – den Berichten Alteingesessener zufolge soll das früher so etwa alle zehn Jahre einmal passiert sein –, begeben sich die vier Dampfer jeden Herbst in der Stegener Werft, am nördlichen Ende des Sees, in »Winterruhe«. Dort werden sie etwa nach fünf Jahren auf dem Trockendock überholt. Mit einer Hochdruckdüse wird dann eine dicke Schicht aus Algen, Muscheln, Sand und Kies abgespritzt. Der Bewuchs bremst sonst die Fahrt und führt zu erhöhtem Kraftstoffverbrauch. Nach der Reinigung wird das Unterschiff auf Rostschäden überprüft, um eventuelle Schadstellen zu reparieren. Ich war erstaunt zu erfahren, dass die Metallummantelung nur sechs Millimeter dick ist. Nach den Schönheits- und Wartungsarbeiten startet die Schiffsflotte im folgenden Sommer erneut, um Gäste auf bequeme und angenehme Weise die Schönheit der oberbayerischen Seenlandschaft genießen zu lassen.

Die Ammerseebahn – wie der Zug aus den Schienen sprang

Lange Zeit lebten die Bauern und Fischer am Ammersee abgeschieden vom Rest der Welt. Und das Westufer mit den Orten Schondorf, Utting, Riederau und Dießen war noch abgeschiedener als das Ostufer mit seiner dominierenden Ortschaft Herrsching, die die Münchner für ihre Landpartien entdeckten und noch heute durch die direkte Verbindung mit der S-Bahn bevorzugen. Das Westufer wurde ein wenig später zum sonntäglichen Ausflugsziel nicht der Münchner, sondern der Augsburger, und dazu trug entscheidend die Ammerseebahn bei, die ab 1898 Augsburg mit Schondorf und Utting verband. Einen Tag vor Weihnachten wurde die Linie mit 320 Ehrengästen feierlich eröffnet. Die Augsburger hatten endlich ihren »Badezug« bekommen. Warum die Strecke im Winter eröffnet wurde, ist heute nicht mehr nachvollziehbar. Ich erkläre es mir so, dass man ursprünglich gar nicht so sehr an den Personenverkehr gedacht hatte, sondern an den gewinnbringenden Güterverkehr. Aber gerade durch die stadtmüden Gäste, die in den warmen Monaten in Massen zur Sommerfrische an den Ammersee strömten, wurde die Bahn zu einem Erfolgsmodell.

Der Ausdruck »Sommerfrische« klingt heute ziemlich antiquiert. Was ist damit gemeint? »Sommer« und »frisch« scheinen nicht wirklich zusammenzupassen. Ich könnte mir folgende Erklärung vorstellen: Früher waren die Wohnungen in der Stadt für die nicht so wohlhabende Bevölkerung eng und dunkel und im Sommer heiß und stickig. In Gassen und Straßen heizte sich die Luft auf. Fuhren die Leute dann aufs Land, wehte frischer Wind, die Temperaturen waren angenehm, es war hell und licht. So verband sich mit dem Begriff »Sommerfrische« ein erholsames Erlebnis.

Seit damals wurden bislang nur ein paar enge Kurven und Straßenübergänge reguliert, sonst fährt die Bahn noch immer die gleiche Strecke von Augsburg zum Ammersee, vorbei am blumengeschmückten Bahnhof St. Ottilien und dann weiter bis Weilheim. Von Schondorf Richtung Dießen fährt der Zug so dicht am Ufer des Sees entlang, dass die Fahrt immer noch ein romantisches Vergnügen ist.

Durch die »sonntäglichen Badezüge«, die Scharen von Ausflüglern an den See brachten, entwickelten sich die Ortschaften nun auch am Westufer. Obwohl es heißt, dass auch heute noch viermal so viele Gäste das Ostufer besuchen. Wer von den Städtern gleich ein paar Tage bleiben wollte oder gar den ganzen Sommer über, durfte anfangs keine Ansprüche an Komfort stellen. Nahe am See fand man einfachste Unterkunft bei den Fischerfamilien. Mit der Zeit jedoch entstanden Gast- und Ferienhäuser.

Der Boden am Ufer wurde nicht landwirtschaftlich genutzt, außer vielleicht mit Wiesen für die Heumahd. Auf diese Weise konnten Grundstücke extrem günstig erworben werden, sodass auch der ein oder andere nicht so wohlhabende Städter sich eine Villa, umgeben von parkähnlichen Gärten, bauen lassen konnte. Es waren oftmals Künstler, Maler vor allem, die sich für das Westufer als ihren neuen Wohnsitz entschieden. So erhielt der Ammersee, der zuvor bereits den Beinamen »Bauernsee« trug, eine weitere Bezeichnung, nämlich: »Malersee«.

Die Strecke ist zwar, wie gesagt, noch fast die gleiche, doch die Lokomotiven und Waggons haben sich verändert. Inzwischen fahren Dieselloks, aber auf die alte Dampflok-Romantik muss trotzdem niemand verzichten. An einigen Tagen im Sommer kann man erleben, wie ein Zug, dessen Lokomotive malerisch dicke Dampfwolken ausstößt, Aufmerksamkeit heischend über die Schienen rattert und schrille Pfeiftöne von sich gibt. Als ich den »Museumszug« das erste Mal bei einem meiner Spaziergänge erblickte, staunte ich nicht schlecht. Seit 2012 rollt er an Sonntagen im Juli und August von Augsburg nach Utting. In Augsburg kann man im »Bahnpark« außerdem historische Lokomotiven sowie Gebäude und Anlagen aus der Zeit der Königlich Bayerischen Staatseisenbahnen bewundern, weiterhin eine Dampflok-Werkstatt, ein altes Bahnpostamt, eine Schmiede und eine Modelleisenbahn. Das Museum mit Freigelände präsentiert Eisenbahnfans eine »Technik-Landschaft« mit Gleisen, Weichen und Drehscheiben und manches mehr.

Als ich meinen jetzigen Wohnort in Schondorf wählte, freute ich mich über den Bahnanschluss. Denn um zu meinen Vorträgen und Lesungen zu fahren, war ich zuvor auf den Bus und mehrmaliges Umsteigen angewiesen. Dabei erlebte ich so manches Missgeschick, wenn es Verspätungen gab und ich deshalb Anschlussverbindungen nicht erwischte. Nun konnte ich, ohne umsteigen zu müssen, bis Augsburg durchfahren und dort Fernzüge in alle Richtungen nehmen.

Der Schondorfer Bahnhof bestand ursprünglich aus einer offenen »Sommerhalle«. Andere Haltestellen entlang der Ammerseebahn hatten nur Blechhüttchen bekommen, da die Eisenbahngesellschaft notgedrungen sparen musste, denn der Schienenstrang war fünfmal teurer geworden als veranschlagt. Die Ursachen waren schwierige Streckenführung und die teilweise sumpfig-morastige Bodenstruktur in Seenähe. Später dann, in den 1930er-Jahren, rüstete man die meisten Haltestellen mit Bahnhöfen im alpenländischen Stil aus, oft mit Wandgemälden an den Fassaden. Das Schondorfer Bahnhofsgebäude stammt aus dem Jahr 1934 und hat statt einer solchen Lüftlmalerei eine Sonnenuhr an der Südseite. Warum das Gebäude unter Denkmalschutz gestellt wurde, sieht man ihm nicht unbedingt an.

Mehr als das Gebäude selbst hat mich beeindruckt, dass es noch mehrere Jahre lang Beamte gab, die die Schranken an den Bahnübergängen mittels einer Handkurbel öffnen und schließen mussten. Und das mindestens zwei Mal in jeder Stunde. Wenn ich auf meinen jeweiligen Zug wartete, konnte ich die sportliche Leistung der Beamten bewundern. Inzwischen heben und senken sich die Schranken an beiden Bahnübergängen am Anfang und am Ende des Ortes automatisch. Gleichzeitig wurde der persönliche Fahrkartenverkauf eingestellt. Dafür gibt es jetzt im Zug einen Automaten. Da ich oft mit dem Zug fuhr, hatte ich die Bahnangestellten persönlich gekannt und bedauerte eine Zeit lang die Veränderung, bis ich mich daran gewöhnte. Aber nie vergessen werde ich, wie einmal der Zug aus den Schienen sprang.

Meine Lesereisen bringen es mit sich, dass ich mit der Bahn kreuz und quer durch Deutschland fahre. Dabei habe ich manche Anekdote erlebt, hatte interessante Begegnungen und Gespräche mit sehr unterschiedlichen Menschen und staunte immer wieder, wie abwechslungsreich unser Land ist. Einmal – im Januar 2013 – hatte ich eine weite Reise vor mir. Ich war von einem Fernsehsender nach Hamburg zu einer Talkshow eingeladen worden, um über mein neuestes Buch zu sprechen, und war entsprechend aufgeregt und nervös. Da es von Schondorf keine Direktverbindung mit der Regio-Bahn nach München gibt, musste ich erst nach Augsburg, um dort in den Fernzug umzusteigen. Weil ich auf Nummer sicher gehen wollte, hatte ich mir extra den Wecker gestellt, damit ich den Frühzug nach Augsburg auf keinen Fall verpassen würde. Dieser sollte mir etwas Luft beim Umsteigen verschaffen, denn schon oft hatte ich es erlebt, dass mein Anschlusszug wegen Verspätungen der Regio-Bahn bereits weg war.

Als ich mich dem Bahnhof näherte, hörte ich – ungewöhnlich für die frühe Stunde – hektische Lautsprecherdurchsagen, ohne dass ich den genauen Wortlaut verstehen konnte. Am Bahnhof dann lief der diensthabende Beamte aufgeregt hin und her. Er raufte sich die Haare und war außer sich. Zunächst nahm er mich gar nicht zur Kenntnis und jammerte in einem fort.

»Was für ein Unglück«, murmelte er in sich hinein.

Auf mein wiederholtes Fragen, was denn los sei, rief er verzweifelt: »Wie konnte das nur passieren? Nein, so ein Unglück! Was habe ich nur gemacht?«

»Ja, was denn?«, hakte ich nach.

»Da, schauen Sie nur, der Zug!«

»Wo denn?«, fragte ich hoffnungsvoll, denn ich sah keinen.

Er wies mit der Hand den Bahnsteig entlang. Ich ging zum Gleis vor, und da sah ich die Regio-Bahn mit ihrer blau-weißen Lok und den ebenso gefärbten Waggons, etwa 20 Meter vom Bahnhof entfernt mitten im Grünen stehen. Eigenartig schief stand der Zug dort, abseits der Schienen.

»Oje, oje, ich habe die Weiche falsch gestellt, und der Zug ist aus den Schienen gesprungen«, klagte der Bahnangestellte. »Was mache ich nur?«

Mir war sofort klar, dass auf der eingleisigen Strecke so schnell kein Zugverkehr mehr möglich war. Es würde Stunden, wenn nicht Tage dauern, bis der verunglückte Zug geborgen und die Strecke wieder befahrbar war. Sicherlich würden Ersatzbusse eingesetzt werden, aber das zu organisieren, würde bestimmt bis in den Vormittag dauern. Bis dahin wäre mein Zug nach Hamburg längst abgefahren.

Was tun? Mir musste schnell eine Lösung einfallen. Eigentlich liebe ich Herausforderungen, die uns wachrütteln und zum Handeln zwingen. Ich spürte, wie mein Gehirn begann, auf Hochtouren zu arbeiten. Wen könnte ich anrufen? Wer besaß ein Auto, um mich zum Augsburger Bahnhof zu bringen? Es war früh am Morgen, wer von meinen Bekannten und Freunden war Frühaufsteher und einsatzbereit, denn es musste schnell gehen ... Aber wie ich es auch drehte und wendete – es würde alles zu lange dauern. Ein Handy hatte ich zwar dabei, aber die nötigen Telefonnummern nicht im Kopf. Die Mühe, die Nummern zu speichern, hatte ich mir nie gemacht. Das rächte sich jetzt. Ich überlegte, ob ich bei der Polizei mit Unterstützung rechnen konnte, aber in Schondorf gibt es keine Polizeistation und auch keinen Taxistand. Was blieb mir? Wer konnte mir helfen? Da fiel mir völlig unvermittelt der Bürgermeister ein. Ja, richtig, das Rathaus befand sich gleich gegenüber vom Bahnhof, aber ob so früh schon jemand da war?

Manchmal hat man im wahrsten Sinne des Wortes unglaubliches Glück im Unglück. Unser damaliger Bürgermeister Peter Wittmaack schloss gerade die Tür auf, als ich das Rathaus erreichte. Ungewöhnlich früh, staunte ich, wahrscheinlich hatte er dringend etwas zu erledigen. Vom verunglückten Zug erfuhr er erst durch mich und rief gleich einen Mitarbeiter an, der mich freundlicherweise mit dem Lieferwagen der Gemeinde nach Augsburg brachte. Sogar schneller, als die Bahn gewesen wäre, sodass ich rechtzeitig in meinen Zug nach Hamburg einsteigen konnte.

Eine unglaubliche Geschichte, finde ich. Wann entgleist schon mal ein Zug? Gewiss, es kommt hin und wieder vor. Aber gerade dann, wenn ich zu einer Talkshow, meiner ersten überhaupt, eingeladen bin, und dann ist auch noch der Bürgermeister Stunden vor der Öffnung des Rathauses zur Stelle und hat ein Ohr für meine Not …

Die Störche von Raisting

Auf den feuchten Wiesen um Raisting tummeln sich die Störche, und auf den Dächern des Ortes klappert und flattert der Nachwuchs. Nie zuvor habe ich Weißstörche in so großer Anzahl gesehen, selbst in Mecklenburg und an der Ostseeküste nicht, auch nicht in der südfranzösischen Camargue oder in Portugal an der Algarve; oder in Spanien, im Nationalpark Coto de Doñana, dem Delta des Guadalquivir, wo jedes Jahr zahlreiche Störche und viele andere Vogelarten überwintern.

Raisting beherbergt derzeit die größte Storchenkolonie Oberbayerns und wahrscheinlich die zweitgrößte Deutschlands. Nicht wenige der Stelzenvögel bleiben während des Winters in der Ammersee-Region. Das ist neu, noch vor wenigen Jahren zogen alle Störche südwärts. Dabei hatte es in Raisting lange Zeit keinen einzigen Storch gegeben. Ein letztes Paar hatte 1980 im Ort gebrütet. Danach war 20 Jahre lang kein Adebar mehr in Raisting gesichtet worden, und schon gar keiner, der überwintern wollte.

Als das erste Mal wieder ein Storch in Raisting auftauchte, war es ein so großes Ereignis, dass der Vogel gleich einen Spitznamen erhielt: Raisti, nach dem Namen des Ortes. Allerdings war der Raisti kein Storch aus der Wildnis. Er stammte aus einem Zoo in Straßburg, war dort aus dem Ei geschlüpft und hatte seine Jugendjahre in Gefangenschaft verlebt. Demzufolge war er an Menschen gewöhnt, die als Besucher in den Tierpark kamen und ihm als Pfleger Futter reichten.

Irgendwann muss er vom Zoobetrieb genug gehabt haben und entflog. Er irrte wohl ein halbes Jahr umher. Der Winter begann. Doch wo lag Afrika? Alle Artgenossen, denen er sich vielleicht hätte anschließen können, waren bereits fortgezogen. Durch das Aufwachsen und die langen Jahre in Gefangenschaft hatte er keine Kenntnisse über den arteigenen Vogelzug erwerben können. Möglich, dass seine Gene ihm eine ungefähre Richtung vorgaben, oder war es Zufall, dass er nach Südosten flog? Jedenfalls landete er mitten im Winter 2004 in Raisting. Er traf auf tierliebende Menschen, die ihn begeistert umsorgten und ihn fütterten. So kannte er das ja aus dem Zoo. Er fühlte sich heimisch und blieb, ganze sieben Jahre lang, auch im Winter. Raisting war seine Heimat geworden. Ein Storchenweibchen gesellte sich ihm zu. Die Raistinger nannten sie Rosita. Und er wäre wohl noch immer da, denn Störche können gut und gerne ein Alter von 35 Jahren erreichen, wäre er 2011 nicht in ein Mähwerk geraten. So vermuten es jedenfalls seine Betreuer, die ihn tödlich verletzt fanden. In den Ring, der ihm in Straßburg um das Bein gelegt worden war, hatte man 1995 eingraviert, Raistis erstes Lebensjahr. Er wurde also ganze 16 Jahre alt, immerhin.

Doch Raisti war erst der Anfang. Mit ihm begann eine florierende Storchenkolonie, befeuert durch künstliche Nisthilfen. Die bislang meisten Störche wurden 2021 gezählt, als alle 22 Brutplätze besetzt waren. Im Gegensatz zu Schwarzstörchen, die lieber für sich und heimelig mitten im Wald brüten, lieben Weißstörche die Gemeinschaft mit ihresgleichen.

Die Raistinger, jedenfalls diejenigen, die den Störchen zugeneigt sind, errichteten auf geeigneten Gebäuden künstliche Horste, um weitere Störche anzulocken, und sicherlich wirkte sich auch die Anwesenheit von Raisti damals positiv aus: Die aus dem Winterquartier zurückkehrenden Störche sahen beim Überfliegen aus der Luft den Zugezogenen durch die Wiesen staksen und dachten sich wohl, wo schon mal einer der Unsrigen ist, da muss ein guter Platz sein. Immer mehr Störche ziehen ihre Jungen in Raisting groß, und einige folgen dem Vorbild Raistis und bleiben auch den Winter über.

Dass Störche jedes Jahr am Ende des Sommers nach Afrika ziehen, war bis ins 19. Jahrhundert unbekannt. Woher hätten es die Menschen früher auch wissen sollen? Sie wunderten sich nur, wohin die Störche und auch so mancher Singvogel im Herbst verschwanden. Und woher sie kamen, wenn sie im Frühling wieder da waren. Es gab die verrücktesten Erklärungen. Den Schwalben mutete man zu, dass sie sich im Schlamm vergruben und dort als Frösche überdauerten. Oder man glaubte, die Vögel würden zu Eis erstarren und im Frühjahr wieder auftauen. Man vermutete sogar, Vögel würden auf dem Mond überwintern. Denn immer wieder hatte man in hellen Vollmondnächten sehr hoch fliegende Vogelschwärme beobachtet. Niemand hätte sich damals vorstellen können, dass Vögel bis nach Afrika fliegen.

Tatsächlich hat man erst 1822 eine vage Ahnung davon bekommen, was wirklich vor sich ging, und zwar durch einen

Pfeil, der im Hals eines in Deutschland erschossenen Storches steckte. Ein so seltsames Ding hatte man nie zuvor gesehen. Völkerkundler stellten fest: Es musste sich um einen afrikanischen Pfeil handeln, der den langen Hals des Vogels durchbohrt hatte. Dabei waren glücklicherweise weder Luftröhre noch Arterien oder Venen verletzt worden. Wenn es aber ein Pfeil aus Afrika war, dann musste der Storch wohl dort gewesen sein, so die logische Schlussfolgerung. Nur ein Afrikaner konnte auf ihn geschossen haben. Das war unglaublich, kaum zu fassen!

Trotz dieser über einen Meter langen Waffe, die quer den Hals durchdrungen hatte und nach beiden Seiten weit herausragte, konnte der Storch die enorme Flugstrecke bewältigen. Allerdings hatte ihm sein Überlebenswille nichts genützt. Ausgestopft steht er noch heute in der Zoologischen Sammlung in Rostock. Inzwischen sind 25 mit Pfeilen bestückte Vögel registriert. Da heute auch in Afrika kaum noch jemand mit Pfeilen jagt, werden wohl keine neuen Opfer hinzukommen.

Als in Europa die Menschen noch nicht in Häusern lebten, sondern nomadisch den großen Tierherden hinterherzogen, war auch der Weißstorch, wie der Schwarzstorch noch heute, darauf angewiesen, auf Baumkronen zu brüten. Dann wurden die Menschen sesshaft, rodeten Wälder und bauten auf den freien Flächen Feldfrüchte an. Die Störche merkten bald, dass es für sie vorteilhaft war, die Bauwerke der Menschen für ihre Horste zu wählen. Die Gebäude boten eine stabilere Unterlage, um darauf zu nisten, und dort, wo Menschen siedelten, gab es mehr Nahrung als im Wald. Auf den Feldern schnappten sie sich die eine oder andere Wühlmaus, auf den Weiden fanden sie Insekten und Würmer, und in den von Menschen angelegten Teichen nahe den Ortschaften fingen sie Frösche, Fische und vieles mehr. Das bedeutete Futter im Überfluss für die ewig hungrigen Schnäbel der Jungen und war zudem zeit- und energiesparend, da keine weiten Flugstrecken von den Wiesen und Teichen zum Nistplatz zurückgelegt werden mussten. Und wo Platz war für ein Storchenpaar, siedelte sich im nächsten Jahr gleich noch ein zweites an.

So gewöhnten sich die einst scheuen Stelzenvögel an die Menschen, und diese sahen im Storch auf ihrem Dach einen Glücksbringer. Warum? Vielleicht weil es ein so großer, auffälliger Vogel ist mit seinem schwarz-weißen Gefieder, den langen Beinen und dem roten Schnabel; und trotz seiner Größe bedeutete er keine Gefahr für die Menschen, sondern erfreute sie mit seinem Geklapper, das immer dann ertönt, wenn sich das Paar am Horst begrüßt und bei der Fütterung der Jungen abwechselt. Jedes Jahr kommen Störche im Frühjahr an den gleichen Ort zurück und beziehen wieder ihren alten Nistplatz. So diente die Paarbeziehung der Störche als Beispiel für Treue in der Partnerschaft und vorbildliche Fürsorge. Wessen Haus von Störchen als Nistplatz erwählt wurde, der fühlte sich geehrt, schließlich bauen Störche nicht auf jedes Haus ihren Horst.

Zuerst trifft immer das Männchen aus dem Winterquartier ein, wenige Tage später folgt seine Partnerin. Störche bleiben ein Leben lang miteinander verbandelt. Den Winter jedoch verbringen sie meist getrennt, umso größer ist nun die Freude und Begeisterung, sich wiederzusehen. Sie wissen genau, mit wem sie im Vorjahr gebrütet haben. Dennoch kommt es ab und an vor, dass eine fremde Störchin sich ins gemachte Nest setzen will, wenn die angestammte Partnerin sich über Gebühr beim Rückflug verspätet. Das Männchen reagiert dann zunächst mit Abwehr, akzeptiert schließlich jedoch die Fremde, denn seine langjährige Gefährtin könnte ja tödlich verunglückt sein. Dann brütet er notgedrungen mit der Neuen. Trifft die Richtige aber noch ein, dann entbrennt ein wütender Kampf, an dem sich letztendlich auch der untreue Partner beteiligt. Das fremde Weibchen wird aus dem Nest geworfen und mit ihr bereits gelegte Eier oder gerade geschlüpfte Junge. Der rechtmäßigen Partnerin gelingt es immer, die Rivalin zu vertreiben. Ornithologen konnten dies bei beringten Störchen feststellen.

Das Eintreffen der Weißstörche im Frühjahr war für die Menschen jedes Mal ein Zeichen dafür, dass der Winter endgültig vorbei war und nun die angenehm warme Jahreszeit begann. Sie wussten, bald würden Junge im Nest sein und vielleicht auch ein eigenes Kind in der Wiege. Das Leben ging weiter und hatte Zukunft. So wurde der Storch zum Symbol für Glück und Kindersegen. Da lag es nahe, Kindern weiszumachen, der Storch bringe die Babys.

Und was bedeutet der Name »Adebar«? Der Begriff hat seinen Ursprung im Alt- und Mittelhochdeutschen sowie in nordischen Sprachen und bedeutet so viel wie »der Glücksbringende«, »der Heilsbringer«, »derjenige, der für eine glückliche Geburt sorgt«. Diese in alter Zeit entstandene Beziehung zwischen Mensch und Storch spielt für uns keine bedeutende Rolle mehr. Kaum jemand erzählt seinen Kindern heute noch, dass der Storch die Babys bringt, dennoch ist auf Glückwunschkarten oft der Storch mit einem Baby im Schnabel abgebildet.

So ist es verständlich und naheliegend, dass man in Raisting stolz und glücklich über die Storchenkolonie ist. Im Sommer habe ich auf den Wiesen am Ammersee-Südufer über 50 der rotbeinigen Schreitvögel gezählt.

Die Population wächst und wächst. Wenn eine Spezies sich im Übermaß vermehrt, hat das gravierende Folgen für andere

Arten und damit für das gesamte Ökosystem. Störche sind nicht die Einzigen, die Wühlmäuse verschlingen. Worüber sich Landwirte freuen mögen, ist für Turmfalken und Bussarde ein Nachteil, denn deren Hauptnahrung sind Mäuse. Wenn viele Störche zugegen sind, finden Greifvögel kaum noch etwas zum Fressen. Außer Mäusen vertilgen Störche alles, was durch ihren langen Hals passt, auch schützenswerte Molche, Salamander, Frösche, Kröten und natürlich Eier und Nestlinge von Brachvögeln, Kiebitzen, Lerchen und anderen Bodenbrütern; zudem den einen oder anderen Junghasen. Ein erwachsener Storch benötigt für sich allein jeden Tag ein halbes Kilo an Nahrung und dazu das Futter für den ewig hungrigen Nachwuchs.

Dieses Wissen trübt meine Freude über den Anblick der zahlreichen Vögel. Meiner Meinung nach ist die Storchenkolonie viel zu groß geworden und wird durch die Nisthilfen künstlich in die Höhe getrieben. Wie so oft, wenn der Mensch mit gut gemeinten Absichten in natürliche Abläufe eingreift, übersieht er die Zusammenhänge und merkt erst zu spät, dass sich seine guten Absichten ins Negative verkehrt haben.

Der Betteltanz – wie in Raisting junge Frauen und Männer verkuppelt werden

Bevor die Techniker und Ingenieure in den 1960er-Jahren nach Raisting kamen – nicht wenige für immer – und die Antennen, die sie bauten, wie riesige Pilze aus der Ebene ragten, war Raisting ein Bauerndorf, wie viele andere in dieser Gegend. Das Leben war arbeitsreich, der Alltag wurde bestimmt durch die Versorgung des Viehs und die jahreszeitlich vorgegebene

Feldarbeit; unterbrochen und bereichert durch religiöse Feste, aber auch Taufen, Hochzeiten und Beerdigungen. Soziale Kontakte wurden und werden gefestigt durch örtliche Vereine, wie die Freiwillige Feuerwehr, Blaskapellen, Theater- und Gesangsgruppen und diverse Sportvereine, so wie es typisch ist für viele bayerische Orte.

Die Tradition des Raistinger Betteltanzes reicht etwa 180 Jahre zurück. Wer die Idee zu dieser Kuppelveranstaltung hatte, ist nicht mehr nachvollziehbar. Der Hintergrund: Einst sollte Jugendlichen eine von der Gesellschaft tolerierte Möglichkeit zur Partnerwahl gegeben werden. Einen Ehegefährten in so abgelegenen Dörfern mit nur geringer Bevölkerungsdichte zu finden war nicht einfach, vor allem nicht unter den damals herrschenden Moralvorstellungen, die beinhalteten, dass sich Unverheiratete nicht allein und nicht ohne Aufsicht treffen durften. Der Betteltanz war demnach eine Art ritualisierte, von der Allgemeinheit abgesegnete Flirtveranstaltung.

Der Betteltanz in Raisting unterscheidet sich von Tanzveranstaltungen, wie sie auf Dorffesten allgemein üblich waren und noch immer sind, denn hier werden die jungen Männer und Frauen miteinander verkuppelt, ohne dass sie vorher wissen oder auch nur ahnen können, mit wem. Das macht die ganz besondere Spannung dabei aus, und die Teilnehmer sind vor Beginn entsprechend nervös.

Wer weiß, vielleicht hat es den Betteltanz früher auch in anderen Ortschaften gegeben – Tatsache ist, heutzutage hat Raisting ein Alleinstellungsmerkmal, eine derartige Veranstaltung gibt es nirgendwo sonst in Deutschland. Darum wird in Raisting auch Wert darauf gelegt, das Brauchtum zu pflegen und es lebendig zu erhalten. Organisiert wird das Fest vom Burschenverein, der auch ein hohes Alter zu verzeichnen hat. Gegründet 1905 auf Initiative des Pfarrers Karl Wernhard, war er ursprünglich als Hilfsverein gedacht, um die Mitglieder finanziell zu unterstützen bei Krankheit, Arbeitslosigkeit und anderen existenziellen Problemen.

Das Spektakel findet jedes Jahr am Montag nach Kirchweih statt. Kirchweih wird, wie schon der Name sagt, seit dem Mittelalter anlässlich des Jahrestages, an dem eine Kirche geweiht wurde, gefeiert. In Bayern ist es noch heute ein wichtiges religiöses Fest im Rang eines Hochamtes. War der Tag, an dem eine Kirche geweiht wurde, nicht mehr bekannt, feierte man die Kirchweihe früher an dem Tag des Heiligen, nach dem die Kirche benannt worden war. Demzufolge gab es über die Region verteilt zahlreiche Feste. Da diese immer auch ein Anlass für eine fröhliche Zusammenkunft waren, mit reichlich Alkoholgenuss, nahm auch die Bevölkerung der umliegenden Orte daran teil. Schließlich gab es kaum noch Tage, an denen keine Kirchweih war, und da an diesem Feiertag nicht gearbeitet wurde, litt die Wirtschaft. Um wieder mehr Produktivität ins Leben zu bringen, ist man um 1800 dazu übergegangen, einen einheitlichen Tag festzulegen, und zwar den dritten Sonntag im Oktober, so wird es bis heute in den meisten Gemeinden in Bayern gehandhabt.

Kirchweih ist ein religiöses Fest. Der Höhepunkt sollte eigentlich der Gottesdienst sein, bei dem der Pfarrer die Ereignisse des vergangenen Jahres hervorhebt und die Zuversicht der Gläubigen mit Blick auf die Zukunft stärkt. Doch wie schon im Mittelalter, wird zu Kirchweih zugleich ausgelassen gefeiert, mit einem zünftigen Festessen, Musik und Tanz, Jubel, Trubel, Heiterkeit. Meist reisen auch Schausteller an, die ihre Fahrgeschäfte und Buden aufbauen.

Insofern ist der Montag nach Kirchweih ein passendes Datum für den Betteltanz. Die Bezeichnung hat absolut nichts mit einem »Bettler« zu tun, eher schon mit »Bitten«, denn

Aufgabe des Burschenvereins ist es, die Kandidaten, die verpaart werden sollen, auf charmante Weise zur Teilnahme zu überreden. Jedes Jahr werden zwei junge Männer des Vereins mit dieser nicht ganz leichten Aufgabe betraut. Sie ziehen dann Wochen zuvor durch die Ortschaften am Ammersee, klopfen an Türen, drücken Klingeln und suchen nach unverheirateten jungen Leuten im Alter von 16 bis 30 Jahren.

Markus, ein Mitglied des Vereins, erzählt: »Bei den Burschen müssen wir uns nicht allzu sehr anstrengen.«

»Aber die Madln!«, fällt ihm Severin ins Wort. »Die zieren sich schon arg.«

»Immer sagen sie: ›Vielleicht‹, ›Mal sehen‹, ›Weiß noch nicht‹«, ergänzt Markus.

Zum Zeichen ihrer Erwähltheit tragen die jungen Männer bei ihrem Bittgang einen zwei Meter langen, mit Blumen geschmückten Stecken, um den rote, weiße und blaue Bänder gewunden sind. Deshalb nennt man sie auch »Rutenburschen«, im Raistinger Dialekt *Ruatnbuam.*

Verwundert über den Aufwand, frage ich: »Warum macht ihr die Einladung nicht über Social Media? Ihr seid doch alle miteinander vernetzt. Ein Eintrag im Freundeskreis, der dann die Nachricht weiterverbreitet – und im Nu habt ihr die gewünschte Teilnehmerzahl beisammen.«

»Nee, da fehlt der persönliche Kontakt«, antwortet einer der Ruatnbuam.

»Das passt nicht zur alten Tradition, die wir bewahren wollen«, sagt der andere.

»Die Einladung persönlich vorzutragen macht so viel mehr Spaß, zudem ist es eine ehrenvolle Aufgabe.«

»Aber ganz schließen wir die modernen Methoden nicht aus«, meint Severin. »Auf der Homepage unseres Vereins kann man sich bewerben.«

»Letzten Endes entscheiden jedoch wir, wer die Einladung bekommt«, ergänzt Markus.

»Einmal war sogar ein Bursche aus Niederbayern dabei«, lässt Severin verlauten.

Inzwischen bin ich durch die Erzählungen der jungen Männer des Burschenvereins so neugierig geworden, dass ich darum bitte, an der nächsten Kuppelgaudi teilnehmen zu dürfen. Leider habe ich das kritische Alter von maximal 30 Jahren bereits überschritten, doch als Zuschauerin kann ich dabei sein, wie jeder andere Gast auch. Und weil ich über das Ereignis berichten möchte, darf ich sogar schon vor Beginn der öffentlichen Tanzveranstaltung zuschauen.

Gespannt warte ich auf den besagten Tag im Herbst. Am Vormittag des 21. Oktober 2019 versammeln sich die ausgewählten jungen Frauen beim Gasthof Drexl in der Nähe des Bahnhofs. Allmählich füllt sich der Saal. Gegen Mittag sind etwa 100 beisammen. Die Mädchen sind toll herausgeputzt. Diejenigen mit langen Haaren haben fantasievoll geflochtene oder aufwendig hochgesteckte Frisuren, mit glitzernden Steinen oder Blumen geschmückt. Ein Dirndl trägt natürlich jede, das ist unabdingbar bei diesem traditionellen Brauch, lang oder kurz und in leuchtenden Farben. Wer ist die Schönste? Ich wüsste es nicht zu sagen. Noch nie zuvor habe ich so viele Frauen, alle im jugendfrischen Alter und voller Anmut, ähnlich gekleidet, geschminkt und frisiert an einem Platz versammelt gesehen, ohne dass ältere Menschen oder männliche Personen dieses einheitliche Bild gestört hätten. Der Eindruck ist so stark, dass ich mich einfach nicht sattsehen kann, meine Augen von einer zur anderen wandern lasse und mich an ihrem Anblick erfreue … Ich kann das auch ganz unbefangen tun, denn die jungen Damen sind mit sich beschäftigt. Aufgeregt schwatzen sie durcheinander. Einige scheinen sich zu kennen oder sogar befreundet zu sein, sie stammen vielleicht aus der gleichen Ortschaft, manche wieder wirken schüchtern, blicken unruhig umher oder versuchen, in Kontakt mit anderen Mädchen zu kommen. Der Wirt serviert Getränke, und nicht wenige trinken sich Mut an.

Endlich, es ist bereits Mittag, erscheinen Markus und Severin, die beiden Ruatnbuam mit ihren mit Bändern geschmückten Haselruten. Die zwei sehen fesch aus. Sie haben sich in Schale geschmissen, tragen eine dunkle Lederhose, weißes Hemd und blaue Trachtenweste. Ich bemerke, dass sie Eindruck auf die Mädchen machen. Umgekehrt ist es für die jungen Männer bestimmt auch nicht leicht, dieser geballten Weiblichkeit von 100 hübschen Frauen gegenüberzustehen. Doch die beiden bleiben gelassen, als wäre es nicht das erste Mal, dass sie mit dieser Aufgabe betraut sind. Zudem sind sie von jetzt an nicht mehr allein, sondern haben tatkräftige Unterstützung. Unter den Mädchen aus Raisting, also echten *Roaschtingern*, haben sie sich je eine Partnerin gewählt, das *Ruatnmella*.

Nach einer kurzen Begrüßungsansprache geleiten sie die Teilnehmerinnen nach draußen, wo diese, angeführt von einer Blaskapelle, die Dorfstraße entlang von der Wirtschaft Drexl zur Gaststätte Post marschieren. Die Einwohner von Raisting und extra angereiste Besucher lassen sich die Dirndl-Parade nicht entgehen, flankieren beidseits die Straße und bewundern den farbenfrohen Marsch.

In der Post warten seit Stunden die jungen Männer auf das Erscheinen ihrer unbekannten Partnerinnen. Die Aufregung ist groß. Was kommt auf sie zu? Wird das Mädchen blond oder dunkelhaarig sein, groß oder klein, lustig oder schüchtern? Die Burschen versuchen, sich ihre Nervosität nicht anmerken zu lassen oder sie notgedrungen mit ein paar Schnäpsen zu überspielen. Als die Mädchen hereinspazieren und an einem separaten Tisch Platz nehmen, recken alle den Hals, um zu sehen, ob irgendwo eine Traumfrau ist, die ihnen vielleicht zugedacht sein könnte.

Die Spannung erfüllt knisternd den Saal. In tagelanger Kleinarbeit haben die Organisatoren aus den Teilnehmern, ohne viele von ihnen persönlich zu kennen, Paare gebildet, die von Alter, Größe, Wohnort, Beruf und anderen Merkmalen her zusammenpassen könnten. Ob sie ins Schwarze getroffen haben, wird sich jetzt zeigen. Ein Name nach dem anderen wird verlesen und der jeweilige Herr zu seiner Dame geleitet.

Ich schaue genau hin und bemühe mich, in den Gesichtern zu lesen. Einige sind freudig überrascht, aber nicht immer beide gleich. Manchen gelingt es nur mühsam, ihre Enttäuschung zu verbergen. Andere nehmen es locker. Was soll's? Es ist ja nur für einen Tag und nicht fürs ganze Leben. Später tauschen ein paar einfach die zugeteilten Partner untereinander aus, wie ich amüsiert beobachte. Die Frauen haben dabei mehr Freiheiten, denn bis zum Abend herrscht ausschließlich Damenwahl, keiner der Herren darf einen Tanz verweigern, wenn er aufgefordert wird.

Um 18 Uhr hört die Musik auf zu spielen, und das Abendessen wird serviert. Die Bezahlung übernehmen die Frauen, während alle Getränke von den Herren berappt werden. Ab 20 Uhr wird die vorgeschriebene Damenwahl aufgehoben, jetzt können auch die jungen Männer entscheiden, mit wem sie tanzen wollen. Bis dahin waren die Betteltänzer unter sich, nun darf auch Publikum von draußen herein, um am Fest teilzunehmen und zu tanzen, mit wem auch immer. Für mich ist der Zeitpunkt gekommen, Abschied zu nehmen und heimzufahren, denn ich bin eine der wenigen Frauen, die überhaupt nicht gern tanzen, wahrscheinlich weil mir die Natur kein Rhythmusgefühl geschenkt hat.

Die Keltenschanze

Die Gipfel der Berge verschwimmen im zarten, milchfarbenen Dunst, doch die Luft um mich herum ist frisch und glasklar. Jedes Detail, ob Feld oder Hügel, ob Baum oder Strauch, erscheint überdeutlich. Das weitläufige, grün schimmernde Alpenvorland liegt ausgebreitet vor mir, der idyllische Anblick beflügelt meinen Schritt. Mit freudigem Gefühl wandere ich dahin, beglückt, in einem so ansehnlichen und reich beschenkten Land leben zu dürfen.

Nachdem sich die Gletscher der Eiszeit zurückgezogen hatten, begannen Menschen der Jungsteinzeit, sich die Fruchtbarkeit der Böden zunutze zu machen. Sie kamen aus weit entfernten östlichen Gebieten, brachten Kenntnisse von Ackerbau und Viehzucht mit und bemühten sich, das Land urbar zu machen und zu bestellen. Spuren dieser ersten agrarwirtschaftlichen Gemeinschaften am Ammersee datieren Archäologen auf 5500 v. Chr. – das ist also mehr als 7000 Jahre her.

Aus einer so lang zurückliegenden Zeit hat sich naturgemäß nicht allzu viel erhalten, außer Keramikscherben, Grabbeigaben und ein paar Knochen. Noch schwieriger, als mir das Leben der Menschen auszumalen, ist es, mir vorzustellen, wie die Landschaft damals aussah. Die Eiszeit war seit mehr als 2000 Jahren vorüber, das ist ungefähr so viel Zeit, wie seit der Geburt von Jesus bis heute vergangen ist. Pflanzen und Tiere hatten also reichlich Gelegenheit, die von den Gletschern freigelegten Lebensräume im Alpenvorland zu besiedeln. Sicherlich gab es bereits dichte, undurchdringliche Wälder, vor allem in den Flusstälern und Auen, wahrscheinlich ist aber, dass auf den Anhöhen eine Steppenlandschaft vorherrschte, denn es war trockener und die Temperaturen lagen höher als heute. Die Eiszeit verabschiedete sich nicht langsam mit einer allmählichen Erwärmung, sondern wurde abrupt von einer Warmzeit abgelöst. Dieser plötzliche Klimawandel, der nicht Jahrhunderte dauerte, sondern sich innerhalb von wenigen Jahrzehnten abspielte, hat zum Aussterben der Eiszeittiere, wie dem Mammut, geführt. So schnell konnten sich die Arten nicht an die veränderte Umwelt anpassen. Wahrscheinlich hätten es die Mammuts auch bei einem gemächlicheren Übergang nicht geschafft, denn ihr Lebensraum war nun einmal die eiszeitliche Kältesteppe.

Die Neandertaler und Steinzeitmenschen, die die Mammuts jagten, haben gewiss hin und wieder das Ammersee-Gebiet durchstreift, aber von ihnen sind keine Artefakte, wie Feuersteinklingen, Faustkeile und Speerspitzen, gefunden worden. Was daran liegen kann, dass die vorstoßenden und sich zurückziehenden Gletscher diese Werkzeuge abgerundet und zerstört haben.

Die ersten Menschen in Süddeutschland, die wir nachweisen können, stammen also aus der Jungsteinzeit, dem Neolithikum. Sie standen auf einer viel höheren Entwicklungsstufe als die Steinzeitmenschen der Eiszeit und waren nicht mit ihnen verwandt, auch ihre Lebensweise war eine völlig andere als die der Jägervölker vor ihnen. Diese bäuerliche Bevölkerung baute Feldfrüchte an, hielt Haustiere, wie Rinder, Ziegen und Schweine. Aus tonhaltiger Erde verstanden die Menschen, Gefäße zu formen und zu brennen. Nach der Art der Verzierung bezeichnet man diese Kultur als »Bandkeramik«.

Um 2750 v. Chr., also vor etwa 4750 Jahren, ereignete sich erneut eine tiefgreifende Umwälzung am Ammersee und im Lechtal. Obwohl anderenorts noch die Jungsteinzeit und danach die Kupferzeit andauerte, hatte bei uns bereits die Bronzezeit begonnen. Das Kupfer wurde nicht mehr gehämmert, um Werkzeuge, Waffen und Schmuck herzustellen, sondern Kupfergestein hat man zusammen mit Zinn erhitzt, und zwar im Verhältnis von neun Teilen Kupfer zu einem Teil Zinn, und die glühende Masse – Bronze – in entsprechende Formen gegossen. Es wurde also bereits eine hoch entwickelte, ausgeklügelte Technologie angewendet. Beachtlich, dass die Menschen bereits in so früher Zeit zu solchen Leistungen fähig waren.

Zudem waren weitreichende Handelswege entstanden, denn Zinn ist selten. Einige der damals wichtigsten und ergiebigsten Lagerstätten befanden sich in England und Irland. Archäologen stellten fest, dass das dort geförderte Zinn bis nach Kleinasien, ins Pharaonenreich Ägyptens und ins Hethiterreich transportiert wurde. Die Bronzelegierungen aus dem Lechtal aber wurden wahrscheinlich mit Zinn aus dem Erzgebirge hergestellt, auch wenn die dortigen Lagerstätten nicht allzu bedeutend waren.

Die während der Jungsteinzeit weitgehend einheitlichen Dorfgemeinschaften veränderten sich in der Bronzezeit radikal. Es bildete sich eine Struktur der sozialen Ungleichheit heraus zwischen wohlhabenden Bauern und einer besitzlosen und schwer arbeitenden Bevölkerung. Die Forscher waren überrascht, wie weit die Geschichte sozialer Unterschiede und Ungerechtigkeit in die Vergangenheit zurückreicht. Diese Entwicklung konnte im Lechtal südlich von Augsburg gut erforscht werden. Festgestellt wurde eine durchgehende Besiedlung, die vor etwa 4500 Jahren begann. Die Menschen lebten nicht mehr wie früher in gemeinschaftlichen Siedlungen, sondern in Einzelgehöften. Auf einer Strecke von etwa 30 Kilometern lagen 20 Bauernhöfe, jeweils etwa 100 Meter bis einen Kilometer voneinander entfernt, am Ufer des Lechs. Diese Langhäuser, in denen bis zu zehn Personen gemeinsam mit ihrem Vieh untergebracht waren, wurden aus Holz gebaut, mit Lehm verkleidet und mit einem weit herabreichenden, schützenden Reetdach bedeckt. Wie anhand der Grabbeigaben festgestellt wurde, war jedes Anwesen sowohl von der wohlhabenden Bauernfamilie als auch von nicht mit ihnen verwandten Bediensteten bewohnt. Ob Letztere Mägde und Knechte waren oder Sklaven, war nicht erkennbar. Jedenfalls wurden sie mit nur geringfügigen oder gar keinen Beigaben bestattet.

Das Erbgut von 104 Toten konnte analysiert werden. Dabei zeigte sich, dass die besitzende Bevölkerung aus einstigen Steppennomaden bestand, die aus dem Gebiet der heutigen Ukraine ins Alpenvorland eingewandert waren, wo sie die hier ansässige jungsteinzeitliche Bevölkerung besiegt hatten und die Überlebenden als Arbeitskräfte einsetzten. Denn zwischen den beiden Gruppen bestand überhaupt keine genetische Verwandtschaft.

Als man die Hofbesitzer untersuchte, konnten sogar Stammbäume ermittelt werden. Es handelte sich um miteinander verwandte Väter, Söhne und Brüder aus vier bis fünf Generationen, die einzelnen Familien zuzuordnen waren. Sehr überrascht waren die Altertumsforscher, dass nur die Männer miteinander verwandt waren. Ihre Frauen stammten allesamt aus mehr als 400 Kilometer entfernten Gebieten. Diese fremden Frauen waren jedoch hochgeachtet, wie der kostbare Schmuck beweist, der ihnen mit ins Grab gegeben wurde. Sosehr man auch forschte, Gräber ihrer Töchter wurden nicht gefunden. Das beweist, dass nur die männlichen Nachkommen vor Ort blieben und die Familientradition fortführten. Die Hofbauern vererbten ihren Besitz und Status allein an die männlichen Nachkommen. Die jungen Mädchen mussten, wie ihre Mütter zuvor, die Familie verlassen und wurden in weit entfernte Gebiete verheiratet, vielleicht in die, aus denen die Bäuerinnen selbst stammten. Also gab es schon damals nicht nur eine Ungleichheit und Benachteiligung in der Gesellschaft, sondern auch zwischen Frauen und Männern.

Noch erstaunter waren die Wissenschaftler, als sie erkannten, dass es außer den eingeheirateten Frauen, die aus der Ferne stammten, noch eine weitere weibliche Gruppe gab, die Rätsel aufgab. Diese Frauen gehörten weder zur Familie, obwohl sie mit der Bauernfamilie unter einem Dach lebten, noch gehörten sie zu den Bediensteten. Sie waren mit niemandem aus der Bevölkerung verwandt, hatten keine Ehepartner und keine Kinder, aber sie waren geachtet und wurden verehrt, hatten also eine hohe soziale Stellung inne. Die Strontium-Isotope ihres Zahnschmelzes beweisen, dass sie aus dem Erzgebirge und den Gegenden von Elbe und Saale stammten, also aus Gebieten, die an die 500 Kilometer vom Ammersee entfernt sind. Das waren damals die Hotspots der Bronzeherstellung, weil es vor Ort Kupfer gab und auch kleinere Zinnlagerstätten. Vielleicht brachten die rätselhaften Frauen die Kenntnisse des Bronzegusses aus ihrer Heimat an den Ammersee? Das würde erklären, warum sie als »Wissensvermittlerinnen« eine Sonderstellung innehatten und hohes Ansehen genossen, wie ihre reich ausgestatteten Gräber belegen. Es waren ausschließlich Frauen, die aus den weit entfernten Erzlagerstätten an den Ammersee gekommen waren. Auf jedem Hof lebte eine von ihnen, mit einer Ausnahme: Da waren es zwei Schwestern.

Erstaunlich, wie es heutzutage möglich ist, so viele Details über diese weit zurückliegende Zeit herauszufinden. Über 700 Jahre dauerten die stabilen Verhältnisse im Lechtal an, bis das arbeitsame Bauernleben um 1700 v. Chr. erlosch. Etwa 800 v. Chr. endete die Bronzezeit. Wieder strömten fremde Menschen in die Ammersee-Region. Ihre Waffen bestanden nun nicht mehr aus Bronze, sondern aus Eisen, die Zeit der Kelten begann. Anders als die früheren Kulturen, die von Archäologen nur anhand des Materials ihrer Werkzeuge und nach der Form und Verzierung ihrer Keramik unterschieden und benannt wurden, trug ihr Volk einen Namen. Denn die eisenzeitlichen Kelten waren Zeitgenossen der Griechen, Etrusker und Römer, und diese schriftfähigen Nachbarn nannten sie *Keltoí, Galli, Galátai.*

Die Kelten waren ein Verbund verschiedener Sippen und Stämme, die untereinander weitgehend unabhängig und selbstbestimmt agierten und die sich über ein weites Gebiet verteilten, das heutzutage zu Großbritannien, Frankreich, Deutschland, Nordspanien, Slowenien und Kroatien gehört. Kelten waren eher eine Kulturgemeinschaft als eine Nation, verbunden durch gemeinsame Sprache, wenn auch unterteilt in verschiedene Dialekte, ähnliche Glaubensvorstellungen und Lebensweisen. Die antike Welt Griechenlands und Roms lernte die Kelten als friedfertige Handelspartner kennen, zugleich waren sie aber auch gefürchtete Feinde bei Konflikten.

In Südbayern lag ein Schwerpunkt keltischer Kultur, das zeigen auch die zahlreichen Keltenschanzen. Lange wurde gerätselt, wozu diese Erdwälle dienten, die mit einer Kantenlänge von jeweils um die 100 Meter ein Vier- oder Rechteck umgrenzen. Was befand sich in ihrem Inneren? Zunächst glaubte man, Überreste römischer Befestigungsanlagen vor sich zu haben, deshalb auch die militärische Bezeichnung »Schanze«.

Die dem Ammersee am nächsten gelegene Keltenschanze befindet sich in der Feldflur nordwestlich von Utting und südlich von Achselschwang. Das Bodendenkmal ist durch eine Hinweistafel gekennzeichnet. Das ist gut so, denn die Wallanlage kann leicht übersehen werden, vor allem, wenn man tief in Gedanken versunken dahinwandert oder sich im Gespräch mit Wanderfreunden befindet. Nachdem ich meinen Blick geschärft habe, erkenne ich die viereckige, umlaufende Aufwölbung. Unsere Keltenschanze ist mit einer Seitenlänge von 100 mal 150 Metern eine der größten, hat einen trapezförmigen Grundriss und ist 2300 Jahre alt, stammt also aus einer Zeit etwa 300 v. Chr.

Angelegt wurden die Wallanlagen, indem zunächst ein drei Meter tiefer Graben ausgehoben und das Material zum Wall aufgeschüttet wurde. Der Eingang ins Innere befand sich bei unserer Ammersee-Schanze, wie auch bei den meisten anderen, in der Mitte des Westwalls. Eine Brücke führte über den drei Meter breiten und tiefen Graben. Von der Brücke und dem Palisadenzaun, der auf die Wallkrone gepflanzt wurde, ist nach über 2000 Jahren natürlich nichts mehr zu sehen. Und auch der Wall ist ziemlich eingeebnet, erhebt sich kaum zwei Meter über die Umgebung hinaus und ist mit Vegetation überwuchert.

Die Schanze liegt in Sichtweite des Weges, den ich von Achselschwang herspaziert bin. Um mir einen Überblick zu verschaffen, klettere ich auf den flachen Erdwall hinauf, gehe ein Stück auf ihm entlang. Mein Blick schweift über die Kulturlandschaft, die sich leicht gewellt zum See hinuntersenkt, der bläulich zu mir heraufschimmert. Bald muss ich meinen erhöhten Weg auf der Dammkrone verlassen, denn er ist zu dicht mit Sträuchern bewachsen. So steige ich hinunter in die Einfriedung und gehe bis zur südwestlichen Ecke, wo eine Eiche ihre knorrigen Äste emporreckt. Von hier blicke ich hinüber zur Nordseite, wo eine Buche mit prächtiger Krone einen markanten Punkt setzt.

Ich will die Anlage eine Weile auf mich wirken lassen, hocke mich neben den Wurzeln der Eiche nieder und denke nach. Ja, was war das nun? Wozu diente das alles? Für die Menschen der damaligen Zeit, mit ihren einfachen Werkzeugen und nur mit Muskelkraft, war es eine aufwendige Arbeit, den tiefen Graben auszuheben und die Erde zum Wall aufzuhäufen. Sich diese Mühsal anzutun muss einen Sinn gehabt haben. Nur erschließt der sich uns heute nicht mehr ohne Weiteres.

Nachdem Archäologen erkannt hatten, dass diese Gevierte nicht aus der Römerzeit stammten, sondern einige Jahrhunderte älter waren, stellten sie verschiedene Vermutungen an. Ohne Beweise dafür zu haben, wurden die Areale zunächst als Kultplätze deklariert. Bislang gibt es nur spärliche Untersuchungen und kaum Grabungen. Anhand von Bodenverfärbungen wird angenommen, dass sich mindestens ein Gebäude in den Gevierten befand, vielleicht der Hof eines reichen Bauern, dazu noch Scheunen, Tierställe und andere Wirtschaftsgebäude. Oft liegen Keltenschanzen in der Nähe von Gewässern, oder man hatte einen Brunnen angelegt. Das bringt mich auf den Gedanken, dass das Vieh des Stammes oder der Sippe in der Nacht und im Winter in der Anlage gehalten wurde.

Die Viereckschanze zwischen Utting und Achselschwang hatte eine Quelle, die Stelle ist noch immer feucht und sumpfig, vor allem nach Regen. Das Wasser diente vielleicht dem Tränken von Vieh und natürlich der Versorgung der Menschen, das eine schließt das andere ja nicht aus. Die Anlage kann multifunktional gewesen sein: Schutz für einen Bauernhof und für dessen Vieh, ein Herrensitz oder auch ein religiöses Zentrum für die Bewohner des Bauerngehöftes ist denkbar, so wie sich später in christlicher Zeit katholische Bauern eine kleine Kapelle neben ihrem Hof errichtet haben. Ob die Schanzen nun dauerhaft bewohnt waren oder nicht und welchen verschiedenen Zwecken jede einzelne diente, ist nicht mit Sicherheit zu sagen.

Auffallend ist: Keltenschanzen gibt es vor allem in Süddeutschland, wo Kelten vom Stamm der Vindeliker lebten. Ihr Siedlungsraum erstreckte sich von der Donau bis zum Inn. Die Lebensgrundlage der Kelten war die Landwirtschaft mit Ackerbau und Viehzucht, zudem gab es eine hoch entwickelte Handwerkskunst, von der Metallverarbeitung bis zur Herstellung von Keramik und Textilwaren. Außer den Viereckschanzen bauten sie *Oppida*, befestigte Städte, wofür Manching ein Beispiel ist. Für den Handel prägten sie Münzen aus Silber und Gold, die man auch »Regenbogenschüsselchen« nennt. Bauern bringen sie in unserer Zeit manchmal beim Pflügen an die Erdoberfläche. Da man die glänzenden Metalle nicht deuten konnte, entstand der Aberglaube, dass die Goldstücke aus einem Regenbogen herabgefallen sind.

Wie viele Keltenschanzen in Bayern existierten, kann man nur schätzen. Vielleicht waren es 300 oder doppelt so viele, denn nicht alle sind erhalten geblieben. Durch landwirtschaftliche Bodenbearbeitung sind sie oftmals eingeebnet worden, vor allem seit mit schweren Maschinen gearbeitet wird. Durch Luftbildarchäologie kann man verschwundene Schanzen lokalisieren, anhand des veränderten Wuchses der Vegetation und Bodenverfärbungen. Wer weiß, wie viele Zeichen aus der Vergangenheit man mit diesen modernen Mitteln noch ausfindig machen wird.

Laubbäume beschatten eine Bronzefigur. Wege führen eine Allee entlang, hinter der sich ein Wiesenhang erhebt. Einzelne markante Baumgruppen ziehen meine Blicke auf sich, und oben auf dem Hügel thront ein Pavillon in Art eines Monopteros, wie es ihn auch im Englischen Garten von München gibt. Ebenso wie dieser ist auch der Schacky-Park, am Ortsrand von Dießen gelegen, dem Vorbild englischer Landschaftsgärten nachempfunden. Dort will ich mich mit Freunden treffen.

Es handelt sich um eine Gruppe kulturinteressierter Menschen, die sich einmal im Monat einem Thema widmen, das vom Museumsbesuch bis zur Interpretation eines Gedichtes, dem Vortrag einer Märchenerzählerin, Erörterungen über Musikgeschichte oder den Ritualen des Räucherns in den Raunächten reichen kann. Diesmal wollen wir etwas über den Park des Freiherrn von Schacky erfahren und haben eine Führung gebucht.

Wie es meine Art ist, bin ich als Erste am Parktor angekommen, will die Umgebung zunächst auf mich wirken lassen, obwohl ich nicht zum ersten Mal hier bin. Der Park ist eines meiner Standardziele, wenn ich Besuch von Familie, Freunden und Bekannten habe, um ihnen die Attraktionen und die Schönheit der Ammersee-Region zu zeigen. Doch mit fundierten Kenntnissen konnte ich dabei bisher nicht dienen. Nun hoffe ich, mehr über die Geschichte des Parks zu erfahren: woher der Name stammt … von wem, wann und wieso der Park angelegt wurde … Deshalb freue ich mich auf die Führung und auf neue Erkenntnisse.

Es ist ein sonniger Nachmittag im Juni. Die Luft ist frisch und klar, und das Laub der Bäume ist noch nicht einheitlich grün, sondern changiert in verschiedenen Tönen, je nach Baumart. Schon treffen die ersten Freunde ein, und als unsere Gruppe vollzählig ist, stellt sich uns der gebuchte Führer vor, der für den Förderkreis Schacky-Park tätig ist. Gleich zu Beginn teilt er uns mit: »Von Beruf bin ich Landschaftsgärtner und vor allem auf Baumanpflanzungen spezialisiert. Deshalb kann ich Sie fundiert informieren, welche Bäume Sie hier finden, warum gerade diese Arten ausgewählt wurden und …«

»Wir erhoffen uns aber, auch etwas über die Geschichte des Parks zu erfahren!«, unterbricht ihn Beate ungeduldig.

»Ja, natürlich!«, sagt der ehrenamtliche Führer, wobei er die Augenbrauen etwas hochzieht, sodass sich markante Stirnfalten bilden. Er bemüht sich aber, sich nicht anmerken zu lassen, dass er sich brüskiert fühlt.

Gerda, die es immer wieder versteht, bei Unstimmigkeiten versöhnlich auf die Betroffenen einzuwirken, flüstert Beate zu: »Hab nur Geduld.«

Vielleicht hatte der Landschaftsgärtner ein anderes Konzept, wollte uns mehr von seinen geliebten Bäumen erzählen, stattdessen springt er nun, wie gewünscht, zum historischen Teil: »Also, der Freiherr von Schacky, mit vollem Namen hieß er Ludwig Freiherr von Schacky auf Schönfeld, war königlicher Kämmerer und …«

»Was ist das, ein Kämmerer?«, ruft Margarete dazwischen.

»Na, das weißt du doch!«, belehrt sie Beate. »So etwas wie ein Beamter.«

»Einer, der für Finanzen verantwortlich ist«, präzisiert Gudrun.

Unser Führer verzieht keine Miene. Ich versuche, mich in ihn hineinzuversetzen: Bestimmt meint er, es sei leichter, auf einen Haufen Hühner aufzupassen, als bei einer Gruppe älterer, kulturbeflissener Damen einen Vortrag zu halten.

Souverän übergeht er die Unterbrechung und fährt fort: »Im Jahr 1903 erwarb der Freiherr vom damaligen Dießener Bürgermeister Michael Weigl, einem Schiffsbauer, dessen Haus, die Villa Diana. Das weiträumige Grundstück kaufte er günstig dazu. Es war ziemlich verwildert, wurde nur gelegentlich als Weideland genutzt. Damals war es modern, von der Stadt hinaus aufs Land zu ziehen. Das war sozusagen der neueste Trend.«

»Dann hat er also im Park gewohnt?«, will Gudrun wissen.

»Hin und wieder bezog er die Villa, die wir von hier aus nicht sehen und auch nicht besichtigen können, weil sie in Privatbesitz ist. Er lebte aber weiterhin mit seiner Frau Julia in München. Es heißt, der Herr von Schacky sei recht exzentrisch gewesen. Wenn er wieder einmal eine Landpartie machen wollte, dann schickte er seine Bediensteten voraus. Sie mussten alles für seine Ankunft vorbereiten und festlich mit elektrischen Lampen beleuchten.«

»Na ja, so exzentrisch finde ich das gar nicht. Ich stelle mir vor, dass das so üblich war bei den adligen Herrschaften«, wirft Beate ein.

Der Baumexperte scheint sich inzwischen innerlich auf unseren Trupp eingestellt zu haben, denn er zuckt nicht mehr irritiert zusammen, wenn er unterbrochen wird, sondern antwortet ruhig: »Bedenken Sie, es war Anfang 1900, das war in Bayern, vor allem auf dem Land, noch die Zeit der Petroleumlampen. Elektrisches Licht war ungewöhnlich. Die Bevölkerung Dießens und des Umlandes staunte nicht schlecht, wenn nicht nur die Villa Diana im hellen Licht erstrahlte, sondern auch die Auffahrt beidseits mit Laternen beleuchtet wurde. Als Halterung der Lampen dienten die Amphoren, die Sie hier sehen.«

Wir sind inzwischen weitergegangen, befinden uns am aufwärtsführenden Weg und betrachten die Vasen, die auf einem Sockel ruhen. Sie sind mit Blütenranken im Jugendstil verziert.

Nachts muss es ein fantastischer Anblick gewesen sein, wenn diese künstlichen Blumen von innen leuchteten.

»Gab es diesen herrlichen Park schon, oder hat ihn der Baron anlegen lassen?«, will Lore wissen.

»Das Grundstück war brachliegendes Weideland«, wiederholt unser Führer seine vorherige Ausführung. »Mit seinem Obergärtner und dessen Gehilfen hat der Freiherr den Park angelegt und wahrscheinlich nach seinen eigenen Entwürfen gestaltet. Diese sind aber leider nicht erhalten geblieben. Die Zeit der künstlichen Rokoko-Gärten war gerade erst vorbei. Es gab neue Konzepte, nun wollte man wieder mehr zur Natur zurück, aber sie sollte wohlgeordnet und gestaltet sein. Nach dem englischen Gartenvorbild komponierte man Baumgruppen mit Elementen aus der griechischen Mythologie. Hier sehen Sie, das ist der Apollobrunnen mit der dazugehörenden Statue. Auch der Delfinbrunnen schmückt sich mit Anleihen aus der Antike.«

Wir nicken zustimmend.

»Dabei wurden bei den Anpflanzungen Sichtlinien beachtet«, fährt der Landschaftsgärtner fort, »also sehenswerte Ausblicke zum See, zur Zugspitze, zum Marienmünster und hinüber zum Kloster Andechs.«

»Wie idyllisch!« Gerda ist begeistert, und damit ist sie nicht allein.

»Da hätte ich auch gern gewohnt!«, ruft Margarete.

»Nur knapp zehn Jahre konnte sich der Freiherr an seinem Besitz erfreuen. Schon 1913 starb er im Alter von nicht einmal 63 Jahren.«

»Dann hat das alles seine Frau geerbt!«, meldet sich Beate zu Wort.

»Seine Frau Julia starb drei Jahre vor ihm«, erwidert unser Führer.

»Oh! Wer hat den Schacky-Park denn dann geerbt?«

»Die Schacky'sche Familienstiftung, und diese hat die Villa samt Grundstück 1922 an den sogenannten Bauerndoktor Georg Heim verkauft.«

»Wer ist das denn? Von dem hab ich noch nie gehört!«, lässt sich Beate wieder vernehmen.

»Nun, er starb auch schon 1938, war aber zu seiner Zeit eine bekannte Persönlichkeit. Trotz seines Beinamens war er kein Mediziner und schon gar kein Kurpfuscher, sondern Politiker. Ein kantiger Typ mit ebenso vielen Anhängern wie Feinden. Eine Kraftnatur eben. 40 Jahre lang hat er die hiesige Politik geprägt. Er war Mitbegründer der Bayerischen Volkspartei, Mitglied des Bayerischen Landtags und kümmerte sich vor allem um die Belange der Bauern. Zum Beispiel sorgte er für soziale Einrichtungen und Bildungskurse, gründete sogar eine Bauernuniversität – deswegen auch sein Spitzname ›Bauerndoktor‹. Heute kennt kaum noch jemand seinen Namen oder weiß um seine Verdienste.«

»Und danach?«, bohrt Beate weiter. »Da er schon so früh starb, wer bekam denn dann den schönen Schacky-Park? Wohl die Gemeinde Dießen?«

»Da muss ich Sie enttäuschen. Für den sorgsam gepflegten Park begann eine harte Zeit – er wurde zur Viehweide!«

»Oje, warum denn das?«, ruft Gudrun geschockt aus.

»Zu dieser Zeit begannen die Kriegsjahre. Da stand niemandem der Sinn nach einer romantischen Parklandschaft. Also nutzten die Nonnen, die damals im Dießener Kloster lebten, die Barmherzigen Schwestern vom heiligen Vinzenz von Paul, das Gebiet für ihre Landwirtschaft und ließen die Kühe hier weiden. Dort oben, sehen Sie?« Er weist hinauf zum Monopteros. »Auf dem Mosaik zwischen den Säulen war ihr Lieblingsplatz, dort legten sich die Rindviecher mit Vorliebe zur Ruhe nieder.«

»Ach ne!«, empört sich Margarete. »Da wurde ja alles ruiniert!«

»Davon sieht man jetzt nichts mehr«, meint Brigitte, die bisher, ebenso wie ich, geschwiegen hat.

»Dennoch war es eine glückliche Fügung, dass den Nonnen das Gelände gehörte, sonst wäre es völlig zerstört worden. Denn geplant war, hier eine Rüstungsfirma zu gründen. Nachdem die Barmherzigen Schwestern die Landwirtschaft aufgaben, erwarb 2003 die Marktgemeinde Dießen das Areal, und engagierte Bürger gründeten einen Förderverein. Wir haben es uns zur Aufgabe gemacht, das Vermächtnis des Freiherrn zu neuem Leben zu erwecken und zu bewahren. Anhand einiger weniger Fotos, Zeichnungen und Beschreibungen von Zeitzeugen haben wir die Anlage rekonstruiert, die Brunnen und Statuen vor dem Verfall gerettet. Wir haben versucht, den ursprünglichen Zustand des Parks wiederherzustellen. Die jahrelange Verwilderung hatte ihn fast zerstört. Das Amt für Denkmalpflege hat uns dabei unterstützt, die Hauptarbeit leisteten und leisten noch immer Ehrenamtliche.«

Wir bedanken uns für die Führung, wobei wir so angetan von den spannenden Informationen sind, dass wir dem Förderkreis eine großzügige Spende zukommen lassen. Auf sanft ansteigenden Pfaden wandern wir hinauf zum Monopteros, einem Oktagon aus Säulen, im Stil der italienischen Renaissance.

Was für eine Geschichte, denke ich. Durch das neu gewonnene Wissen, das uns vermittelt wurde, hat der Schacky-Park für mich eine zusätzliche, tiefere Ebene gewonnen, die weit über das Landschaftserlebnis hinausgeht.

Die Brachvögel vom Ammersee

Kühler Nebel wallt über der weiten Ebene. Das Licht, so früh am Morgen, ist noch ungewiss; schwankt zwischen Nacht und Tag. Die Natur ist in Schlummer befangen. Kein Laut dringt an mein Ohr.

Allmählich dämmert es. Von Moment zu Moment wird es heller. Nicht lange, und ich kann das Gebiet überblicken. Der erste Sonnenstrahl zuckt im Osten auf. Und da höre ich es! Ein flötendes Trillern. Die Töne schwingen sacht durch die Luft. Zunächst leise, kaum vernehmbar, nehmen sie an Intensität zu. Der perlende, tremolierende Gesang ist ein Gruß an den frühen Morgen. Er klingt schwermütig, sogar ein wenig traurig, er passt zur Stimmung des Moores, finde ich. Fast so, als gehörte er nicht ganz in unsere heutige Welt, als sei dies eine Stimme aus längst vergangenen Zeiten. Mich berühren diese Laute tief in meinem Herzen. Der Vogel, der dieses melancholische Lied singt, bleibt unsichtbar. Dadurch wirkt es noch urtümlicher und geheimnisvoller, ja sogar mystisch. Jedes Jahr wieder ergreifen mich diese Rufe von Neuem, wenn ich sie nach der langen Winterpause das erste Mal im Frühling vernehme.

Allerdings weiß ich, wer dahintersteckt. Es ist der Große Brachvogel. Mit einer Länge von etwa einem halben Meter und einer Flügelspannweite von fast einem Meter ist er unser größter Watvogel. Sein braunes Gefieder lässt ihn im Frühjahr mit der ebenso gefärbten Landschaft verschmelzen. Trotz des schlichten Federkleides ist der Brachvogel mit seinem zwölf Zentimeter langen, sanft abwärts gebogenen Schnabel eine ungewöhnliche Erscheinung. Brachvögel gehören zur etwa 80 Arten umfassenden Familie der Schnepfenvögel. Außer dem Großen Brachvogel, der in den Streuwiesen am Ammersee brütet, bin ich auch seinem Verwandten, dem etwas kleineren Regenbrachvogel, schon begegnet. Auf Island konnte ich ihn beobachten. Sein Balzruf klingt ähnlich wie der des Großen Brachvogels. Es ist eine schnell trillernde Rufreihe. Im einsamen Hochland von Island war der Gesang besonders anrührend und die Entdeckung des Vogels ein einprägsames Erlebnis für mich.

Das Ampermoos nördlich des Ammersees ist eines der größten noch erhaltenen Niedermoore nördlich der Alpen. Die Eiszeit schuf dieses Feuchtgebiet, indem Wasser aus den eiszeitlichen Moränen entwich, zudem wurde es durch die Amper, die aus dem Ammersee heraus Richtung Norden strömt, regelmäßig durchfeuchtet. So entstand ein Lebensraum für Feuchtigkeit liebende Tiere und Pflanzen, die heute selten geworden sind, weil wir ihre Umwelt verändert haben. Teilweise wurde das Moos mit Gräben entwässert, damit die Flächen am Rand intensiver landwirtschaftlich genutzt werden konnten. Die Amper selbst wurde vom Menschen bei Grafrath in der ersten Hälfte des 20. Jahrhunderts eingetieft, wodurch der Grundwasserspiegel gesunken ist. Das Gebiet ist trockener geworden, und einige Wiesenbrüter, wie die Uferschnepfe oder der Rotschenkel, kommen hier nicht mehr vor.

Das Ampermoos umfasst 530 Hektar und erstreckt sich zwischen Grafrath und dem Ammersee-Nordufer. Einblicke erlaubt der Ampermoos-Vogelturm bei Kottgeisering. Außerdem gibt es am äußersten westlichen Rand einen Feldweg, ansonsten verlaufen keine Wege durch das streng geschützte Feuchtgebiet, denn die Brutvögel dürfen nicht gestört werden.

Dem Ampermoos kommt als Ramsar-Schutzgebiet besondere Bedeutung zu. Christian Niederbichler, mit dem ich seit

Langem befreundet bin, wurde als erster Gebietsbetreuer in Bayern eingesetzt. Von ihm erfahre ich, dass 2013 bei Grafrath, gerade noch rechtzeitig, eine Sohlschwelle in der Amper eingebaut wurde, um das Niedermoor vor dem Austrocknen zu bewahren. Diese aus Steinen, Holzpfählen oder Betonschwellen bestehenden Bollwerke werden quer zur Fließrichtung eines Flusses eingesetzt, damit sich das Gewässer nicht immer weiter in die Tiefe gräbt.

»Früher nutzten Bauern der Umgebung den weiträumigen Talgrund, wodurch das Moor in seinem ursprünglichen Zustand erhalten blieb«, erzählt mir Christian.

»Wie das?«, frage ich überrascht. »Schließen sich Naturschutz und Landwirtschaft nicht eigentlich aus?«

»In diesem Fall nicht«, klärt er mich auf. »Die Wiesen im Ried wurden nämlich erst im Herbst gemäht. Die harten und sauren Gräser verwendeten die Bauern als Einstreu für ihre Stalltiere. So spät im Jahr gefährdeten sie keinen brütenden Vogel und keine anderen Tiere. Der Vorteil für die Natur: Durch die Mahd blieben die Moorflächen frei von Bewuchs. Nur so konnten im nächsten Frühjahr die Bodenbrüter geeignete Flächen finden. Davon profitierten auch alle anderen Bewohner des Niedermoores und die lichtliebenden Pflanzen, wie Knabenkraut-Orchideen, Blaue Schwertlilien, fleischfressender Sonnentau und andere seltene Kostbarkeiten.«

»Und wie macht man es heute?«, will ich wissen. Denn ich habe gehört, dass Bauern die Streuwiesen nicht mehr bewirtschaften, weil sich die Stallhaltung grundlegend geändert hat, von Festmist zu Gülle.

»Einige Landwirte haben sich auf Landschaftspflege spezialisiert und können aus den Naturschutzprogrammen gefördert werden. Wer einen Tiefstreustall hat oder Biobauer ist, kann die Moosstreu gut gebrauchen. Mittlerweile gibt es an Streuballen wieder einen richtigen Bedarf«, antwortet Christian und erzählt mir, dass die Streuwiesenmahd Ende der 1960er-Jahre im Ampermoos aufgegeben wurde. Innerhalb weniger Jahrzehnte verfilzten und verbuschten die Flächen. Es gab immer weniger Pflanzen- und Tierarten. Kein Wollgras mehr, keine zartrosa Mehlprimel, keine Kiebitze, und kein einziger Brachvogel wurde mehr gesichtet. Da war es ein großes Glück, dass man gerade noch rechtzeitig Pflegemaßnahmen ergriffen hat, maßgeblich von der Gebietsbetreuung angeleitet. Durch das Freihalten von hohem Bewuchs konnte der ursprüngliche Zustand nahezu wiederhergestellt werden.

Die Mühen lohnten sich. Zahlreiche Lebewesen fanden sich wieder ein, und die Naturfreunde zeigten sich besonders erfreut, als die Brachvögel zurückkamen. Zwei Jahrzehnte lang waren sie verschwunden gewesen. 2004 konnte erstmals wieder ein Brutpaar erfolgreich im Ampermoos Junge großziehen. Inzwischen ist der Bestand von null auf derzeit zehn Paare gestiegen. Ein großer Erfolg, der nur durch den unermüdlichen Einsatz eines ganzen Teams möglich ist. Neben der Brachvogel-Schützerin Susanne Hoffmann aus Grafrath und dem Gebietsbetreuer Christian Niederbichler arbeiten Landwirte, der Landschaftspflegeverband und Naturschutzbehörden Hand in Hand. Es ist Susanne Hoffmann zu verdanken, dass die Nester der Vögel lokalisiert und dann geschützt werden können. Für ihr unermüdliches und zugleich fachkundiges Engagement im Umwelt- und Artenschutz erhielt die Ornithologin und Naturfilmerin 2016 den Grünen Engel.

Brachvögel sind als Bodenbrüter besonders gefährdet. Deshalb ist man um jedes einzelne Brutpaar besorgt. Füchse, Marder, Iltisse und Greifvögel, zum Beispiel die Rohrweihen, haben es auf Eier und Küken abgesehen. Vor Angriffen aus der Luft kann das Gelege zwar nicht geschützt werden, wohl aber vor »Eierdieben«, die vom Boden aus agieren. Bei einer dieser Aktionen konnte ich dabei sein.

Vorab sind tagelange, geduldige Beobachtungen von Susanne Hoffmann nötig, um von einem Hochsitz am Moosrand aus den Nistplatz genau zu lokalisieren. Dann wird gewartet, ohne die Vögel zu beunruhigen, bis das Gelege voll ist, meist sind es vier Eier. Erst dann ist der Bruttrieb voll ausgebildet, und man kann mit der Schutzmaßnahme beginnen, ohne dass die Elternvögel ihr Nest für immer verlassen.

Alles war bestens vorbereitet. Ein eingespieltes Team sollte um das Nest im Kreis einen Elektrozaun mit fünf Drähten ziehen. Kein Fuchs würde da hindurchschlüpfen können, ohne einen schmerzhaften Stromschlag zu bekommen. Bevor wir mit der Arbeit begannen, betrachtete ich neugierig mein erstes Brachvogelnest. Es war so gut wie unsichtbar. Noch aus einem Meter Entfernung konnte ich es nicht ausmachen. Selbst bei größter Vorsicht hätte es passieren können, dass ich auf die Eier getreten wäre. Denn sie sind täuschend gut an die Umgebung angepasst. Das Nest selbst ist äußerst unauffällig: eine mit Riedgräsern ausgepolsterte flache Mulde.

Nachdem wir den Schutzzaun aufgebaut hatten, blickte ich noch einmal in das Nest, betrachtete die vier Eier, groß wie die eines Huhns, an einem Ende aber spitzer, sodass sie eine Kegelform hatten. Sie waren olivgrün mit bräunlichen Flecken. Der Anblick war berührend. Ein volles Gelege, und in jedem Ei wuchs ein junger Brachvogel heran. Ich stellte mir vor, wie die Küken in weniger als 30 Tagen die Schale mit ihrem Eizahn aufbrechen würden, um als reizende Flaumbällchen alsbald die Nestmulde zu verlassen und den Eltern zur Nahrungssuche zu folgen.

Es sind Erlebnisse wie diese, die den Ammersee, seine Natur, seine Landschaft und die hier lebenden Menschen für mich so kostbar machen und dazu geführt haben, dass ich mich hier daheim fühle.

Anhang

Zeittafel für die Ammersee-Region

600 000–300 000 v. Chr.	ALTSTEINZEIT Steinbeil mit einer Durchbohrung bei Inning gefunden, Messer, Pfeilspitzen
vor 16 000 Jahren	Gletscher, die sich bis weit ins Alpenvorland erstreckten, beginnen zu schmelzen.
vor 10 000 Jahren	»Geburt« des Ammersees. Das Schmelzwasser füllt eine Fläche vom Hohen Peißenberg bei Weilheim bis Grafrath im Norden. Der damals 40 Kilometer lange See ist durch Verlandung inzwischen auf 16 Kilometer geschrumpft.

ab 5500 v. Chr.	JUNGSTEINZEIT Menschen aus östlichen Regionen wandern ein. Sie wohnen in Langhäusern, betreiben Ackerbau und Viehhaltung. Einzelfunde von Keramikscherben, die der Kultur der »Bandkeramik« zugeordnet werden.
2200–1600 v. Chr.	BRONZEZEIT
2750–1700 v. Chr.	Im Lechtal südlich von Augsburg existiert eine Siedlung von 20 Bauernhöfen. Genetische Untersuchungen zeigen: Die Bewohner waren Steppennomaden aus dem Gebiet der heutigen Ukraine.
800–15 v. Chr.	EISENZEIT Unterschiedliche keltische Stammesverbände, wie die Vindeliker, siedeln rund um den Ammersee.
300 v. Chr.	Entstehung der Keltenschanze nördlich von Utting
15 v. Chr.– 488 n. Chr.	RÖMERHERRSCHAFT
15 v. Chr.	Eroberung des Alpenvorlandes durch römische Legionen unter Führung von Drusus

ab 20	Gründung der Provinz Rätien unter Kaiser Tiberius
ab 100	Bau des Limes
200/300	Zahlreiche römische Landhäuser entstehen in den Siedlungen am Ammersee, z. B. in Herrsching und Schondorf.
313	Konstantin der Große verkündet Glaubensfreiheit auch für Christen.
ab 380	Beginn der Völkerwanderung, ausgelöst durch das Vordringen der Hunnen unter Führung von Attila
391	Das Christentum wird Staatsreligion.
476	Odoaker, Heerführer der Germanen, entmachtet den letzten weströmischen Kaiser Romulus Augustus und lässt sich zum König krönen.
488	Abzug der letzten Reste der römischen Verwaltung aus dem Alpenvorland
ab dem 5. Jhd.	BAYERISCHES STAMMESHERZOGTUM Bayerische Herrscher unter der Oberherrschaft der fränkischen Merowinger werden als Lehnsherren eingesetzt.

551	Erste urkundliche Erwähnung der Bajuwaren
555–788	Bayerisches Stammesherzogtum unter den Agilolfingern
568	Von Historikern wird die Gründung des Langobardenreiches in Oberitalien gleichgesetzt mit dem Ende der Völkerwanderung. Zwischen den Bajuwaren am Ammersee und den Langobarden in Italien bestanden verwandtschaftliche und Handelsbeziehungen.
620/630	Bau der frühchristlichen Holzpfostenkirche beim Gräberfeld in Herrsching (»Archäologischer Park«)
680	Ersatz der Holzkirche durch eine Steinkirche und Grablegungen
739	Einrichtung bayerischer Bistümer unter Bonifatius
750	Die zunächst dem heiligen Martin, heute der heiligen Anna geweihte Kirche in Schondorf wird erstmals urkundlich erwähnt.
776	Herrsching wird als *Horscaningum* urkundlich erwähnt.

788	Der bayerische Herzog Tassilo III. (742–796) wird durch Karl den Großen abgesetzt und in ein Kloster verbannt, denn er war zu mächtig und eigenständig geworden. Er war der letzte bayerische Herrscher aus dem Geschlecht der Agilolfinger.
854	Graf Rasso, wahrscheinlich der Vorfahr der Grafen von Dießen-Andechs, stirbt. Er ließ Kirchen bauen und gründete Klöster rund um den Ammersee. Seine Reliquie wird in Grafrath aufbewahrt.
899	Beginn der Ungarneinfälle
955	Sieg König Ottos I. über die Ungarn auf dem Lechfeld bei Augsburg
1070	Mit Herzog Welf IV. beginnt die Herrschaft der Welfen über Bayern.
1130	Die Grafen von Dießen lassen sich ihre neue Burg in Andechs bauen und siedeln dorthin über.
1158	Gründung Münchens durch Herzog Heinrich den Löwen aus dem Adelsgeschlecht der Welfen
1160	Mechthild, die Tochter des Grafen Berthold II., stirbt mit nur 35 Jahren im

	Dießener Kloster. Später wird sie heiliggesprochen.
1180	Entmachtung Heinrichs des Löwen durch Friedrich I. Barbarossa
1208	Hochzeit des Dießen-Andechser Herzogs Otto VII. mit Beatrix, der Enkelin von Barbarossa. Während der Hochzeit wird ihr Onkel, der Stauferkönig Philipp, ermordet. Fälschlich werden die Grafen von Dießen-Andechs beschuldigt. Die Reichsacht wird über sie verhängt.
1180–1918	WITTELSBACHERHERRSCHAFT
1231	Dießen erhält das Stadtrecht.
1248	Das einst mächtige Grafengeschlecht von Dießen-Andechs erlischt ohne männlichen Nachfolger.
1328	Der Wittelsbacher Ludwig IV. wird Kaiser des Heiligen Römischen Reiches Deutscher Nation.
1388	Der verlorene Reliquienschatz der Dießen-Andechser wird in der ehemaligen Burgkapelle von Andechs wiedergefunden.

1632	Schwedische Söldner plündern Dießen während des Dreißigjährigen Krieges. 1633 und 1646 wiederholen sich die Überfälle.
1691	Die Fischerzunft der Ammerseefischer wird gegründet.
1844–1900	Wilhelm Leibl, Maler, lebte zwei Jahre in Schondorf.
1866–1900	Eduard Thöny, Karikaturist für die Zeitschrift *Simplicissimus,* lebte in Holzhausen.
1871–1934	Der Bildhauer Mathias Gasteiger entwarf die Jugendstil-Villa mit Park bei Holzhausen, die heute als »Künstlerhaus Gasteiger« bekannt ist.
1887	Gründung des Klosters St. Ottilien durch Pater Andreas Amrhein (1844–1927)
1898	Eröffnung der Zugverbindung von Augsburg zum Ammersee
1903	Herrsching bekommt einen Bahnhof.
ab 1918	FREISTAAT BAYERN und JÜNGERE GESCHICHTE
1963	Die Satelliten-Bodenstation in Raisting wird gebaut.

1965	Erste reguläre Fernsehübertragung mittels der Raistinger Satellitenanlage
1976	Das Ammersee-Gebiet, sowohl im Süden als auch im Norden, wird in die Ramsar-Schutzverordnung der »international bedeutsamen Feuchtgebiete« aufgenommen.
1978	Erstmals findet in Dießen der internationale Töpfermarkt statt.
2003	Der Abschnitt des Jakobswegs München–Bodensee wird in Schondorf festlich eingeweiht.

Adressen

Schifffahrt auf dem Ammersee
www.seenschifffahrt.de

AMMERSEErenade – Klassikfestival am Ammersee
www.ammerseerenade.de

Erdfunkstelle Raisting
www.spacetouch.de
Führungen: Dipl.-Ing. Hermann Martin
fuehrung@erdfunkstelle-radom.de

Dießener Töpfermarkt
www.diessener-toepfermarkt.de

Zinngießerei Babette Schweizer
www.schweizerzinn.de

Zinnmanufaktur Wilhelm Schweizer
www.zinnfiguren.de

Schacky-Park
www.schacky-park.de

Naturschutzgebiet Ampermoos
www.ramsar-ammersee.de
Kontakt: Gebietsbetreuer Christian Niederbichler
info@ramsar-ammersee.de

Informationen über die Ammersee-Region
www.starnbergammersee.de
www.ammersee-region.de

Dießen
www.diessen.de

Schondorf am Ammersee
www.schondorf-ammersee.de

Utting
www.utting.de

Herrsching
www.herrsching.de

Erzabtei Sankt Ottilien
www.erzabtei.de

Kloster Andechs
www.andechs.de

Von Carmen Rohrbach liegen im Malik Verlag vor:

Wildes Kasachstan
Mein Blockhaus in Kanada
Am blauen Fluss
Die Neugier ist mein Kompass
Botschaften im Sand
Solange ich atme
Auf der Insel der Gletscher und Geysire
Unterwegs sein ist mein Leben
Im Reich von Isis und Osiris
Patagonien
Jakobsweg
Mongolei
Namibia
Am grünen Fluss
Muscheln am Weg
Im Reich der Königin von Saba
Inseln aus Feuer und Meer
Der weite Himmel über den Anden

ISBN 978-3-89029-507-7

Mit dem Fahrrad in ein unbekanntes Europa

Hier reinlesen!

Carmen Rohrbach

Am blauen Fluss

Entlang der Donau vom Schwarzwald bis zum Schwarzen Meer

NG Taschenbuch, 304 Seiten
€ 16,00 [D], € 16,50 [A]*
ISBN 978-3-492-40439-6

Von der Quelle bis zur Mündung verbindet die Donau zehn Länder und legt 2888 Kilometer zurück. Mit der für sie typischen Neugier und feinen Beobachtungsgabe macht sich Carmen Rohrbach zu einer abenteuerlichen Fahrradtour auf, von Baden-Württemberg bis Rumänien. Dabei lernt sie unterschiedliche Kulturen kennen, sucht die Begegnung mit Einheimischen und erkundet die landschaftliche Vielfalt eines der wichtigsten Flüsse der Welt.

NATIONAL GEOGRAPHIC MALIK